UMWIDEGEMVYO KU MBOHE

IGITABU C'INYIGISHO

Uhoraho ashimagizwe,
We atadutanze ngo tube inyama z'amenyo yabo.

Ubuzima bwacu bukize nkuko inyoni iva mu mutego w'abatezi
Umutego uracitse, natwe tuvamwo turarokoka!

Ugutabarwa kwacu kubonerwa mw'izina ry'Uhoraho,
We yaremye ijuru n'isi.

Zaburi 124

MARIKO DURIE na BENJAMIN HEGEMAN

db

DEROR BOOKS

Izina ry'igitabu (Umutwe waco): *Liberty to the Captives* (*Umwidegemvyo ku mbohe*): Igitabu c'inyigisho

Ibiranga iki gitabu: Melbourne: Deror Books, 2023.

ISBN : 978-1-923067-09-7

Ikimenyetso (icapa) c'ibiganiro vyo mu mirwi cahinguwe na Freepik, www.flaticom.com

Uwifuza kumenya ibindi bintu ku bitabu n'inyandiko vya Mariko Durie, yoronderera ku rubuga ngurukanabumenyi rwitwa Markdurie.com.

Uwoba arondera inyandiko zivuga ibijanye n'igitabu *Umwidegemvyo ku mbohe* ziri mu ndimi zindi zinyuranye, yoronderera ku rubuga ngurukanabumenyi luke4-18.com

Deror Books, Melbourne, Australia

www.derorbooks.com

IBIRIMWO

Intangamarara

Muri ibi bihe turimwo, hari ibitigiri bitari bimenyerewe vy'aba isilamu bahitamwo guhinduka bagakurikira Kristo. Ariko ikibabaje cane, nuko benshi muri bo basanga barengewe n'inzitizi ziterwa n'ivyo muri iyi si bituma batakirwa ngo bitabweho, n'amageragezwa aturuka kurivyo. Bamwe bamwe mu barongoye abakristo ku rwego rw'ibihugu vyabo bavuga mbere ko abashika 80% baca bata bakabivamwo (arikwo guhuna) haciye ikiringo kitarenga imyaka ibiri ya mbere. Mbega none, Imana idusaba gukora iki kugira ngo ico kibazo gitorerwe inyishu?

Mu mwaka wa 2022, niho Dr Mariko Durie yatangura kwigisha ibijanye n'ubuja ababa mu bihugu vy'aba isilamu atari abayislamu babayemwo (arivyo vyitwa *"dhimmitude"*), hamwe nuburyo abakristo bobohorwa ubwoba bama bafitiye aba isilamu n'idini ryabo. Mu bisanzwe, inyigisho zakurikirwa n'umwanya w'ubutumwa, aho abantu baronka akanya ko kuza imbere bakaja hamwe bagasengera hamwe. Mu bihe vyakurikiye, benshi mu baje muri ayo makoraniro barashinze intahe ko Imana yakoze igikorwa gihambaye, cabazaniye umwidegemvyo no guhurumbira koko ubutumwa.

Mu bihe vyakurikiye, Dr Durie yabandanirije ku gutegura inyigisho zigamije gukura abantu mu buja bw'umutima baboherwamwo n'idini rya isilamu ryo nyene ubwa ryo. Ubwo bwoko bubiri bw'inyigisho, nibwo bwashizwe hamwe mu gitabu citwa *Umwidegemvyo ku mbohe*.

Kubera ko abamenyeshabutumwa kw'isi nzima bagiye baramenya kandi bagakoresha ico gitabu *Umwidegemvyo ku mbohe*, cahavuye gihindurwa mu ndimi nyinshi.

Mu myaka yo hanyuma yaho igitabu *Umwidegemvyo ku mbohe* casohorwa ubwa mbere muri 2010, vyahavuye biboneka ko cari gikeneye guhinyanyurwa no kwunganirwa hakurikijwe ibihe, kugira ngo gishobore kujanishwa n'ivyo abagikoresha baba bakeneye, na cane cane abiyunze b'abasangiramutima bahindutse bava mw'idini rya isilamu.

Hahavuye kandi hakenerwa ko hashingwa urutonde rw'inyigisho. Mu bihe vya mbere, ubutumwa bwo mu gitabu bwashigikirwa

1

bugatsimbatazwa n'inyigisho ziciye mu masanamu y'ireresi (videos) zateguwe na Salaam Ministries, hakoreshejwe urukurikirane rw'amasanamu (diapositives) aciye mu buhinga bwa PowerPoint. Izo reresi (videos) zahavuye zihindurwa canke zikongerwako imitwe y'insiguro mu zindi ndimi.

Ubu buryo bwo gutanga inyigisho bwarakoreshejwe mu bihugu bitari bike, maze abasangirakivi bo muri ivyo bihugu bakaba barigishijwe uburyo bwo kwisunga mu kwikora kuri ivyo bikoresho mfashanyigisho. Ariko rero, igihe Dr. Benjamin Hegeman yabazwa na Nelson Wolf arongoye Salaam ko vyoba bishoboka ko ubwo buryo bwo gutanga inyigisho bukoreshwa mu kwigisha abakozi b'Imana (abapasitori) bo mu bibano vyo mu mihana isanzwe itati iyo mu miji mu gihugu ca Benin, yishuye ngo "Oya, ntibishoboka namba!".

Yaciye ashikiriza ubundi buryo budasa namba n'ubwo busanzwe bukoreshwa. Yisunze ivyo yiboneye kandi yabayemwo mu myaka myinshi yigisha muri Benin, Dr. Hegeman yarateguye uburyo bwo gutanga inyigisho z'ibiri mugitabu *Umwidegemvyo ku mbohe* bushimikiye ku rwandiko ndongoranyigisho. Ubwo buryo bwo gutanga inyigisho, ari nabwo tugiye gukurikiza hano, bwisunga uguhanahana ivyiyumviro n'udukino mu mirwi mito mito. Ubwo buryo bwarageragejwe kandi bwakirwa neza cane n'abavuga ikibaatonu, igifaransa n'igihawusa.

Intumbero y'izi nyigisho n'uburyo zitegekanijwe, bigenewe gukoreshwa ahantu henshi kandi hanyuranye muvyo hisangije, hadafatiwe ku rugero na rumwe rw'amasomo yo mu mashule bene kwigishwa baba bararonse. Vyongeye, indongozi yaronkejwe izi nyigisho, usanga ishobora gusubira mu kibano cayo, maze nayo ikazishikiriza neza abandi ikoresheje ya ntumbero na bwa buryo nyene vyisunzwe mukuyiha izo nyigisho.

Aya majambo ya Kristo ntiyigera atuvirira, tuyamana mu gutwi: "Nkuko Data yantumye, nanje ndabatumye, ndabarungitse", canke ngo "Gende, abantu bose ata numwe avuyemwo mubagire abagendanyi banje!". Aha Yesu yashatse kuvuga iki? Mw'ijoro buca adupfira, yarasiguye ko abigishwa bamenye Imana, kandi baba muri we; bari mu Mana mw'izina ryayo nyene, kubw'ukuri kwayo n'urukundo rwayo (Yohana 17). Igisabisho dutuye Umwami w'iyimbura, ni uko iki gitabu *Umwidegemvyo ku mbohe* cofasha abahindutse bakava mw'idini rya isilamu, maze bakaguma mu bumwe bwuzuye n'Imana muri Yesu Kristo, kandi ko cokwongera kigafasha abo bose bari ku kivi co guhindura abandi ba isilamu kugira ngo babagire abagendanyi ba Yesu Kristo.

Turizigiye ko kino gitabu—kigizwe n'urwandiko ruhinyanyuye rw'inyigisho *Liberty to the Captives* za Mariko Durie n'inzandiko ndongoranyigisho zishobora gukoreshwa mu buryo bwinshi no mu turere tunyuranye zanditswe na Benjamin Hegeman—kizofasha gutorera inyishu iyo myitwarariko yose, kikaba n'umuhezagiro kw'ishengero ryo kw'isi nzima.

Twashaka gukengurukira bivuye ku mutima abavukanyi bakundwa benshi badushikirije ivyo biyumvira ku gikorwa cacu, bakaduterera ivyiyumviro vyatubereye kirumarara mu gikorwa co kuryohora kino gitabu. Igishika n'uburwaneza mwakiranye uyu mugambi vyaradushitse ku mutima. Twashaka kandi gukengurukira cane abantu benshi badufashe mu mugongo mu kuturonsa uburyo no mukudusengera, kuko iyo hataba ayo mikoro n'ivyo bisabisho, iki gikorwa ntikiba caranaranguwe.

Mariko Durie, Benjamin Hegeman, na Nelson Wolf
Ruheshi 2022

Ingene iki gitabu cokoreshwa

Kaze kuri zino nzandiko ntanganyigisho zitwa *Umwidegemvyo ku mbohe – Igitabu c'inyigisho* zigizwe n'igitabu *Umwidegemvyo ku mbohe* ca Mariko Durie, nkuko casubiriye gusohorwa, kirimwo ivyirwa ngenderwako bitandatu, hamwe n'ibindi vyirwa bibiri vyongeweko.

Aka gakemanyi k'inyigisho kanditswe kagenewe gukoreshwa n'abakristo. Kateguwe kugira ngo gafashe abakristo mu gikorwa co gushira mu ngiro inyigisho ziri mu gitabu

Umwidegemvyo ku mbohe. Ico dusaba Uwuhoraho, nuko cofasha mwebwe n'abandi gushikira umwidegemvyo muri Kristo, kandi mukaguma muri abidegemvya.

Niba utegekanya gutanga ivyirwa vy'inyigisho ukoresheje iki gitabu, wobanza ukitonda ugasoma neza agace kitwa "Ivyo indongozi zokwisunga", kari imbere y'intango y'icirwa ca mbere.

Impanuro twoguha, nuko izi nyigisho wozitanga hamwe n'abandi bizera Imana (abakristo). Zagenewe gutangwa biciye mw'ikoraniro rimara imisi 3-5. Ariko ziranashobora no gutangwa mu rukurikirane rw'amahuriro y'imirwi mito mito y'inyigisho z'igihe gito aja aratunganywa mu ndwi nyinshi zikurikirana.

Aho iki gitabu gikoresha ivyabuwe muri Korowani, mu kuvyerekana hakoreshwa impfuny apfunyo K: akarorero: K9:29 vyerekana Ikigabane (surati) 9:29. Muri kino gitabu, uzomenyeshwa inyigisho za isilamu zifatiye kuvyavuye mu nyandiko zemewe z'iryo dini. Twarakoze ibishoboka vyose kugira ngo ivyo twavuze canke twakoresheje bibe ivyakuwe mu nzandiko zemewe koko n'idini rya isilamu kandi birikomokako. Kugira ngo ubone ido n'ido ingene hakoreshejwe ibivuye mu nzandiko zemewe kandi zinyuranye zikomoka mw'idini ry'aba isilamu, raba urwandiko rwitwa "The Third Choice" (Ica gatatu muvyo umuntu arekuriwe guhitamwo) rwa Mariko Durie.

5

Mugusohora zino nyandiko ngenganyigisho tuzigenera ishengero ryo kw'isi nzima iyo iva ikagera, twashaka kubanza kwemeza icese yuko, naho tudashigikiye namba (ahubwo twiyamiriza) urwanko n'ukwiyumvira ukutariko abandi kandi ataho bifatiye, uko vyoba biteye kwose, turongera tukemeza ariko yuko uburyo bwo kwiyumvira kwubaka bufatiye ku bintu bitomoye kandi vy'ukuri, arikwo kwokoreshwa ku madini yose n'ivyiyumviro vyose vyiganje mw'isi nzima. Abantu bose, aba isilamu n'abatari aba isilamu, barafise uburenganzira bwuzuye bwo kugira ivyiyumviro vyabo bo nyene ubwabo kw'idini rya isilamu, bakemera canke bagatera kubiri n'inyigisho zaryo bisunze agatima nama kabo n'ubumenyi bafise.

Ushobora gusanga kandi ukugurura ukanakoresha urwandiko rw'iki gitabu c'inyigisho n'izindi nyandiko zerekeye igitabu Liberty to the Captives zashinguwe muri PDF ku rubuga (website) rwitwa luke4-18.com. Abameyeshabutumwa b'abakristo barafise uburenganzira bwose bwo kwugurura, kurwiza no gukwiragiza urwandiko urwo arirwo rwose rurangwa kuri urwo rubuga ngurukanabumenyi rwa luke4-18.com igihe cose no ku rugero boba babikeneye.

Twohimbarwa cane kandi tugakenguruka igihe cose tworonka intahe n'ubuhamya vy'uburyo izi nyigisho zizoba zafashije abantu, hamwe n'ivyiyumviro n'impanuro ku buryo twoshobora kuzunganira no kuzihinyanyura.

Ivyo indongozi zokwisunga

Ivyo kwisunga bikuru bikuru muri rusangi

Izi nyigisho zigenewe gufasha bene kuzihabwa kuronka umwidegemvyo muvy'umutima kw'idini rya isilamu.

Ukaba utegekanya gutanga ivyirwa kuri *Liberty to the Captives (Umwidegemvyo ku mbohe)*, banza ufate akanya ko kwiga neza ido n'ido ibi bintu vyo kwisunga.

Iki gitabu c'inyigisho canditswe ngo gifashe imice itatu itandukanye y'abakristo:

1. Abahindutse bagaheba idini rya isilamu bahoramwo, hanyuma bakaba biyemeje kugaragaza no kugendera umwidegemvyo wabo muri Kristo.

2. Abakristo babana, canke bamuka ku bavyeyi n'abasekuru babanye n'aba isilamu, mu karere kiganjwemwo idini rya isilamu.

3. Umuntu uwo ariwe wese yoba ashaka gusangira ubutumwa bwa Kristo n'abayoboke b'idini rya isilamu.

Iyo mirwi itatu irafise ivyo umwe wose wisangije mu bijanye n'ivyo ukeneye; ariko dusaba yuko bose (imice yose y'abakristo) bahabwa ibitegekanijwe vyose kuva mu cirwa ca mbere gushika ku ca 6 (1-6), bikaba ari navyo bigize igice nkoramutima c'izi nyigisho.

Hariho ibindi vyirwa bibiri vy'inyongera, ic'indwi n'ic'umunani (7-8) bigenewe abahora ari aba isilamu bagahinduka bakaba abakristo. Ivyo vyirwa vyotangwa ku babanje kurangiza birya vyirwa bitandatu ngenderwako.

- Icirwa ca 7 gishikiriza ibikurubikuru ngenderwako vy'inyongera bijanye n'umwidegemvyo kw'idini rya isilamu: ububeshi, ukwiyumva yuko uri hejuru y'abandi ataho bifatiye, hamwe n'imivumo.

7

- Icirwa ca 8 gitanga inyigisho ku buryo bwo kurongora no gukomeza ishengero rigizwe n'abantu bahindutse bava mw'idini rya isilamu. Izo nyigisho zigenewe gufasha abo bose bakorera mu bahora ari aba isilamu bahindutse.

Inyigisho zateguriwe gutangwa mu buryo ziharije. Usabwe gukurikiza uburyo n'intumbero bitegekanijwe muri iki gitabu, kuko vyarageragejwe basanga ni kirumara ku mice inyuranye y'abo bose bohabwa inyigisho.

Izi nyigisho zagenewe kumara ikiringo kiri hagati y'imisi 3 n'imisi 5. Zinashobora no gutangwa mu rukurikirana rw'amahuriro y'inyigisho y'imirwi mito mito itunganywa mu ndwi nyinshi.

Mu gihe uriko uratanga inyigisho tera intege abazitavye ubahimiriza kutazozigungana, ahubwo kuzozisangiza abandi. Twizeye ko umuntu wese azohabwa izi nyigisho, nawe azotaha ashobora kuzisabikaniriza abandi b'aho aherereye akazibashikiriza, kandi nabo agatuma hanyuma bazoshobora kuzobigenza nkuko nyene aho babaye.

Uburyo n'intumbero vyo gukurikiza mu gutanga izi nyigisho

Izi nyigisho zishobora guhabwa igitigiri ico arico cose c'abantu, kuva ku turwi duto duto tw'ikibano gitoyi (canke mbere umuhana) gushika ku mirwi minini kurusha igizwe n'abantu amajana. Igihe hari abantu barenga batanu canke batandatu bagira bakurikire izi nyigisho, bizoba ngombwa ko bagaburwa mu turwi tw'abigishwa tugizwe n'abantu nka bane canke batanu batarenga. Abagize iyo mirwi ntibahinduka, kandi bicarikwa hamwe mu kiringo cose inyigisho zizomara.

Raba yuko umwe wese mu bakurikira izi nyigisho afise iki gitabu c'inyigisho yisangije. Mu ntango z'inyigisho, saba abazitavye umwe wese kwandika izina ryiwe hejuru ku gitabu ciwe, ubamenyeshe ko ico gitabu ari rwabo bazokigumya, kandi yuko bafise uburenganzira bwo kuja barandikamwo utuntu n'utundi babona twobagirira akamaro. Hanyuma, bandanya ushikiriza bose insiguro ku gitabu c'inyigisho, ubereka vya vyirwa ngenderwako bitandatu, umutwe w'icirwa kimwe kimwe cose, ibigize ihangiro ry'inyigisho bitondaguwe mu ntango z'icirwa kimwe kimwe cose, ivyafatiweko vyakoreshejwe mu nyigisho biri mu mpera z'icirwa kimwe kimwe cose (amajambo, amazina, ibice, ibigabane n'imirongo vyakoreshejwe vyabuwe muri Bibiliya no muri Korowani), ibibazo biri mu mpera z'icirwa kimwe kimwe cose, hamwe n'inyishu zozo ziri mu mpera y'igitabu c'inyigisho.

Mugutangura umusi wose w'inyigisho, umurwi wose uragena uwujejwe kuwurongora (Président), n'uwuja arandika ibivurwa (Secrétaire). Abagize umurwi umwe umwe wose bahimirijwe kuja barakuranwa muri ayo mabanga, ntiyamane abantu bamwe bayirongoye.

- Umukuru w'umurwi (Président) niwe arongora ibikorwa vyo guhanahana ivyiyumviro mu murwi ajejwe, kandi agatera intege abagize umurwi bose guterera ivyiyumviro vyabo. Umukuru w'umurwi, niwe wenyene afise uburenganzira bwo kuraba za nyishu ziri mu mpera z'igitabu c'inyigisho.

- Uwujejwe kwandika ibivurwa (Secrétaire), arandika ingene abari mu nyigisho bishura ibibazo bijanye n'akarorero ntanganyigisho, akandika ibibazo vyoba biriho bizoshikirizwa mw'ihuriro rigenewe ibibazo n'inyishu mu mpera z'icirwa, hanyuma akishura kw'izina ry'umurwi igihe uwurongoye inyigisho asavye imirwi kwishura ikibazo kanaka.

Mu ntango z'inyigisho zose, uwuzirongoye arasaba abazitavye kwigabura mu mirwi ya bane bane canke batanu batanu, akabasigurira ingene iyo mirwi mito mito izokora, nuko bizoba ngombwa ko umwe wose uzoja uragena uwuwurongora mushasha n'uwuja arandika ibivurwa mushasha nyene ku musi ku musi. Uwurongoye inyigisho arongera agasigura ko ari ngombwa ko imirwi yose yiyemeza yuko *uwujejwe kurongora umurwi* ari we wenyene afise uburenganzira bwo kuraba inyishu zitegekanijwe z'ibibazo.

Mu ntango z'umusi umwe wose mushasha w'inyigisho, uwurongoye izo nyigisho aramenyesha icese ibi bikurikira: " Abari bashinzwe kurongora imirwi n'abari bajejwe kwandika ibivugrwa mu mirwi, bose bararungitswe mu karuhuko", hanyuma nya mirwi mito moto igaca igena umwe wose uwuwurongora n'umwanditsi bashasha b'uwo musi (raba ibiri ngaha hepfo).

Uko icirwa cose gitunganijwe (ibihimba bikuru bikuru):

- Uwurongoye inyigisho aramenyesha abazitavye bose yuko incirwa gitanguye, abasaba ko bokwugurura igitabu cabo bakaja ku rupapuro rwa mbere rw'igitabu c'inyigisho. Kuri urwo rupapuro hariko igishusho kijanye n'iciyumviro gikuru c'ico cirwa.

- Abakinyi (acteurs) bamwe barashikiriza agakino ntanganyigisho (leçon de choses, illustration) abitavye inyigisho bose.

- Uwurongoye inyigisho aragira ico avuze mu majambo make ku gakino ntanganyigisho katanzwe (mu mwanya muto utarenga umunota umwe canke ibiri), hanyuma akereka abitavye inyigisho igishusho kijanye n'iciyumviro gikuru c'ico cirwa (image du thème) kiri mu gitabu c'inyigisho mu ntango z'icirwa, akagirako akagisigura mu majambo make.

- Uwurongoye inyigisho arasomera abazitavye bose ibigize ihangiro ry'izo nyigisho biri mu ntango z'icirwa. Nk'akarorero: "Ibigize ihangiro ry'iki cirwa tubisanga ku rupapuro rwa [x]. Navyo ni ibi bikurikira [kubibasomera vyose mu buryo bwumvikana neza]."

- Hanyuma, akarorero nshigikiranyigisho (étude de cas) ko ku cirwa kimwe kimwe cose gashobora gushikirizwa nk'agakino (pièce de théâtre), ariko kandi karanashobora no gusomerwa gusa abitavye inyigisho bose. Ushimye kugashikiriza nk'agakino, integuro yako ishobora gukorwa ikanasubirwamwo imbere y'icirwa: tera intege abitavye inyigisho gukina ako gakino k'akarorero nshigikiranyigisho. Hanyuma y'ako gakino (canke bahejeje gusomerwa akarorero nshigikiranyigisho igihe hatoba habaye agakino), imirwi mito mito ica ihura umwe wose ukwawo kugira ngo abayigize bahanahane ivyiyumviro ku karorero ntanganyigisho, bongere bishure ikibazo gihereza ako karorero: "Ni iyihe nyishu mwotanga?" Hanyuma umwanditsi w'umurwi umwe umwe wose mu mirwi mito mito arashikiriza umurwi munini w'abitavye inyigisho bose bahuriye hamwe inyishu umurwi muto wiwe wahaye ikibazo cari cabajijwe.

- Kimwe cose mu vyirwa usanga ari ngombwa yuko kigaburwa kigatangwa mu tunama canke uduhuriro twinshi, kiretse

10

icirwa ca mbere, kuko ari kigufi kikaba gishobora gutangwa mu gihe kimwe, hatarinze kuba utunama twinshi.

- Mu nama imwe yose mu zigize icirwa, abitavye inyigisho bisunga bagakurikiza izi ntambwe zikurikira, kuva ku ya 1 gushika kuya 5:

1. Uwurongoye inyigisho aramenyesha ibice vy'iki cirwa bija guhanahanwako ivyiyumviro muri aka kanama, akerekana n'urupapuro biriko mu gitabu c'inyigisho. (Ngaha, uwurongoye inyigisho arashobora kwisunga ibimenyetso vyerekana aho ibice bigera vyatanzwe mu gitabu; ivyo bimenyetso biranerekana uko igice cokorerwako mu nama imwe yose y'imirwi mito mito kingana, aho gitangurira naho giherera).

2. Umwe mu bari mu nyigisho afise ijwi ryiza rirongorotse ryo gusoma arasoma avuga cane urwandiko rujanye n'ibice baja guhanahanako ivyiyumviro. (Niba inyigisho zisunga utumenyetso twerekana aho igice kimwe cose kigera, nyenegusoma arasoma kugeza ku kimenyetso c'aho igice giherera, navyo bikaba bifata iminota nka 10-15).

3. Abitavye inyigisho baca bigabura mu turwi duto duto, bagaca basabwa guhanahana ivyiyumviro ku bibazo bijanye n'iyi nama bagezeko. Ibibazo biri mu mpera z'icirwa kimwe kimwe cose.

4. Imirwi mito mito irahanahana ivyiyumviro hanyuma ikishura ibibazo bijanye n'ibice vy'iyi nama. Bishobora gufata hafi iminta 10-20, bivuye ku gitigiri c'utubazo two kwishura. Muri ico gihe, uwurongoye inama aja arazunguruka mu mirwi aho iriko irakorera kugira ngo akurikirane uko uguhanahana ivyiyumviro biriko biragenda.

5. Nyene kurongora inyigisho abonye hari umwe mu mirwi wahejeje ku bijanye n'uko guhanahana ivyiymviro, aca asaba iyindi mirwi yose isigaye kurangiza. Kurikiza umwanya utegekanijwe mu gitabu c'inyigisho; nturindire abikwega boba batararangiza.

11

Guma usubiramwo wisunga izo ntambwe zose, kuva kuya 1 gushika kuya 5 ku nama zose zisigaye gushika aho murangiza icirwa cose.

- Mu mpera z'icirwa kimwe kimwe cose, imirwi yose irasubira guhurira mu murwi munini wa bose mu nama igenewe ibibazo n'inyishu ku cirwa cose.

Ivyirwa vya 5, 6 na 7 bisozerwa n'amasengesho (ibisabisho). Kubijanye n'uburyo bwo kurongora amasengesho, hokwisungwa impanuro ziri ngaha hepfo.

Aka, ni agashusho kajanye n'uguhanahana ivyiyumviro, kerekana abantu batatu bariko baravugana:

Aka gashusho kerekana aho bohagarika gatoyi kugira ngo habe uguhanahana ivyiyumviro mu mirwi mito mito. Iki ni iciyumviro gitanzwe, singombwa ko bigenda nkuko: nyene kurongora inyigisho wese yotunganya ingene yogabura ivyirwa mu nyigisho ashinzwe, yisunze ivyo abona abazitavye bakeneye. Ivyo bashobobora kwiga mu gihe kimwe uko bingana, usanga bihinduka ukurikije imirwi; nico gituma bizoba ngombwa ko uwurongoye inyigisho afata ingingo ku gice c'igitabu c'inyigisho kibereye ku nama y'imirwi mito mito imwe imwe yose.

Udukino ntanganyigisho (leçon de choses, illustration)

Icirwa kimwe kimwe cose cotangurira ku karorero nshigikiranyigisho kotangwa nk'agakino, kakaba ariko kaba intangamarara. Usanze bibereye, vyoba ngirakamaro aho uherereye, haranategekanijwe agakino nshigikiranyigisho kobera intangamarara inyigisho zose zitegekanijwe. Bizoba ngombwa yuko ako gakino gategurwa imbere yuko haba inyigisho. Henshi uzosanga hakenerwa yuko abazogakina bahura bakagategura bakagasubiramwo, naho hoba mu minota mirongo itatu itarenga imbere yuko inyigisho zitangura.

Agakino ntanganyigisho k'intangamarara y'inyigisho zose

Rondera intebe z'inyegamo nka zitandatu canke zitarenga umunani, zikomeye bikwiye gushika aho imwe yose umuntu ashobora kuyihagararako ntivunjuke. Tondesha izo ntebe, igice c'imbere c'intebe imwe yose gikora ku gice c'inyuma c'inyegamo ikurikira. Hanyuma, saba umwe mu rwaruka rwitavye inyigisho kugendagenda kuri izo ntebe, yigirisha nkuriko aravugira kuri telefone ngendanwa yiwe. Hanyuma, za uratanya izo nyegamo, uja urongereza ikibanza kiri hagati yazo, gushika aho bigorana rwose gushobora kuzigenderako nkuko vyari bimeze mu ntango. Ca rero ugena umuntu umwe, afate urukaratasi rwanditseko ijambo "INDONGOZI". Uyu muntu agende, afata ikiganza ca wawundi ariko ageza kugendera kuri za ntebe, ava kuri imwe aja ku yindi, vyerekana ingene kurya kuboko kukurongora gutuma vyoroha cane gukora icari kukugora kucikorana wewe nyene ubwawe gusa.

Agakino ntanganyigisho ku cirwa ca 1

Umuntu umwe w'umugabo, ariko aragenda arengana avuga ashira ijwi hejuru ngo "Ubu ndidegemvya! Ndidegemvya!", avugira hejuru ingene yidegemvya ka bukristo. Ariko rero, naho avuga ivyo, ntiyumva yuko hari impene zibiri ziziritse ku maguru yiwe, imwe ku kuguru kumwe, iyindi ku kundi kuguru (naha harashobora gukoreshwa n'ibindi bikoko mu kibanza c'impene, nk'intama zibiri, isake zibiri, canke inyabu zibiri). Ntibimworohera kugenda atumbera neza imbere. Igikoko kimwe kimukwegera ku ruhande rumwe, ikindi kikamukwegera ku rundi. Agerageza uko ashoboye kwose kugira ngo ashobore gushika iyo ariko araja, ariko ntanashobora no kubona izo mpene. Yiyumvira ko yidegemvya, ariko sivyo. SIvyo namba!

Igihe ata bikoko bihari, rondera igikaratasi kinini, hagire uwubishobora yoshushanya kuri ico gikaratasi umuntu canke abantu babiri, umwe wese afise impene zibiri ziziritse ku maguru yiwe. Saba umuntu umwe, aza, yerekane igishusho, avuga ati " Ndi umukristo yahindutse ava mw'idini rya isilamu! Ndidegemvya! Ndishira nkizana!. Arasigura ibijanye nuyo mwidegemvyo wiwe mu kiringo kingana n'umunota umwe, ariko ntamenye namba ko hari izo mpene zibangamira uwo mwidegemvyo wiwe, ntazicishe no mu kanwa. Uyu muntu arasohoka, hagaca hinjira uwundi muntu agaca akoresha agakoni canke akandi gakoresho, akerekana za mpene, agakiriza ukuboko nkuwuriko aribaza ikibazo, nkuwufise amadidane.

13

Agakino ntanganyigisho ku cirwa ca 2

Andika ijambo "DHIMMI" (Umuja w'aba isilamu) mu ndome nini nini n'ikaramu yandika ibintu bibona cane kandi bivyibushe, uvyandike ku gatambara kagutse kandi gakomeye kariko uburembo ku rundi ruhande. Ereka abitavye inyigisho iryo jambo ryanditse kuri ako gatambara, hanyuma uce ugenda ugahomeke ku munwa w'umuntu asanzwe azirikiye ku ntebe y'inyegamo. Hanyuma, haheze amasegonda 20, saba uyo muntu kuraba hejuru, agerageze guhaguruka. Ntavyo agenda ashoboye. Fata uyundi muntu akuze afate urukaratasi rwanditseko ijambo "UMUKIZA". Saba uyo mukiza kubohora wa mu *Dhimmi,* maze uyo muja abohowe umusabe kugenda agana umuco ubonesha cane (rishobora kuba itara, canke mbere isitimu y'itelefone ngendanwa), agenda aravugira hejuru Izaburi ya 23, ayivuga ku mutwe.

Agakino ntanganyigisho ku cirwa ca 3

Igikoko kiriye ikiri kw'igera ry'umutego, canke ikindi cose kigikwegera mu mutego, gica gifatwa. Ntigishobora kwigobotora kitarekuye iryo gera. Rondera akantu k'agakarabo, gafise umunwa wagutse mu buryo umuntu ashobora gushwegetezamwo ikiganza ciwe cuguruye, ariko utagutse bikwiye gushika aho apfumbase, ico gipfunsi gishobora kuronka aho gica ngo kivemwo. Terura ako gakarabo, hamwe n'urukaratasi rwanditseko ijambo "SHAHADA". Shira utwema (utuyoba) dukeyi muri ako gakarabo. Wa muntu yinjizemwo ikiganza ciwe mu gakarabo kugira ngo akamate twa tuyoba, ariko ntashobora gukurayo ca gipfunsi ciwe, ntikironka aho gica. Uyo muntu ace atembera azunguruka yerekana ingorane afise. Uburyo bwonyene buriho bwo gushobora gukura ikiganza ciwe muri ako kavyigiti k'agakarabo, ni ukwugurura ca kiganza, ikiganza kikavamwo nkuko cinjiye, agaheba twa tuyoba.

Agakino ntanganyigisho ku cirwa ca 4

Umugore yitwikiriye ataguma hamwe, ari kumwe n'umugabo w'u yambaye inkofero yambarwa mu gihe c'amasengesho, bapfunze igitambara mu maso, bicaye ku ntebe zibiri z'inyegamo. Mwandike amajambo "UMUYOBOKE WA ISLAMU" ku mpapuro zibiri mu bidome binini binini, hanyuma izo mpapuro muzihome ku gikiriza c'abo bantu babiri, canke muzibamanike n'akagozi mw'izosi. Saba abantu benshi kwinjira, bagendagende babaraba babakikuza kenshi, bavugana mu vyongoshwa vyumvikana, berekana umunezero, baririmbira hamwe akaririmbo ko kuninahaza Uwuhoraho, ariko ataco babwira ba ba isilamu. Saba wa mugabo w'u kurondera inkota (canke ikindi kirwanisho nk'umupanga) munsi y'intebe yiwe akayizungagiza mu kirere igihe cose hari uwumwegereye, abasaba gutekereza (guhora), no kutamusomborotsa ngo ahave aja muvyo kubivuna. Ba bantu, mu mutekano ntangere, bakisohokera. Hanyuma, hagire uwuza, mu bwitonzi bwinshi, abakure vya bitambara bibapfutse mu maso, hanyuma abereke ko ata muntu numwe ari ngaho. Bose rero bagaca basohoka, berekana ko batangaye cane.

Agakino ntanganyigisho ku cirwa ca 5

Umugabo canke umugore aryamye hasi, asa n'uwurushe cane, asa nuwaneshejwe akabura gitabara, yitunye nkuwuriko arikingira abariko baramugirira nabi (igitero). Ijambo "UWAKUMIRIWE" riranditse mu bidome binini vy'icuma ku rukaratasi ruhometse kuri uyo muntu. Umugozi canke umunyororo muremure ubohereye ku kuguru kwiwe kumwe, hamwe uva ahantu ata nuwubona aho uzirikiye: ushobora kuba uzirtse ku giti, canke ku kindi kintu. Haraza umutabazi, agapfundura wa mugozi (ca kiziriko), hanyuma n'uburwaneza bwinshi agahagurutsa wa muntu buhoro buhoro, canke akamujana ahari intebe y'inyegamo, akamwicarika, akamuha ikirahuri c'amazi, akamurindira amwihweza ata kumuhutagiza gushika aho aheza kunywa, agaca yakira ca kirahuri, akagishira iruhande, agaca amukurako na ca capa canditseko ngo "UWAKUMIRIWE". Hanyuma wa mutabazi agaca apfukama imbere ya wa muntu nyene gutabarwa yicaye ku ntebe, akamwoza ibirenge, akongera akabihanagura akavyumukisha.

Agakino ntanganyigisho ku cirwa ca 6

Raba, habe umugabo yicaye ku ntebe iri inyuma y'imeza (ibiro), afise Bibiliya yiwe mu minwe, umugore wiwe nawe ahagaze inyuma yiwe, amufashe ku bitugu. Bariko bararaba ya Bibiliya yuguruye, mu gacerere. Andika ijambo "DHIMMI" (Umuja w'aba isilamu) mu ndome nini nini n'ikaramu yandika ibintu bibona cane kandi bivyibushe, uvyandike ku gatambara kagutse kandi gakomeye kariko uburembo ku rundi ruhande. Ereka abitavye inyigisho iryo jambo ryanditse kuri ako gatambara, hanyuma uce ugenda ugahomeke ku munwa wa wa mu isilamu yicaye ku nyegamo. Hanyuma, haze umuntu yigira umu isilamu, yinjire, atangura kuramutsa no gutwenga wa mugabo yicaye mu gacerere ku ntebe. Umugore wiwe niwe agerageza kwishura ibibazo. Wa mu isilamu arica amatwi, akagira nkuwutumva izo nyishu. Wa mugabo yobandanya kugumya Bibiliya yiwe ayifatishije amaboko yompi, maze mu kwishura akaja arakoresha umutwe. Impera n'imperuka, wa aritwengerera hanyuma akisohokera. Saba wa mukenyezi, akure ca gitambara ku munwa w'umugabo wiwe, amusabe kuvugana akamwemwe ati " Bwira wa agaruke". Wa mugore aca anyaragasa akurikira wa , maze wa mugabo wiwe nawe agaca afata ingingo yo kumukurikira, avuga ati: "Ndaje! Ndaje!" uko yagafashe ya Bibiliya ayiduza hejuru.

Agakino ntanganyigisho ku cirwa ca 7

Shira intebe zitatu imbere y'abitavye inyigisho, imwe ku ruhande rumwe, izindi zibiri nazo uzikurikiranye ku rundi ruhande, kandi ubigire witonda. Imwe yose kuri za ntebe zibiri zipanzwe hamwe, imanitseko urukaratasi rwanditseko ijambo "UMWIDEGEMVYO". Ya ntebe yindi imanitseko urukaratasi rwanditseko ijambo "ISILAMU". Iyo ntebe iri ukwayo ifashwe n'umugozi uboheye ku kintu kidashobora kunyiganyizwa canke kwunguruzwa kiri muri ico cumba/iyo nyubakwa. Hari umuntu yicaye kuri ya ntebe yandiseko "ISILAMU", ukuguru kwiwe kukaba kuziritswe ku wundi mugozi mugufi uboheye kuri ya ntebe yicayeko. Uwo mugozi, ni mugufi cane kuburyo utamukundira gushikira za ntebe zandiseko "UMWIDEGEMVYO", kandi ya ntebe ya "ISILAMU" ntawushobora kuyunguruza , kuko iboheye ku kintu kidashobora kunyiganyizwa canke kwunguruzwa. Andika ku gikaratasi ijambo "UBUJA" canke "INGOYI" n'ibidome binini binini, ukoresheje igikaramu candika ibiboneka bwa kivyirisho. Hagire umuntu umwe yereka urwo rukaratasi abitavye inyigisho, ace agenda aruhomeke kuri wa mugozi uboheye wa muntu kuri ya ntebe ya "ISILAMU". Raba hagire umuntu umwe aza kwicara kuri imwe muri za ntebe zandiseko ijambo "UMWIDEGEMVYO", maze ajeyo agenda arasoma Bibiliya. Uyo muntu arahamagara wa muntu aziritse amutumirira kwimuka ngo aze kwicara kuri ya ntebe yindi isigaye yanditseko "UMWIDEGEMVYO". Wa muntu aboshe arageragza gushikira ya ntebe y'umwidegemvyo, ariko ntavyo ashobora kubera ya migozi (za ngoyi)

Wa muntu yicaye kuri ya ntebe imwe y'umwidegemvyo aca ahitana ikimenyetso canditseko ijambo "YIHEBE", canke "NDAYIHEVYE", akagishira hejuru y'ikimenyetso canditseko "ISILAMU, mu buryo ivyo bimenyetso vyose biboneka, bisomeka neza, hanyuma agaca azitura wa mugozi uboheye uwo muntu ku ntebe ya isilamu. Maze bose uko ari babiri bagaca bagenda bakicara kuri za nyegamo zibiri z'umwidegemvyo. Baca batangura kuririmbira hamwe wa murongo witwa "Inema (umugisha) y'agatangaza (canke urundi ruriririmbo rw'amashemezo ruzwi neza rwerekeye umwidegemvyo muri Kristo).

Agakino ntanganyigisho ku cirwa ca 8

Fata umukenyezi yambaye mk'ukazi w'umuyoboke kabisa yinjire apfunze igitambara mu maso, afashwe ukuboko n'uwumurongoora w'umugabo, asa n'u. Ijambo "ISONI" riranditswe ku rukaratasi rugaca ruhomekwa ku gikiriza ca wa mukenyezi. Wa mugabo w'u aramubwira ati : "Ibirenge vyawe n'iminwe yawe biracafuye cane, vyarahumanye", hanyuma agaca asohoka. Yicaye ku ntebe, kandi abitavye inyigisho barashobora kubona koko ko ibirenge vyiwe n'iminwe yiwe biriko umwanda mwinshi. Ariko ararira yiganyira mu gacerere. Hanyuma hagaca hinjira umugore w'umukristo. Azanye ibesani irimwo amazi, hamwe n'igitambara co kwihangura / isume. N'uburwaneza bwinshi, abanza guhanagura buhoro buhoro yitonze amosozi yaw a mukenyezi, akamuhanagura neza mu maso hakumuka. Hanyuma aca akarabisha iminwe yaw a mukenyezi akayisukura, agaca apfukama akoza ibirenge vyiwe navyo. Amaze gusukura neza ibirenge, wa mugore w'umukristo aca akura wa mukenyezi wundi wa mwitwikiro w'isoni agaca amufasha guhaguruka. Bagaca basohokana bafatanye iminwe nk'abavukanyi, wa mukristo atwaye ibesani, wa kazi nawe atwaye ca gitambara cakoreshwa mu kumuhanagura.

Igikorwa c'abarongoye imirwi mito mito yo guhanahana ivyiyumviro

Umukuru w'umurwi muto, ajejwe gukabura no kuremesha uguhanahana ivyiyumviro mu murwi arongoye.

Igihe hari ijambo ryanditswe mu ndome ziboneka/zikajije kurusha ayandi majambo mu bibazo bijanye n'icirwa kimwe kimwe cose, ivyo bisigura ko ijo jambo riri mu rutonde rw'amazina mashasha canke rw'amajambo mashasha arangwa muri ico cirwa nyezina. Umurwi ushikiriye ijambo nkiryo, uwuwurongoye ashobora gufata akanya ko kubwira umurwi uwo muntu uwo ariwe, canke ico iryo jambo risigura.

Uwurongoye umurwi aratera intege umwe wese mubagize umurwi kugira ngo agire ico aterereye mu guhanahana ivyiyumviro.

Birya bibazo bitegekanijwe, bigenewe gufasha kuraba yuko bose bategereye inyigisho. Biranaba vyiza igihe abari mu murwi biyumviriye guhanahana ivyiyumviro no ku bindi bivurwa muri ako gace k'inyigisho, canke ku bindi bijanye n'ikibazo kanaka.

Bishitse umurwi ugasanga uriko uvuga ibitajanye n'igice c'icirwa kigezweko, uwuwurongoye arashobora kuwukebura akawukebanura akawugarukana ku bibazo biriko birirwa.

Uwurongoye umurwi, araraba yuko uguhanahana ivyiyumviro bigenda bija imbere ata guta umwanya kugira ngo bijane biherane n'umwanya wategekanijwe.

Uwurongoye umurwi, niwe wenyene mu murwi wose afise uburenganzira bwo kuraba inyishu ziri mu mpera z'igitabu c'inyigisho.

Uburyo bwo kurongora amasengesho yo mu vyirwa vya 5-7

Ngibi ivyo kwisunga mu kurongora amasengesho yo kuvavanura na *shahada*, *dhimma*, hamwe n'ububeshi, ukwiyumva ko uri hejuru y'abandi ataho bifatiye, hamwe no kuvuma abandi ari mu vyirwa vya 5-7.

- Vugira igisabisho mwese hamwe mu murwi wose munini (atari bamwe bose ukwabo mu mirwi yabo mito). Ariko rero, abitavye inama, singombwa yuko barinda kwimuka bakava mu mirwi barimwo, kiretse bibaye nkenerwa gukoranya bose (bashobora kubivugira rimwe aho bari hose).

- Biba vyiza kurusha bose basabwe guhaguruka, ibisabisho bakabivuga bahagaze: mu kwatura ayo masengesho dutegerejwe kubishiramwo umutima wacu wose, atagusamara, kuva ku ntango gushika kw'iherezo.

18

- Imbere y'umwanya umwe umwe wose w'amasengesho, hariho uturongo twa Bibiliya dutegekanijwe mu tubazo n'inyishu. Uwurongoye inyigisho abanza gusoma ibibazo, hanyuma agakurikiza uturongo twa Bibiliya tujanye n'ico kibazo, akabona gusoma inyishu (mu gitabu zanditse mu tudome duhiritse). Hanyuma yivyo, bose baca bahaguruka bakavugira hamwe igisabisho. Icirwa ca 6 (Umwidegemvyo kuri *Dhimma*) kimaze gutangwa hanyuma y'icirwa ca 5 (Umwidegemvyo kuri *Shahada*)—mubisanzwe niko bitegerezwa gukurikirana—ivyo bisigura ko uturongo twerekeye "*Uguhura n'uk*uri" twamaze gusomwa mu cirwa ca 5, bikaba ari naco gituma atari ngombwa ko turinda gusubirwamwo mu cirwa ca 6.

- Mu cirwa ca 5, amasengesho ajanye no guheba *shahada* yovurwa hanyuma ya kirya "Icemezo n'igisabisho vyo kwiyemeza gukurikira Yesu Kristo", navyo nyene biri mu cirwa ca 5. Banza muvugire hamwe " Icemezo n'igisabisho vyo kwiyemeza gukurikira Yesu Kristo", hanyuma muce musoma ubuhamya (intahe) bw'umwidegemvyo. Hanyuma yivyo, uwurongoye inyigisho aca asomera abari ngaho bose urwandiko rwo muri Bibiliya rujanye no "Guhura n'ukuri". Igikurikira, nuko bose bavugira hamwe "Icemezo n'igisabisho co kwihakana *Shahada* no gusambura ububasha bwayo".

- Aya masengesho ashobora kuvugirwa hamwe mu buryo bunyuranye:

  - Abantu barashobora kuyasomera hamwe barabira muri kino gitabu c'inyigisho.

  - Iyo hari uburyo bwo kubirasira ku ruhome canke ku gitambara (écran) nka kurya kw'ireresi (projection), barashobora kubisoma aho vyarungitswe ku ruhome canke ku gitambara cabigenewe.

  - Kenshi mbere, bizoba vyiza kurusha umukuru w'inyigisho agiye arayasoma, abari mu nyigisho bakaja barasubiramwo: nyene kurongora inyigisho arasomera abari ngaho iryungane, maze nabo bakarisubiramwo. Ubu buryo ni kirumara igihe abitavye inyigisho ari bantu batamenyereye gusomera hamwe ibisomwa bavuga cane. Ubu buryo buha kandi abantu umwanya ukwiye wo kwumviriza bagategera neza amajambo y'amasengesho, maze akabanyura bakayagira rwabo; vyongeye, ubu buryo burafasha gukomeza ubwiyunge bw'abagize umurwi.

- Igihe cose aya masengesho avuzwe, ni ngombwa ko abantu bamaze kuvuga ayo masengesho, uwurongoye inyigisho asengera abo bose bayavuze kugira ngo asambure imivumo ayisubirize imihezagiro. Ayo masengesho y'uwurongoye inyigisho yotegerezwa kubamwo ibi bikurikira:

  - Nukwizera kwinshi, uwurongoye inyigisho yovuga icese yuko asambuye imivumo yose ijanye nivyo abari munyigisho biyemeje guheba no kuvamwo. Ivyo arashobora kubikora mukibanza cabo, mw'izina ryabo, canke ashobora kurongora no kubafasha kuvyivugira bo nyene ubwabo. Nkakarorero, hanyuma y'igisabisho co kwiganzura ingoyi za *shahada*, uwurongoye inyigisho ashobora kuvuga ibikurikira: "Ndasambuye kandi ndatujije mu bugongo bwawe imivumo yose yazanywe na isilamu. Ndasambuye kandi ndatujije mu bugingo bwawe ububasha bwo mu mpwemu (ku mitima) buturuka kuri isilamu". Canke igihe hakoreshejwe uburyo bwuko abantu barongorwa bakivugira ayo masengesho, bashobora gukoresha amajambo akurikira uwurongoye inyigisho avuga nabo bakayasubiramwo uko ayavuze: "Ndasambuye kandi ndatujije mu bugingo bwanje imivumo yose yazanywe na isilamu. Ndasambuye kandi ndatujije mu bugingo bwanje ububasha bw'impwemu buturuka kuri isilamu".

  - Uwurongoye inyigisho arongera agategeka abadayimoni—canke agasaba abantu kubategeka bo nyene, hakoreshejwe aya majambo: Mw'izina ry'Umwami wacu Yesu Kristo, ndategetse abadayimoni bose gusonera no gutinya no kwunamira Yesu bakakuvamwo ubu nyene" (canke "bakamvamwo ubu nyene", igihe hakoreshejwe bwa buryo bwuko uwurongoye inyigisho avuga, abandi bagasubiramwo).

20

- Hanyuma y'ivyo, uwurongoye inyigisho aca ahezagira abavuze amasengesho, asaba imihezagiro n'imigisha izana ibihushanye vyivyo benegusenga biyemeje guheba canke kwiganzura, nkuko bisiguwe mu cirwa ca 2. Nkakarorero, hanyuma y'amasengesho yo kwiganzura ingoyi za *dhimma*, uwurongoye inyigisho arashobora guhezagira iminwa y'abantu, akoresheje ukubasabira ubugingo burangwa no kuvuga ukuri ata gutinya; hanyuma y'amasengesho yo kwiganzura ingoyi za shahada naho, uwurongoye inyigisho ashobora guhezagira abantu abasabira ubuzima, ukwizigira, ubutwari, n'urukundo rw'Imana.

- Vyongeye, ni vyiza ko haba umurwi w'amasengesho witeguriye kubandanya gusabira abantu hanyuma y'amasengesho yavugiwe hamwe na bose. Ubryo bumwe bushobora gukoreshwa, ni ubwo guhezagira mu buryo bw'umugirwa wo gusiga amavuta: ukuvuga amasengesho kurangiye, abantu barashobora gusabwa kuza imbere kugira ngo basirwe amavuta, no gusengerwa umwe umwe wese ukwiwe n'abagize wa murwi w'amasengesho. Ni vyiza guha inyigisho umurwi w'amasengesho wanyu imbere y'igihe, kugira ngo abawugize bamenye neza ivyo bategerejwe gukora.

Ibatisimu

Ni ngombwa cane yuko mu bihe vy'imbere yuko aronka ibatisimu, umuntu wese yavavanuye n'idini rya isilamu kugira ngo akurikire Kristo yokwatura akavuga icese ya masengesho abiri ategekanijwe mu cirwa ca 5: *" Icemezo n'igisabisho vyo kwiyemeza gukurikira Yesu Kristo", hamwe n'"Icemezo n'igisabisho co kwihakana Shahada no gusambura ububasha bwayo". Imbere yuko bavuga aya masengesho, bosigurirwa mu buryo butomoye, ido n'ido, ibindi bisabisho bisigaye, kugira ngo babashe gutegera ivyo bariko barasaba, kandi bavyiyumvemwo, babigire rwabo. Bisabwa rero yuko ivyo vyorangurwa muvyokorwa mukwitegurira gutanga ibatisimu.*

Ibimenyetso

Rimwe na rimwe birashika yuko mu gihe abantu bariko baravuga aya masengesho, abadayimoni biyerekana. Ushobora gusanga umuntu atanguye kuboroga, canke akarwa hasi canke ukaja ubona hari abariko barahinda umushitsi. Kuri izo mvo, na cane cane igihe abantu bariko bavugira hamwe amasengesho mu murwi, nivyiza kuba mwiteguye. Hakaba hariho umurwi canke imirwi ishinzwe gufata neza umuntu nkuyo bakamusohokana canke bakamujana ahandi, bakamutera intege, bakongera, mu bwitonzi bwinshi, bagategeka iyo dayimoni canke ayo mashetani kuva muri uyo muntu. Ni vyiza kandi kugira indongozi imwe canke mbere n'izirenga ziguma zarifyuye zikurikirana vyose kandi hose ziraba ingene bose bariko bararangura ibitegekanijwe.

1

Igituma ari ngombwa guhakana idini rya isilamu no kuvavanura na ryo

"Kristo yatugobotoye ngo tube mu mwidegemvyo!"
Galatiya 5:1

Ibigize ihangiro ry'icirwa

a. Gutegera neza igituma ari ngombwa cane mu buryo ntasubirizwa guheba no kwiganzura ingoyi zituruka kunkomezi z'amasezerano agenga idini rya isilamu.

b. Gutegera agasomborotso k'ubwiganze bw'idini rya isilamu ku mitima y'aba isilamu n'abatari aba isilamu.

c. Kumenyeshwa no gutegera iciyumviro co kurokorwa mu ngoyi za Satani ukajanwa mu bwami bwa Yesu Kristo.

d. Kwikuramwo yuko ukwitwaza inguvu n'igikenye vyokoreshwa nk'inyishu yanyuma kuri jihad y'aba isilamu ("ingwano nyeranda").

e. Kubona uburyo Muhamad asa na wa "mwami w'ikimwenyi" (roi feroce) yabonwa na Daniyeli mw'iyerekwa yagiriwe, no gutegera ko uyo mwami yaneshejwe, "hakoreshejwe inkomezi zitari iz'abantu"

Akarorero nshigikiranyigisho (étude de cas): Wokora iki?

Mu gihe wariko urasoma iki gitabu canditswe na Mariko Durie, baraguhamagaye kw'itelefone, bakumenyesha ko sowanyu yari mu modoka ntoya yagize isanganya, kandi ko ubu ari mu bitaro biherereye hafi y'aho uri. Ugiye kumuraba, usanga bamusangije icumba na Ali, umuyoboke akomeye w'idini rya isilamu, ishami ry'abashiyite. (chiites). Uhejeje gusengera sowanyu, urabona ko Ali yifuza cane kukubwira ikintu, mbere akubwira ati: "Wewe woba u nyawe, kandi nturi kure yavyo. Woshobora kumenyeshwa akarorero k'igitangaza ka Hazrat Muhamadi, arakamana amahoro, wobona ko umuzo wiwe wamenyeshejwe kandi wemerwa na Hazrat Issa (Yesu muba isilamu)—arakamana amahoro. Umuhanuzi wacu mukuru--- arakamana amahoro---niwe yari yuzuye impuhwe, imbabazi,

24

urukundo n'amahoro kurusha abandi bose bamaze kubaho kuri iyi si. Ndagutumiriye kwinjira mu nzira y'ukuri ya Allah."

Wokwishura iki? Wokora iki?

Igikenewe mu buryo bwihuta

Ngiyi intahe y'umuntu yahora ari u hanyuma agahinduka akaba umukristo, hanyuma yaho akemeza yuko yumvise aronse umwidegemvyo ukomeye cane igihe yavavanura n'idini rya isilamu:

Narezwe mu muryango w'aba isilamu uba mu Burengero. Twaraja ku musigiti, tukigishwa no kuvuga ibisabisho mu carabu. Uretse ivyo, nakuze ntiyumvamwo cane ivyo vy'ukuyoboka idini. Ibintu vyahindutse aho nashikira igihe c'ubuzima kirangwa no kurondera kumenya utuntu n'utundi, igihe nava imuhira nkaja kwiga muri kaminuza. Impera n'imperuka, mu mpera z'iki gihe, narubuye ndamenya uwo ariwe Yesu Kristo, hanyuma aca arankiza umutima wanje.

Naragiye mu murwi w'abanyeshule b'abakristo mu kigo ca kaminuza nigamwo. Indwi imwe imwe yose, abanyeshule barakuranwa, kakaba umwe amenyesha abandi ubutumwa yakuye muri Bibiliya. Igihe nari maze umwaka umwe utarenga, barambajije niba narashobora gutegura ubutumwa nkabushikiriza abandi. Ku mugoroba w'umusi nategerezwa gusabikaniriza abandi ubutumwa nari nateguye, naragiye muri imwe mu mazu babikamwo bagasomeramwo ibitabu muri Kaminuza, ndavuga amasengesho makeyi. Ubutumwa nategerezwa gutanga bwari bufatiye ku ciyumviro nyamukuru gikurikira: "Ko Yesu yampfiriye, none nanje numva nomupfira?"

Ntanguye gusenga, hari ikintu c'igitangaza cabaye: nagiye numva umuhogo wanje uriko urambana muto, umengo hari uriko aranigura, canke ndiko ndabura impwemu, mpema vyanka. Naragize ubwoba bw'ikirenga numvise bibandanije, ahubwo bigenda vyunyuka. Hanyuma niho naja numva ijwi rimbwira riti: "Heba isilamu! Vavanura n'idini rya isilamu!" Naciye niyumvira kandi nemera ko ari Umwami Yesu. Muri ico gihe, ntangura kugeza kwishura mvuga nti "Mwami, muvy'ukuri, haraheze igihe ntakiri "muri" isilamu canke ntayikurikiza namba."

Ariko rero, nabandanije kwumva mbura impemu, mpema vyanka, bituma mvuga nti: "Mw'izina rya Yesu, ndahevye idini rya isilamu". Ibi vyose vyariko biba muburyo butekanye, mu gacerere, kuko hari mu nzu yo gusomeramwo. Ubwo nyene, nja numva kwa kunigurwa nariko ndumva biraheze. Numva ndaruhutse, ndaremurutse! Nca nsubira mu masengesho yanje no mu gikorwa co kwitegurira ihuriro nategerezwa gushikirizamwo ubutumwa. Muvy'ukuri, muri iryo huriro, Umwami yariyerekanye mu bubasha bwiwe, kuko ndibuka ko nabonye abanyeshule bapfukamye, bashemeza Umwami Yesu n'ijwi riri hejuru, bamwishikanako.

Ica nkenerwa gikuru ku bantu bo muri iyi si turimwo muri iki gihe, ni ukwigobotora ku ngoyi z'idini rya isilamu. Kino gitabu kirasigura igituma ibi ari nkenerwa, nuburyo vyokorwa. Kiratanga ivya nkenerwa vyo kumenya hamwe n'amasengesho bishobora gufasha abakristo kwiganzura ku bubasha n'imizana idini rya isilamu rifise ku mitima yabo.

Iciyumviro ngenderwako c'iki gitabu, ni uko ububasha n'imizana idini rya isilamu rifise ku mitima y'abantu vyubahirizwa bikigaragaza biciye mu masezerano (pactes) abiri azwi ku mazina ya *shahada na dhimma*. Ayitwa *shahada* aboha aba isilamu bo nyene, ayitwa *dhimma* nayo *a*kabohera abatari aba isilamu mu buzima bw'ubuja butegekanijwe n'amategeko y'idini rya isilamu.

Ni ngombwa cane kumenya:

- Ingene umuntu yahora ari umu islamu hanyuma akaba yahisemwo gukurikira Kristo ashobora kuvavanura n'iryo dini, kandi akiganzura ubuyoboke bw'isezerano rya *shahada* n'ibijanye naryo canke birikomokako vyose.

- Ingene abakristo bashobora kwemeza umwidegemvyo wabo hanyuma bagafashwa kwigobotora ukwiyumva ko bari hasi cane (ari abaja) bigereranije n'aba isilamu, bikaba bikomoka ku mategeko ya *sharia* biciye mu masezerano ya *dhimma usanga agenga aho hose higanje iryo dini rya isilamu.

Abakristo barashobora gusaba ubwigenge bafitiye uburenganzira kuri ayo masezerano uko ari abiri, kandi ntabundi buryo bocako atari ukuyaheba bakavavanura nayo. (Nico gituma hari amasengesho ajanye no kuvavanura n'idini rya isilamu yatanzwe mu bice biri inyuma vy'iki gitabu).

Amasezerano abiri

Ijambo ry'icarabu *Islam risigura* "kwishikana" canke "kwemera kuganzwa". Ukwemera kwa Muhamadi gutegekaniriza isi ubwoko bubiri bw'ukwishikana canke kwemera kuganzwa n'iryo dini. Bumwe, ni ubwo kwishikana no kwemera kwitanga ku muyoboke yemeye idini rya isilamu. Ubundi, ni ukwishikana no kwemera kuganzwa kw'abantu batari aba isilamu, bategerezwa kwemera kuganzwa n'idini rya isilamu, batari abayoboke b'iryo dini.

Isezerano rigenga abayoboke ba isilamu, niryo ryitwa *shahada*, ariyo nama (credo) y'aba isilamu. Ni ukwemeza icese (ukwigira inama icese) ko bemera Allah ari we musa ari Imana, yuko Muhamadi ari intumwa yiwe, hamwe n'ibindi vyose bituruka kuri ivyo vyemezo.

Isezerano rigenga abatari aba isilamu, ariko bategerezwa kwemera kugabwa bakaganzwa mubijanye na politike (intwaro n'uburongozi) n'idini rya isilamu, rizwi kw'izina rya *dhimma*. Ni indinganizo y'amabwirizwa ya isilamu itegekanya ikerekana ikibanza n'imibereho vy'abakristo n'abandi bashimye kutaba abayoboke ba isilamu. Ariko bakabwirizwa vyanse bikunze kwemera kugabwa no kuganzwa nayo.

Ivyo idini rya isilamu risaba rigategeka mbere ko abantu bose iyo bava bakagera (isi nzima) bokwemera bakaganzwa, biciye ku cemezo ca *shahada*, canke ku kwemera ica *dhimma*, ni ngombwa ko birwanywa.

Abakristo benshi bashobora gutegera ko umuntu yavuye mu ki isilamu agakurikira Kristo ashobora gukenera kuvavanura n'iryo dini rya isilamu. Ariko, abakristo benshi bashobora gutangara bumvise yuko abakristo batigeze baba aba isilamu ushobora gusanga basigaye baremerwa bakaganzwa kuvy'umutima n'igitugu c'iryo dini rya isilamu. Kugira ngo babirwanye, ningombwa ko bahaguruka bakavuga ico biyumvira kubitegekanywa n'isezerano rya dhmma, bakiyamiriza ubwoba n'ugucinyizwa idini rya isilamu rirondera kubagumizamwo kubera ko atari abayoboke baryo, ribafata nk'abari musi y'abaryegukira.

Tugiye kwihweza ivyo arya masezerano asenyera ku mugozi umwe mu gushira no kugumiza abantu mu buja bwo kuganzwa, ari yo

27

shahada na *dhimma*, ashingiyeko, tubatumirira kwemera Kristo, ububasha bw'ugingo bwiwe n'ivyiza vy'umutima bitanga umwidegemvyo, yahezagije isi biciye ku musaraba. Haratangwa ivyiyumviro ngenderwako vyo muri Bibiliya hamwe n'amasengesho bigufasha kwisabira wewe nyene ubwawe umwidegemvyo Kristo yazanye kubwawe.

Uguheba ubwigenge

Abigisha benshi b'aba isilamu baravuga bemeza ko ubwigenge ari "ubwa Allah gusa". Bavuze uko, baba bashaka kwemanga no kwerekana ko amategeko ya *sharia* ari yo yonyene ategerezwa kwiganza ku yandi mateka yose agenga ubutungane canke ububasha n'ubutegetsi.

Iciyumviro gikuru c'iki gitabu, nuko abagendanyi ba Kristo barekuriwe (bafise uburenganzira bwo), kandi mbere ahubwo bategerezwa (bafise itegeko ryo) kuvavanura n'ubundi bwoko bwose bw'ubwigenge bw'umutima.

Mu vyiyumviro vya gikristo, kuyoboka Kristo bisigura guheba uwo wese yoshaka kwigarurira umutima wawe, maze ukawuhebera Kristu mu buryo butagabanije. Mw'ikete yandikiye Abo I Kolosayo, Paulo avuga ko ukwizera Kristo ari nko gukurwa mu bwami bumwe ukajanwa mu bundi bwami:

> Kuko "Yadukijije ububasha bw'umuzimagiza, atwimurira mu bwami bw'Umwana wiwe akunda cane; muri we, niho dufise ugucungurwa, no guharirwa ibicumuro. (Kolosayo, 1:13-14)

Umukenyuro wo mu bijanye n'umutima butangwa muri iki gitabu, ni ugushira mu ngiro iki ciyumviro ngenderwako co kwimurwa mu bwami bumwe tukarungikwa mu bundi bwami. Biciye mu gucungurwa kwabo, abayoboke ba Kristo (abamwizera) baraje mu bwami bwiwe. Kuri iyo mvo, ntibakigengwa na vya vyiyumviro ngenderwako bijanye "n'ubwami bw'umuzimiza".

Kugira ngo abizera bashobore kwemeza ukwo kwidegegemvya bo nyene kandi kubanyure bakugire rwabo koko—nkako nyene ni ryo ragi bavukanye—rihushanye n'amabwirizwa y'iki isilamu, ningombwa ko bamenya *aho bimuwe bava*, n'*aho bimuriwe*. Iki gitabu nibwo bumenyi gitanga, kikongera kigatanga n'ivya nkenerwa kugira ngo ubwo bumenyi bushobore gushirwa mu bikorwa.

Inkota si yo nyishu

Hariho inzira nyinshi zo kurwanya ubwo buryo idini rya isilamu ryama rirondera kwiganza hose. Hashobora kuba ibikorwa vy'ubwoko bwinshi, nk'ibifatiye kuri politike (intwaro n'imikenyuro y'uburongozi bw'ibihugu) n'imibano, uguharanira agateka ka zina muntu, ubushakashatsi no gukoresha ibibuvuyemwo, hamwe no gukoresha ibimenyeshamakuru ku mvo zo kumenyekanisha ukuri. Ku bihugu n'ibibano bimwe bimwe, hari ibihe ushobora gusanga biba ngombwa kwikora ku muheto (ingwano), ariko rero inkota ntishobora kuba inyishu ya nyuma ku buryo bwa jihad isilamu ikoresha irwanira ubwiganze.

Igihe Muhamadi yategeka abayoboke biwe gukwiza isilamu mw'isi yose, yababwirije guha abantu batari aba isilamu ibintu bitatu bashobora guhitamwo. Ica mbere, kwari uguhinduka bakaba aba isilamu (shahada), ikindi, kwari ukwishikana muvyerekeye intwaro bakaganzwa muri vyose n'aba isilamu (dhimma), ica gatatu, yari inkota: kurwanira ubuzima bwabo, ariko kwica canke kwicwa, nkuko biri mu nyigisho za Korowani (K9:111; raba kandi K2:190-193, 216-217; K9:5, 29).

Ariko rero, inzira yo kurwanya jiha inguvu za gisirikare, harya ijana nuguhanamirwa mu bijanye n'ubuzima bw'imitima, biza vyiyongera ku guhakwa kuneshwa mu ntambara y'ibirwanisho. Igihe abakristo b'iBulaya bafata ibirwanisho bakaja kurwana bivuna ibitero vy'aba isilamu, bategerejwe kwama mu ntambara yamaze imyaka irenga igihumbi. Ingwano yo guhabuza akarere ka Péninsule Ibérique (Ubumanuko bushira uburengero bw'Uburayi harimwo nk'ibihugu vya Portugali na Esupanye) ariyo bise "Reconquista" yamaze hafi imyaka 800. Haciye imyaka itarenga indwi, abarabu barafashe igisagara ca Roma mu mwaka wa 846 (hanyuma y'umuzo wa Kristo), hanyuma haciye imyaka irenga ijana aba isilamu bafashe bakiganzira Andaluziya (ka karere ka Péninsule Ibérique), mu mwaka wa 853 wakurikiye, Papa Lewo IV yaremereye iparadizo (ijuru) abo bose batanze ubuzima bwabo barwanira amashengero n'ibisagara vy'abakristo vyari bihanamiwe na jihad (ingwano) ya isilamu. Ariko rero, uku kwari ukurwanya isilamu ukoresheje umukenyuro ataho utaniye nuwo nayo yariko irakoresha: nkako, Muhamadi niwe yari yemereye ijuru abapfira ku rugamba rw'idini, si Yesu.

Naho biri uko, inkomezi za isilamu, ntizishingiye ku nguvu za gisirikare canke za politike: ahubwo zishingiye ku kwiganzira imitima y'abantu. Mu kugeza kwigarurira isi, idini rya isilamu ryashize imbere uburyo bwo gukandamiza bushingiye ku mategeko ya sharia yubakiye ku nkingi za shahada na dhimma. Akongera agashigikirwa n'inguvu za gisirikare. Ninaco gituma uburyo butangwa muri kino gitabu bwo kurwanya isilamu no kubohora abantu bakava mu buja bw'iryo dini, nabwo bushingiye ku buzima bw'umutima. Bitegekanijwe ko abakristo babukoresha mu gihe bariko barashira mu ngiro ugutegera umusaraba bafashijwe na Bibiliya kugira ngo bashikire ubugingo burangwa n'umwidegemvyo.

"Atawumukozeko (atari ku bubasha bw'abantu)"

Mu gitabu ca Daniyeli, hariho imbonakazoza ya buhanuzi (y'ukuvugishwa) y'igitangaza, yatanzwe hasigaye ibinjana bitandatu ngo Yesu Kristo aze mw'isi, ivuga umwami yari kuza akaganza ubwami bwashinzwe busubirira ubw'umwami w'abami Alexandre le Grand:

> Igihe inganji yabo igira ihere, abanyabicumuro bamaze kurwira, hazovyuka umwami w'umujinya, azi guhinyika. Ububasha bwiwe buzoba bukomeye, ariko ntibuzoba ari ububasha bwiwe we nyene ubwiwe. Azogeseza bitangaje, akore ivyo yigombeye, atunganirwe; azogeseza abahambaye hamwe n'ubwoko bw'abera. Akenge kiwe kazotuma ivy'ubugunge biroranirwa; azokwigira uwuhambaye mu mutima wiwe, ageseze benshi ataco binona; mbere azohaguruka kurwanya Umwami w'abami; ariko azovunagurika atawumukozeko (atari ku bubasha bw'abantu) (Daniyeli 8:23-25)

Ibiranga uyu mwami nivyo yakoze bifise insano y'agatangaza na Muhamadi n'iragi ryiwe, harimwo n'uburyo isilamu yiyumva ko iri hejuru y'ayandi madini yose, ipfa ryayo ryo kugera vyanse bikunze ku vyo rishaka vyose, ugukoresha urwenge n'ikinyoma, ukwigarurira inguvu n'amatungo vy'abandi ikabikoresha kugira ngo yongereze inkomezi n'ububasha vyayo, uburyo isilamu itera ikanesha ibihugu ataco vyinona vyashize agati mu ryinyo ngo biri mu mutekano wuzuye kandi atari vyo, ukurwanya Yesu, Umwana w'Imana akaba n'Umwami wa bose yabambwe ku musaraba, hamwe n'urukurikirane

30

rw'ibikorwa vyo gucuvya   no kugeza gutabatanga abakristo n'abayuda.

Mbe bane, iyi mburakazoza yoba imenyesha Muhamadi n'idini rya isilamu ryamuka mu ngorane zashikiye uyo Muhamadi mu bijanye n'ubuntu n'ubuzima bw'umutima vyamwankiye bikamubera amananiza kuri iyi si, hamwe n'iragi yahavuye asiga, nkuko tubisanga mu buhamya bwatororokanijwe buva muri iryo dini? Iri ragi ryo, riragaragara. Iyo mburakazoza y'umuhanuzi Daniyeli niyaba koko ibura Muhamadi, yotanga icizere cuko hazoba intsinzi isambura ububasha bw'uyo "mwami", ariko iranongera ikagabisha ivuga ko iyo ntsinzi itazoturuka ku "bubasha bw'abantu". Kugira ngo uyu "mwami w'umujinya" (w'ikimwenyi) ashobore kuneshwa, umwidegemvyo ntuzotsindirwa biciye gusa ku buryo bwa politike (intwaro n'uburongozi), bw'igisirikare (umuheto), canke ku butunzi.

Nta nkeka, iyi ngabisho isa n'iyiroranye, twihweje uburyo idini rya isilamu ryiyemeje ko ari ryo rifise uburenganzira bwo kuganza abandi bose. Ubukomezi ico cemezo isilamu yihaye buhagaze kubijanye no kuganza imitima, ari naco gituma uburyo bwo kubirwanya no gushikira umwidegemvyo urama, nabwo butegerezwa gushingira kubijanye n'ubuzima bw'imitima. Harashobora gukenerwa n'ubundi buryo bwo kubirwanya, harimwo mbere n'ugufata ibirwanisho (ingwano), ku mvo zo gutorera inyishu ako karangamutima kagenza idini rya isilamu ko kugaba no kuganza bose, ariko ivyo ntivyogenda bishitse ku muzi nyamukuru w'ingorane ngo ibone kuva mu nzira, iranduranwe n'imizi.

Ububasha bwa Kristo n'ubw'umusaraba wiwe, nibwo bwonyene butanga inzira ishikana ku bushobozi bwo kwiganzura mu buryo burama kandi bwa karangura (budasubira inyuma) ako kiganzo n'agasuzuguro k'idini rya isilamu. Ivyo turavyemera tudakekeranya, iri rikaba ari na ryo shingiro rya kino gitabu, ari vyo vyatumye tucandika. Ihanguro ryaco, ico kigamije, ni uguha abizera Kristo uburyo bwo kubafasha gushikira umwidegemvyo kuri za nkingi zibiri idini rya isilamu ryishimikiza mu kuganza imitima y'abantu.

Urwandiko ndongoranyigisho

Icirwa ca 1

Amajambo mashasha

isezerano
shahada
dhimma

Sharia
jihad
Reconquista

Péninsule Ibérique
Andaluziya

Amazina mashasha

- Papa w'I Roma Lewo IV (yarongoye Ishengero rya Katolika kuva mu mwaka wa 847 gushika mu wa 855 hanyuma y'umuzo wa Kristo)
- Alexandre le Grand (356–323 imbere y'umuzo wa Kristo)

Bibiliya muri kino cirwa

Abo i Kolosayo 1:13-14   Daniyeli 8:23-25

Korowani muri kino cirwa

K2:190, 193, 217   K9:29, 111

Ibibazo bijanye n'Icirwa ca 1

- Abagize umurwi muto baridondorana, hanyuma bagaca bagena uwuwurongora (Président) n'uwujejwe kwandika ibivurwa (Secrétaire) mu guhanahana ivyiyumviro
- Hanahana ivyiyumviro ku gakino canke igisomwa ntanganyigisho (étude de cas).

Igikenewe mu buryo bwihuta

1. Ni ibiki Mpwemu Yera yasavye uwahora ari u gukora imbere yo gushikiriza ubutumwa bwiwe abakristo?

2. Kubwa Durie, ni ikihe kimwe mu vyo abantu bakeneye mu buryo bwihutirwa kurusha ibindi vyose?

3. Mu rurimi rw'icarabu, ya **masezerano** abiri ya isilamu mu bijanye n'imitima bayita ngo iki?

4. Umurwi w'abantu ukeneye kubohorwa ugahakana isezerano rya *Shahada*, ni uwuhe?

5. Ni uyuhe murwi w'abantu ukeneye kubohorwa agacinyizo kabagumiza mu buja buturuka ku mabwirizwa ya *sharia* ayobokwa n'idini rya isilamu?

33

Amasezerano abir

6. Ni ubuhe buryo bubiri bwo kwishikana no kuyoboka butegekwa n'ukwemera mw'idini rya Muhamadi?

7. Kuvuga isengesho rya **shahada** ni ugukora iki, bisaba iki?

8. Isezerano rya **Dhimma** ni iki?

9. Ni igiki gishobora gutangaza abakristo benshi ku vyerekeye uburyo ubwiganze bwa isilamu bufise ingaruka ku buzima bwabo bw'umutima?

Uguheba ubwigenge

10. Abigisha b'idini rya isilamu baba bashaka kuvuga iki iyo bavuze ko "Ubwigenge bwose ari ubwa Allah we musa"?

11. Ni ibiki umukristo wese ategerezwa kwihakana no guheba igihe yiyemeje kuba umuyoboke wa Kristo?

12. Abakristo bimuwe bava he? Bimuriwe hehe? (Bakuwe he bajanwa he?)

Inkota si yo nyishu

13. Durie avuga ko ari ibiki abakristo bashobora gukora kugira ngo barwanye idini rya isilamu?

14. Hari ibintu bitatu Muhamadi yategetse abayoboke biwe guha abatari aba isilamu bagarujwe umuheto guhitamwo: ni ibihe?

15. Abakristo bamaze igihe kingana iki barwanya inteko za isilamu hanyuma yaho uturere tw'abakristo twaterwa tukigarurirwa n'aba isilamu, hanyuma abakristo bamaze igihe kingana iki barwana ngo biganzure abo ba isilamu bari babaganje—iyo ngwano yo kwiganzura yiswe *Reconquista*—maze bagahabuza akarere ka **Péninsule Ibérique**?

16. Hanyuma yaho aba isilamu bafatiye igisagara ca Roma mu

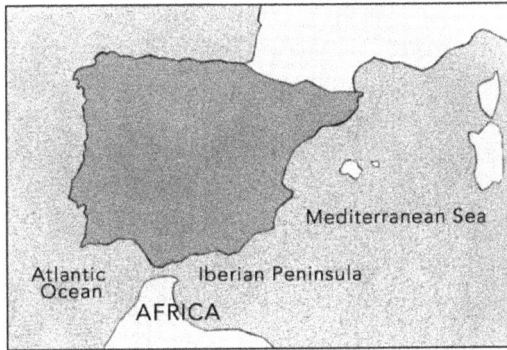

mwaka wa 846 (hanyuma y'umuzo wa Kristo), **Papa Lewo IV** yemereye iki abasoda b'abakristo mu mwaka wa 853, igihe boshobora kurwanya bagatsinda abarabu baribarigaruriye?

POPE LEO IV

17. Kubwa Durie, inkomezi n'ububasha vy'idini rya isilamu bishingiye kuki?

"Atawumukozeko (atari ku bubasha bw'abantu)"

18. Kubwa Durie, iragi rya Muhamadi risa mu buryo bw'agatangaza n'ibiranga uwundi muntu uyuhe?

19. Raba utororokanye ibiranga idini rya isilamu bituma risa na wa mwami w'ikimwenyi wo mu Gitabu ca Daniyeli (andika ibibuze muri kamwe kose mu twunganywa dukurikira):

    - Uburyo isilamu yiyumva yuko ....
    - Uburyo isilamu irangwa n'ipfa ryo kugera vyanse bikunze ku vyo ishaka vyose …
    - Uburyo isilamu ikoresha …
    - Uburyo isilamu yigarurira kandi igakoresha inguvu n'amatungo …
    - Uburyo isilamu itera ikanesha ibihugu …
    - Uburyo isilamu irwanya …
    - Urukurikirane rw'ibikorwa vya isilamu vyo …

20. Intsinzi izoruhira kuboneka biciye mu buhe buryo?

21. Ni ubuhe buryo bubiri bwonyene butanga inzira ishikana ku bushobozi bwo kwiganzura mu buryo burama kandi bwa karangura akiganzo n'agasuzuguro k'idini rya isilamu?

2

Umwidegemvyo uca ku musaraba

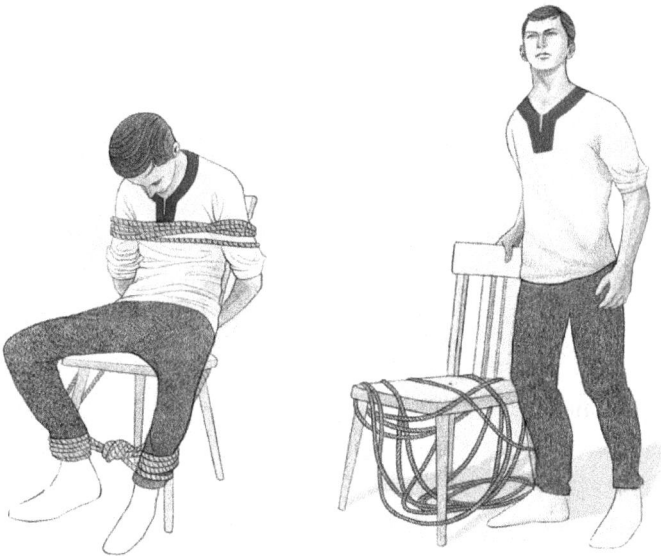

"Yantumye kumenyesha abarindwa (ababoshwe) ko barekuwe
(babohowe)"
Luka 4:18

Ibigize ihangiro ry'icirwa

a. Gutegera ko Yesu yasezeraniye abantu kubabohora.

b. Gutegera ko dufise uburenganzira bwo guhitamwo ukwemeza umwidegemvyo wacu.

c. Kumenya amazina ya Satani akoreshwa muri Bibiliya n'ico ayo mazina asigura.

d. Gutegera ko ububasha bwa Satani bwasambuwe biciye ku musaraba, kandi ko twimuriwe aho atagishobora kutuganza namba.

e. Kwiyemeza ko turi mungwano igamije gutsinda ububasha bwa sekibi (abadayimoni).

f. Kumenya imikenyuro itandatu Satani akoresha kugira ngo atume twiyumvamwo akabi (iturege), n'ingene dushobora kuba maso ntiturwe muri iyo mitego.

g. Kumenya no kwemeza ingene Satani ikoresha imyango yuguruye n'ivyibare (ubwugamo) abantu bayirekera mu bugingo bwabo.

h. Kumenya uburyo bwo kwugara imyango yuguruye no gukuraho (gusambura) ivyibare (ubwugamo) Satani akoresha mukuturwanya.

i. Gutegera ububasha bwo mu mpwemu Yesu Kristo yahaye abagendanyi biwe, nuburyo bwo kubukoresha mu gikorwa co kubohora abantu.

j. Gutegera "inshingano yo gutomora no kwerekana canke kuvuga ibintu ido n'ido" (spécificité), n'uburyo iyo shingano ihambaye mu gikorwa cacu co kwemeza umwidegemvyo wacu.

k. Kunonosora intambwe zitanu zo gucako mu gufasha abantu kubohoka.

Akarorero ntanganyigisho: Wokora iki?

Mw'ishengero, uri umukozi mubijanye no gufasha urwaruka, ukaba watumiwe mu nama ihuza abaserukira urwaruka, irimwo n'abakristo batari bake bahambaye bahindutse bava mw'idini rya isilamu. Babaraje mu nzu y'indaro (dortoir) nziza cane y'ishule rimwe, usanga harimwo ibitanda bine mu cumba kimwe cose. Babiri mu bo musangiye icumba, Hassan na Hussein, ni abakristo b'amahasa bahindutse bava mu ki isilamu. Imbere yo kuryama, Patrick, iyindi ndongozi y'urwaruka ibakurira mu myaka, aragutumira hamwe na ba bantu babiri bandi, ngo mwifatanye nawe mu masengesho. Mwese nyene muvyakirana akamwemwe, muja gusenga hamwe nawe, hanyuma Patrick asenga asaba Imana ngo ikingire imitima yanyu muri iryo joro. Hageze hafi isaha icumi zo mu gicugu (4H00 hanyuma y'isaha zitandatu z'ijoro), niho Hassan yatangura kuboroga, biboneka yuko adatekanye namba mu mutima. Patrick, Hussein, na wewe, murakikiza Hussein kugira ngo mumusengere. Uko Patrick yasenga, niko ahubwo Hussein yarushirizaho gutekerwa n'ubwoba.

Patrick abwira Hussein ati: "Ko wahindutse uva mw'idini rya isilamu, woba warihakanye icese amasezerano, indagano n'ibindi woba waremeye gukora mu buzima bwawe bwo hambere (ukiri umu isilamu)?"

Hussein aca asa nuwutangaye cane, yaguye mu gahundwe, avuga ati: "ivyo vyo ni ibiki? Ntabintu nkivyo twigeze tugira mw'idini rya isilamu. Umve: ntakindi twagira atari kuja ku musigiti, ubu naho turi abakristo. Umuvukanyi wanje Hassan, afise ingorane yo kuja arasanga yararutse umutima, nkuko bishikira abandi bose. Ibi, ntaho bihuriye n'amadini." Hanyuma Hussein arakuraba, akubaza ati: "Wiyumvira yuko hari ibintu twari gutegerezwa kuba twarahakanye icese? Wiyumvira ko hari idayimoni iyi canke iriya yoba yihishije mu buzima bwacu, canke ibindi bintu bisa nkivyo?"

Womwishura iki?

———

Reza yari umusore yari yarafashe ingingo yo kuva mw'idini rya isilamu agakurikira Yesu Kristo. Mw'ikoraniro ryabaye umusi umwe ku kagoroba, asabwa kuvuga igisabisho co guhakana icese idini rya isilamu. Nakanyamuneza kenshi, aratangura ayo masengesho. Ariko rero, muri ayo masengesho, hageze ko avuga amajambo "Ndiyemeje icese guheba akarorero ka Muhamadi", biramutangaza cane gusanga adashobora kuvuga ijambo "Muhamadi". Ibi vyaramubabaje cane, kuko naho yari yakuriye mu muryango w'aba isilamu, ntiyari yarigeze akunda iryo dini, kandi yari amaze igihe kirekire yararivuyemwo. Abagenzi biwe b'abakristo baramukikiza, bamutera intege n'amajambo amwibutsa ububasha afise muri Yesu Kristo. Hanyuma yivyo, yarashoboye kubandanya no guheraheza amasengesho yiwe, avuga amajambo amenyesha ko yihakanye icese kandi ahevye akarorero ka Muhamadi.

Hari ibintu bibiri vyahindutse mu buzima bwa Reza hanyuma y'iryo joro. Ubwa mbere ho, yarakize akamenyero yari yaragendanye mu buzima bwiwe bwose ko kurakarira abandi; ica kabiri, yahindutse kirumara mugukwiza ijambo ry'Imana no mu kwigisha no kubera akarorero abandi bari bahindutse bava mw'idini rya isilamu. Iryo joro, igihe Reza yihakana icese idini rya isilamu, yarasizwe amavuta ngo aronke ubushobozi bwo gukwiza Ubutumwa bwiza no kuba umugendanyi wa Kristo, ibi navyo vyaramufashije kuba kirumara mu butumwa yari agiye kurangura. Yarabohowe ahinduka uwidegemvya kugira ngo ashobore gufasha mu gukwiza Ubutumwa bwiza.

Iki kigabane kivuga ibijanye n'uburyo bwo kubohorwa ububasha bwa Satani. Bifasha gutegura ibigabane bikurikira, bivuga cane cane ibijanye n'ibigize ubuja bwa isilamu.

Ivyiyumviro ngenderwako vyigishwa muri kino kigabane bishobora kwisungwa mu bindi bintu vyinshi, atari gusa ibijanye n'idini rya isilamu.

Yesu atangura kwigisha

Mw'ikete ryiwe yandikiye Abaroma, Paulo yaravuze ivyerekeye "ukwidegemvya gufatana n'ubwiza (ubuninahazwa) bw'abana b'Imana" (Abaroma 8:21). Uwo mwigegemvyo ufatanye n'ubuninahazwa, niwo musi mukuru w'amavuka y'umukristo wese. Ni impano, iragi ry'agaciro ntangere Imana ishaka guha umuntu wese yizera agakurikira Yesu.

Igihe Yesu yatangura ubutumwa bwiwe bwo kwigisha, inyigisho yiwe ya mbere y'icese yari iyerekeye umwidegemvyo. Vyatanguye Yesu agiheza kuronka ibatisimu ya Yohana Batista, kandi hanyuma yaho yageragezwa na Satani mu bugararwa. Yesu avuye aho mu bugararwa, ubwo nyene yaciye atangura kwigisha Ubutumwa bwiza. Yabigenjeje gute? Yabikoze mukwimenyekanisha, mu kwidondora uwo ari we. Muri Luka, dusoma ko Yesu yahagurutse mu rusengero i Nazareti, arico kigwati yamukamwo, maze atangura gusoma mu gitabu ca Yesaya, ikigabane ca 61:

> "Mpwemu w'Uhoraho ari kuri jewe. Nico catumye andobanuza amavuta kugira ngo mbwire aboro ubutumwa bwiza. Yantumye kumenyesha abarindwa ko barekuwe, n'impumyi ko zihumuka, no kurekura abahahazwa ngo bidegemvye, no kumenyesha abantu umwaka wo kwemererwamwo n'Uhoraho."

> Azinga igitabu, agisubiza umusanzi w'inzu, aricara. Abantu bose bari mw'isinagoga bamuhanga amaso. Atangura kubabwira ati: "Ivyo vyanditswe birashitse uyu musi, nkuko amatwi yanyu yiyumviye." (Luka 4:18-21)

Yesu yariko amenyesha abantu yuko yazanywe no kubobora abantu. Yavuze ko indagano yaraganiwe abantu biciye kuri Yesaya zirangutse "uyu musi": abantu b'i Nazareti bari bahuye n'Umwe ashobora kuzanira umwidegemvyo abari mu ngoyi. Yarongeye ababwira ko yasizwe (yarobanuwe) amavuta na Mpwemu Yera: Yari Uwasizwe (Uwarobanuwe), Mesiya, Umwami yatowe n'Uwuhoraho, Umukiza bemerewe.

Yesu yariko abatumirira guhitamwo umwidegemvyo. Yari abazaniye inkuru nziza: umwizero ku boro, ukubohorwa ku bari mu ngoyi mu mabohero, uguhumuka ku mpumyi, n'umwidegemvyo kuri abo bose bari mu gacinyizo.

Aho hose Yesu yagiye, abantu yabazanira umwidegemvyo— umwidegemvyo w'ukuri, mu buryo bwinshi bunyuranye. Dusomye Ubutumwa bwiza, turumva Yesu ariko akora ineza ku bantu benshi: gusubiza umwizero abihebuye, kugaburira abashonje, kurokora abantu mu bubasha bw'abadayimoni, no gukiza abarwaye.

Nuyu musi, Yesu aracariko arazanira abantu umwidegemvyo. Yesu ahamagariye umukristo wese kwakira uwo mwidegemvyo azana.

Igihe Yesu yamenyesha mw'isinagoga ko yariko aramenyesha icese "umwaka wo kwemererwamwo n'Uhoraho" (umwaka w'ubuntu bw'Umukama), yariko abwira abantu ko wari umwanya udasanzwe wabo, aho Imana yabereka Ubuntu bwayo, ukwemererwa kwabo kuvyo bari bakeneye. Yesu yariko ababwira yuko Uhoraho yari aje n'ububasha n'urukundo, azanywe no kubohora abantu, yuko nabo nyene bashobora kubohorwa.

Mbega, woba wizera ukemera yuko gusoma iki gitabu gushobora kukubera umwanya udasanzwe wo kwakira umugisha (inema) n'umwidegemvyo w'Uhoraho?

Igihe co guhitamwo

Iyumvire yuko woba wugaraniwe mu kadukuru (akazu gato cane nka kamwe bugaraniramwo inguge y'intungano), umwango wako ukaba wugaye n'urupfunguruzo. Uko umusi utashe, barakuzanira ibifungurwa n'amazi muri ka kadukuru (rya bohero). Urashobora kwibera ngaho, ariko muvy'ukuri, uri umunyororo. Dufate ko hari umuntu aje akugurura umwango wa rya bohero. Ubu rero, ushobora guhitamwo. Urashobora kuguma wibera muri rya bohero, ka kadukuru, canke ushobora gusohoka ukava muri iryo bohero, ukaja kuraba ingene ubuzima bumeze hanze ya ka kadukuru umenyereye. Ukwugururirwa umwango w'aho hantu wari wugaraniwe, ntibikwiye vyonyene. Utegerezwa guhitamwo gusohoka ukava muri iryo bohero wari wugaraniwemwo. Udahisemwo kuba uwidegemvya, ni nkuko woba ucugaraniwe muri ka kadukuru (rya bohero ryawe).

Mw'ikete yandikiye abo i Galatiya, Paulo yavuze ati : "Kristo yatugobotoye ngo tube mu mwidegemvyo. Nuko, muhagarare mushikamye, ntimukongere kuzingirwa n'ukwikorezwa umutwaro uremereye w'ubuja." (Ab'i Galatiya 5:1). Yesu Kristo yazanywe no kubohora abantu, kandi, tumaze kumenya umwidegemvyo azana, ningombwa ngo tugire ico duhitamwo. None, tuzohitamwo kubaho nk'abidegemvya?

Paulo avuga ko dutegerezwa kuguma turi maso, ata kidusamaza, kugira ngo dushobore gusaba no kwemeza icese umwidegemvyo wacu. Kugira ngo tubeho mu mwidegemvyo, ni ngombwa ko dutegera ico ari co kuba uwidegemvya, hanyuma tukaboneraho gusaba no kwemeza umwidegemvyo wacu, hanyuma tukawugendera. Igihe turiko turakurikira Yesu, tugomba kwiga uburyo bwo "guhagarara dushikamye",kandi tukiyamiriza "umutwaro uremereye w'ubuja."

Izi nyigisho zigenewe gufasha abantu bose guhitamwo kuba abidegemvya, hanyuma bakabaho nk'abantu bidegemvya.

⁙

Muri utu duce dukurikira, turiga uruhara rwa Satani, ingene tuvanwa mu bubasha bwa Satani tukimurirwa mu bwami bw'Imana, hamwe n'ingwano y'imitima turimwo.

Satani n'ubwami biwe

Bibiliya ivuga ko dufise umwansi, umwe arondera kudusambura. Yitwa Satani. Afise abamufasha benshi. Bamwe muri abo bafasha ba Satani, bitwa abadayimoni.

Yesu asobanura uburyo Satani akora mu bantu muri Yohana 10:10, aho yita Satani "igisuma": "Igisuma ntikizanwa n'ikindi atari ukwiba, ukwica n'ugutikiza. Nayo jewe nazanywe no kugira ngo baronke ubugingo, kandi ngo baburonke ari umusesekara." Raba namwe ingene ubwo budasa ari igitangaza! Yesu azana ubugingo—ubugingo bw'umusesekara; Satani nawe azana ukunyaga, ugusambura, hamwe n'urupfu. Yesu aranatubwira yuko Satani "yahereye mu ntango ari umwicanyi" (Yohana 8:44).

Nkuko bimenyeshwa mu nzandiko z'Ubutumwa Bwiza n'amakete yo mw'Isezerano rishasha, Satani afise ububasha n'ubwigenge vy'ukuri, ariko bitari ikirenga, kuri iyi si. Ubasha bwiwe bwitwa "ububasha bw'umuzimagiza" (Kolosayo 1:13), nawe akaba yitwa:

- "umwami w'iyi si" (Yohana 12:31)
- "Imana y'iki gihe" (2 Korinto 4:4)
- "umwami w'abaganza ikirere" (Efeso 2:2)
- "mpwemu ikorera mu bantu b'intabarirwa" (Efeso 2:2).

Intumwa Yohana aranigisha ko isi yose yiganziwe na Satani: "Turazi ko turi ab'Imana, kandi isi yose iri muri wa Mubi." (1 Yohana 5:19)

Dutegereye yuko "isi yose iri muri wa Mubi", ntivyotegerejwe kudutangaza kubona ibikorwa vya Satani mu bantu bo mu mico yose,

43

mu vyiyumviro ngengantwaro vyose no mu madini yose vyo kw'isi nzima. Satani ari ku kivi mbere no mw'ishengero.

Kuri izo mvo, turanashobora no kwihweza ivyerekana inabi iri mw'idini rya isilamu, uko iryo dini ribona iyi si, hamwe n'ububasha bwaryo ku mitima; ariko reka tubanze turabe ivyiyumviro ngenderwako ku buryo bwo kubohorwa ku nabi.

Ukwimurwa guhambaye

J. L. Houlden, umushakashatsi wa Kaminuza Trinity College Oxford, yaranditse umwihwezo w'ivyiyumviro ndoramana vya Paulo. Agira ati, Paulo:

> … yari afise ivyiyumviro vyiwe ku muntu bitarangwamwo ugukekereza. Ku vyaha vyiwe kandi ku gushaka kwiwe, umuntu yaragiye kure y'Imana… Ari kandi mu ngoyi z'ububasha bw'abadayimoni bayerera mw'isi, bagakoresha Amategeko, ku mvo zitari izo gufasha abantu kuyoboka Imana, ahubwo nk'igikoresho c'ububisha n'ubumwenyi bwabo. Ibi vy'abantu vyo kuba kure y'Imana, abo kw'isi yose babihuriyemwo —si ivy'abayuda gusa canke ivy'abapagani gusa. Niko kamere ka zina muntu nk'umwana wa Adamu[1].

Houlden abandanya avuga asigura yuko mu buryo Paulo abona isi, ibiremwa muntu ari ngombwa yuko bicungurwa bikava muri ubwo buja « Kuvyerekeye ububasha bw'abadayimoni, nta kindi umuntu akeneye atari ukugobotorwa mu vyara vyabo". Ikidushikana kuri urwo rukiza, ni igikorwa Kristo yakoze mu rupfu rwiwe n'izuka ryiwe. Yabaye intsinzi ku rupfu, no ku bubasha burangwa n'ikibi bw'abadayimoni busanzwe buboshe abantu bose bo kw'isi.

Naho, nk'abakristo, tukiba muri "iyi si y'umuzimagiza" (Efeso 6:12; gereranya na Filipi 2:15), ibi vyoba bisigura ko tuciganziwe n'ububasha bwa Satani? Eka namba! Kuko twarimuriwe mu bwami bwa Yesu.

Igihe Yesu yiyereka Paulo akamuhamagarira kuja kumenyesha ubutumwa bwiza mu bapagani, iyo ntumwa ibarirwa yuko izobahumura amaso kugira ngo "bahindukire bave mu mwijima baje

---

[1] J. L. Houlden, *Paul's Letters from Prison (Amakete Paulo yandikiye mu munyororo)*, p. 18.

mu muco , bave no mu bubasha bwa Satani baje ku Mana"
(Ivyakozwe n'intumwa 26:18). Aya majambo yerekana yuko abantu
biganziwe n'ububasha bwa Satani, imbere yuko bacungurwa na
Kristo, ariko muri Kristo, bararokorwa bakavanwa mu bubasha
bw'akabi, bakavanwa mu bwami bw'umuzimagiza bakimurirwa mu
Bwami bw'Imana.

Mw'ikete yandikiye Abakolosayi, Paulo arasigura ingene abasengera:

> … Mushime Data wa twese yabashoboje kuraganwa n'abera
> umugabane wo mu muco; yadukijije ububasha
> bw'umuzimagiza, atwimurira mu bwami bw'Umwana wiwe
> akunda cane. Muri uwo niho dufise ugucungurwa , ni kwo
> guharirwa ivyaha vyacu." (Kilosayi 1:12-13).

Iyo umuntu yimukiye mu kindi gihugu, arashobora gusaba
ubwenegihugu bw'igihugu yimukiyemwo; ariko rero, mukubigira,
hari aho asanga ategerezwa guheba ubwenegihugu yahorana. Urukiza
rwa Kristo, narwo niko rumeze; winjiye mu bwami bw'Imana, uronka
ubwenegihugu bushasha, maze ugaheba burundu ubwnegihugu
wahorana.

Ukwimukira burundu mu buyoboke bwa Yesu Kristo, bitegerezwa
kugirwa ku bushake bwa muntu. Bishobora gusaba ibikurikira:

- Guhakana Satani n'akandi kabi kose.

- Kuvavanura imigenderanire itabereye n'abandi bantu
bakugizeko ububasha buteye kubiri n'Imana.

- Guheba amasezerano ateye kubiri n'uburoramana yagizwe
n'abo wamukako mw'izina ryawe canke yagize ico yosha
kitabereye mu bugingo bwawe, no kuvavanura nayo.

- Guheba ivyo ufitiye ubushobozi bwo gukora vyose mu
bijanye n'umutima biteye kubiri n'ingendo ndoramana
bituruka ku kuyoboka abantu bateye kubiri n'Imana canke
ibintu bidukura ku Mana.

- Gushira ibikwegukira vyose mu bugingo bwawe mu minwe
ya Yesu Kristo, no kumutumirira kuba ari we aganza
umutima wawe nk'Umwami wawe kuva uyu musi no mu
bihe vyose bizokurikira.

45

Urugamba

Iyo umukinyi w'umupira w'amaguru yimuriwe mu wundi murwi atari uwo yahoramwo, ategerezwa gukinira uwo murwi mushasha yimuriwemwo. Ntaba agishobora gukinira uwo yahoramwo. Niyo twimuriwe mu bwami bw'Imana, ni nkuko nyene: dutegerezwa gukinira umurwi wa Yesu, maze ntidusubire kwinjiriza ibitsindo umurwi wa Satani.

Nkuko Bibiliya ibivuga, hariho urugamba mu bijanye n'imitima hagati y'Imana na Satani. Ni ubugumutsi bw'ikivunga kandi bukwiye isi yose ku bwami bw'Imana (Mariko 1:15; Luka 10:18: Satani ikoroka iva mu kirere nk'umuravyo; Efesi 6:12: Kuko tutarwanya abafise amaraso n'umubiri, ariko turwanya abafise inganji, abafise ubutwari, abaganza iyi si y'umwijima hamwe n'imitima y'inabi iyerera mu kirere). Ni ingwano hagati y'ubwami bubiri, hamwe ata muntu n'umwe yoba ntahompagaze. Abakristo basanga bari mu ntambara ya bose, ariko rero muri iyo ngwano, intambara nkuru kandi ya nyuma yaratsindiwe ku musaraba, kandi ikizovamwo mu mpera n'imperuka si agaseseshwarumuri: Kristo yararonse, kandi azotahira intsinzi.

Abagendanyi ba Kristo nibo acako, nico gituma basanga uko bukeye uko bwije bama mu ntambara yo kurwanya ububasha bw'igihe c'umuzimagiza. Ugupfa n'ukuzuka kwa Kristo nikwo kuduha ububasha bwo kurwanya uwo muzimagiza, kandi kukanaduha ishingiro ry'ububasha bwo kurwanya no kuzitira nya muzimagiza. Akarere iyi ntambara iberamwo, n'abantu, ibibano vy'abantu, ibisata vy'abantu, mbere n'ibihugu.

Muri iyi ngwano, n'ishengero mbere rirashobora kuba urubuga rw'intambara, mbere nivyo ritunze biyegukira birashobora gukoreshwa mu bintu bishigikira ikibi.

Iki ni ikintu gikomeye kandi kiremereye. Ariko Paulo arerekana ko atagisisivya, intsinzi izoboneka, aho yanditse ngo ububasha bw'ibihe vy'umuzimagiza bwaratswe ibirwanisho, busigara mu bimaramare, maze buratsindirwa mu musaraba, n'imbabazi ku vyaha uwo musaraba watuzaniye:

> Kandi hamwe mwari mugipfuye mwishwe n'ibicumuro vyanyu n'ukudakebwa kw'imibiri yanyu, Imana yabagiranye bazima na Kristo, imaze kuduharira ibicumuro vyacu vyose, ihanaguye

n'ikete ritwagiriza, ririmwo amabwirizwa ryaduhama, irikura hagati yacu nayo, iribamba ku musaraba. Kandi yambuye abakuru n'abafise ububasha, ibatetereza mu maso ya bose , ibashorera bafashwe mpiri kubw'uyo musaraba" (Kolosayi 2:13-15).

Ako gace kitiza imvugo yakoreshwa n'Abaroma igihe batsinze intambara, bagira imyiyerekano yo kwigina "inganji". Iyo yatsinze intambara, umujenerali (intwazangabo) yatsinze hamwe n'ingabo ziwe zarurwanye baragaruka mu gisagara ca Roma. Ku mvo zo kwigina iyo ntsinzi, uwo mujenerali yararongora ingabo ziwe, bakagira urugendo rw'imyiyerekano y'akanyamuneza: muri urwo rugendo, abasirikare b'umwansi yatsinzwe bategerezwa gutemberezwa baboshe mu mabarabara y'igisagara, babanje kwakwa ibirwanisho n'inkinzo zabo (bari imbokoboko). Abantu b'i Roma (abanyagihugu) barakurikirana urwo rugendo, bakeza abatsinze, bagartyertyeza umwansi yatsinzwe.

Paulo akoresha iyo mvugo ngereranyo y'urugendo rw'instsinzi rw'abaroma kugira ngo asigure ico ari co umusaraba. Igihe Kristo yadupfira, yarazimanganije ububasha bw'icaha. Ni nkuko ivyo vyose vyatwagiriza yoba yabibamvye ku musaraba: iri futwa ry'ivyatwagiriza ryaradugijwe riramanikwa hejuru kugira ngo ububasha bwose bw'umuzimagiza buvyibonere. Kubera ivyo, Satani n'ububasha bw'abadayimoni vyarondera kudusambura, vyarataye ububasha bwose vyari bidufiseko, kuko ntaco basigaranye botwagiriza. Bahindutse nka ba bansi batsinzwe mu rugendo rwo kwigina instinzi mu gisagara ca Roma: baba batsinzwe, batswe ibirwanisho, hanyuma bagartyertyezwa n'isinzi ry'abanyagihugu bakoranye.

Biciye ku musaraba, twarashikiriye intsinzi ku bisata vyose vy'ububasha bwo mu bihe vy'umuzimiza. Iyi ntsinzi yaratabatanze ububasha bw'ikibi, maze icaka uburenganzira bwo kuganza, harimwo nubwo izo nguvu z'umuzimagiza n'ikibi zeguriwe n'amasezerano abantu bagiriraniye, ari kugushaka, canke atari ku bushake bwabo, babizi canke batabizi.

Iki ni iciyumviro ngenderwako gikomeye, kuko umukenyuro wose n'ikirego Satani akoresheje kuri twebwe, umusaraba uca utanga inzira ishikana ku ntsinzi no ku mwidegemvyo.

Mu duce tubiri dukurikira, turihweza igikorwa ca Satani mu gishingo c'uwurega, hamwe n'imikenyuro akoresha mu kubangamira abantu. Hanyuma yivyo, turihweza uburyo butandatu Satani igerageza gucako kugira ngo abohe abantu, ibicishije ku gicumuro, ukudahariranira, amajambo, ibikomere vyo ku mutima, ibinyoma (ivyo abantu bemera biteye kubiri n'Imana), igicumuro gituruka ku basokuru, hamwe n'imivumo ibiturukako. Ku mukenyuro umwe umwe wose wa Satani, turaja kwerekana umuti bijanye: uburyo ku bakristo bwo kwemeza umwidegemvyo wabo, maze bagakura burundu impengamiro ibivako mu bugingo bwabo. Ivyo vyiyumviro vyose bizoba ngirakamaro mu gihe co kwihweza uburyo bw'ukwigobotora tukava mu buja bwa isilamu.

.Umwagiriji (Umureganyi)

Satani arafise imikenyuro akoresha mu kuturwanya. Ni ngirakamaro kumenya no gutegera iyo mikenyuro, no kwitegurira kuyirwanya. Dutegerezwa gukoresha no kwerekana umwidegemvyo wacu mu buzima bwacu. Kuri izo mvo, ni ukwama twarikanuye: ni vyiza ko abakristo bamenya kandi bagategera neza imigambi ya Satani, maze bagaca biterurira kuyirwanya.

Muri Efeso 6:18, Paulo yandika ko abakristo bategerezwa kuguma "bari maso". Nkuko nyene, Petero nawe aragabisha abakristo ati "Mwirinde ibiboreza, mwame mugavye. Umwansi wanyu, ari we Satani, agendagenda nk'intambwe yivuga, arondera uwo arotsa" (1 Peteroo 5:8) Ni ibiki twokwama turaba neza tukiyubara? Ningombwa ko tuguma twarikanuye kubera ibirego vya Satani, umureganyi w''umugambanyi.

Bibliya yita Satani "umureganyi", "umwagiriji" (Ivyahishuwe 12:10), hanyuma muba Heburayo, ijambo "Satani" risigura "umureganyi:, "umwagiriji", canke "umwansi. Iri jambo ryakoreshwa kuwo muriko muraburana muri sentare. Ijambo "Satani", rikoreshwa uku gukurikira muri Bibiliya, mw'izaburi ya 109: "kandi uwumurega (umusatani) ahagarare iburyo bwiwe. Niyacirwa urubanza, asohoke rumutsinze." (Zaburi 109:6-7). Ahandi hantu hasa nkaho, Zekariya muri 3:1-3 aravuga umuntu yitwa "iSatani", ahagaze ku ruhande rw'iburyo rw'umuherezi mukuru Yosuwa amurega imbere y'umumalayika w'Uhoraho. Akandi karorero, ni igihe Satani irega

48

Yobu imbere y'Uhorahono, (Yobu 1:9-11), isaba uruhusha rwo kumugerageza.

None, Satani aturega kwa _nde_? Turazi ko aturega imbere y'Imana. Arongera akaturega imbere y'abandi bantu; hanyuma mbere araturega no kuri twebwe nyene, akoresheje amajambo y'abandi, canke mbere aciye ku vyiyumviro vyacu bwite. Ashaka ko duseserezwa nivyo birego, kuvyemera, ko vyodutera ubwoba, kandi ko vyotuma hari ivyo tudashikako.

None Satani aturega canke atwagiriza ku biki? Atwagiriza ku vyaha vyacu, akongera akaturega ku bice vyose vy'ubuzima bwacu, muri ubu buryo canke buriya, twamuhebeye, twamweguriye.

Ni ngombwa kandi ko tumenya yuko igihe Satani aturega, ibirego vyiwe biba bitatswe n'ibinyoma. Yesu kubijanye na Satani, yavuze ati:

> Uwo yahereye mu ntango ari umwicanyi, kandi ntiyahagaze mu kuri, kuko ata kuri kuri muri we. Iyo avuga ibinyoma, avuga ivyiwe, kuko ari umunyabinyoma, kandi ari we se wavyo. (Yohana 8:44)

Uburyo (imikenyuro) Satani akoresha mu kubesha ni ubuhe, none twomurwanya gute kugira tumutsinde igihe cose aturega. Nta nkeka, birafasha igihe tuzi uburyo n'imikenyuro akoresha.

Nkakarorero, muri 1 Korinto, Paulo asaba ashimitse abakristo guhariranira.Ni guki ibi bihambaye? Paulo avuga ko duharira abandi "kugira ngo Satani ntaturushe ubwenge. Kuko turazi amayira acamwo" (2 Korinto 2:11). Paulo ashaka kutubwira yuko dushobora kumenya ivyo Satani ariko ararondera; kandi, kubera ko tuzi umwe mu mikenyuro ya Satani ari ukuturega ko tudahariranira, reka tube twihuta guharira abandi, kugira ngo ntitwitege ibirego vyiwe vyohava bidutsitaza.

Satani, arafise n'iyindi mikenyuro. Reka dufate itandatu mu mikenyuro mikuru Satani akunda gukoresha mu kwagiriza abayoboke b'Uhoraho, hanyuma turabe ingene tworwanya iyo mikenyuro. Izo nzira zitandatu, ni izi zikurikira:

- Icaha

- Ukudahariranira

- Ibikomere vyo ku mutima

49

- Amajambo (n'ibikorwa bimwe bimwe bijanye nayo)
- Ivyo twemera biteye kubiri n'inzira ndoramana (ibinyoma)
- Ivyaha turarwa n'abo twamukako, hamwe n'imivumo ibikomokako.

Nkuko tuza kubibona, intambwe ikomeye mu kurondera umwidegemvyo w'umutima, ni ugushobora kumenya neza no guhakana ivyo vyose Satani ashobora kutwagiriza. Ibi bimeze uko, ivyo birego bigira aho vyoba bishingiye (harimwo ukuri), canke mbere ari ibinyoma vyigendera.

Imyango yuguruye (ibihengeri) n'ivyibare (ubwugamo) turekera Satani muri twebwe

Imbere yuko twihweza kimwe cose muri vya bintu bitandatu imikenyuro ya Satani ishobora gufatirako, vyoba ngirakamaro ko tubanza kwerekana amazina amwe amwe nkenerwa y'uburenganzira Satani irondera mu bantu, bukaba ari nabwo akoresha mukubakandamiza. Amazina abiri makuru makuru, ni "imyango yuguruye" "n'ivyibare" turekera Satani.

Umwango wuguruye (igihengeri), ni urwinjiriro umuntu ashobora gusanga yahaye Satani kubera ukutamenya, ukugambarara, canke urwangara, maze Satani igaca irukoresha mu gukandamiza wa muntu. Twibuke uburyo Yesu avuga ibiranga Satani: avuga ko ari igisuma" kizanwa n'ukwiba, , ukwica n'ugutikiza (Yohana 10:10). Uburaro butekanye, ntamyango bureka yuguruye: umwango wose barawugara neza bagashiramwo n'urupfunguruzo.

"Icibare", ni ikibanza Satani yemeza yuko umuntu yamuhebeye mu mutima wiwe—igice cacu Satani yamaze kugereramwo akemeza ko kimwegukira.

Paulo aravuga ko umukristo ashobora gusanga yahaye umwanya Satani biciye nko mu gutwarwa n'ishavu: "Nimwaraka, ntibibakoreshe icaha. Izuba ntirirenge mukiratse, kandi ntimuhe Satani icicaro" (Efeso 4:26-27). Ijambo ry'ikigiriki bahinduye kuri ivyo vy'icicaro canke icibare, ni ijambo *topos*, risigura "ikibanza atawukibamwo". Iryo jambo "topos" aha risigura ikibanza   co gukoresha; guha "topos" umuntu, ni "ukumuha akaryo" ko gukora ikintu ata nkomanzi. Paulo rero avuga yuko umuntu agiye mw'ishavu

50

rirerire, aho kuryihana akariheba, kuko gishobora kuba icaha, aba ahaye ikibanza Satani mu mutima wiwe. Satani rero ashobora kwicara muri ico kibanza, agaca agikoresha mu gukora ikibi. Umuntu atwawe n'ishavu rirerire akaguma yaratse, ashobora gusanga yahaye icibare Satani.

Muri Yohana 14, Yesu akoresha imvugo y'uburenganzira butangwa n'amategeko, igihe avuga ko Satani atabubasha imufiseko:

Sinkivugana namwe menshi, kuko umwami w'isi ari mukuza. Yamara muri jewe ntakintu ahafise (ntaco ashobora kungira); ariko ni ukugira ngo ab'isi bamenye ko nkunda Data, kandi uko Data yangeze (yantegetse) ko ariko nkora." (Yohana 14:30-31)

Musenyeri Mukuru J. H. Bernard yanditse ko, muri ako gace, Yesu avuga ngo "Muri jewe, Satani ntifise aho yomenera, canke yokwifadikiza."[2] Iyo mvugo, muvy'ukuri ni iyo mu butungane, nkuko D. A. Carson yabisiguye:

Ntabubasha amfiseko, ni uburyo buryohoye bwo kuvuga ngo "ntaco afise canke aziga muri jewe, vyibutsa imvugo abayuda bakunda gukoresha mu bijanye n'ubutungane, isigura ngo "ntaco ndamufitiye", canke "ntaco ampigako"… Satani yari kugira ico ishobora gufatirako Yesu, iyaba hari ico yashobora kumwagiriza kiboneka kandi kigaragara.[3]

Nu kuki Satani atabubasha afise kuri Yesu? Kuko Yesu ata caha agira. Avuga ati "uko Data yangeze (yantegetse gukora) ni kwo nkora" (Yohana 14:31; raba na Yohana 5:19). Iki nico gituma muri Yesu, ata na kimwe giha Satani uburenganzira bwo kugira ico amuronderako giciye mu mategeko. Yesu, muri we nta kibanza Satani ashobora kumeneramwo ngo arondere kumwigarurira.

Yesu yabambwe ata caha yakoze. Ibi birakomeye kubijanye n'ububasha bw'umusaraba. Kubera ko Yesu yari inzirakarengane, ata caha yagira, Satani ntashobora kuvuga ngo ukubambwa kwiwe cari igihano gikurikije amategeko. Urupfu rwa Mesiya w'Umukama rwabaye ikimazi c'inzirakarengane kw'izina ry'abandi, nticabaye

[2] J. H. Bernard, A Critical and Exegetical Commentary on the Gospel According to John (Umwihwezo ku Butumwa bwiza bwanditswe na Yohana), vol. 2, p. 556.

[3] D. A. Carson, The Gospel According to Jojn (Ubutumwa bwiza bwanditswe na Yohana), pp. 508-9.

igihano cahawe Yesu na Satani. Iyaba Yesu yari yararekeye Satani ikibanza muri we, urupfu rwiwe rwari kuba rwabaye igihano kije guhana icaha. Ahubwo, kubera ko Yesu ata caha yagira, urupfu rwiwe rwashobora kuba, kandi rwabaye iciru c'ibicumuro vy'isi yose.

Dushobora gukora iki ku myango yuguruye n'ivyibare duha Satani mu buzima bwacu? Dushobora kwugara imyango yuguruye, no gukuraho vya vyibare Satani yomeneramwo. Kugira ngo dushobore kwemeza umwidegemvyo wacu w'imitima, izi ntambwe zirakenewe cane. Ningombwa ngo tubigire ataco dukuyemwo, kwugara imyango yose yuguruye no gukuraho ivyibare Satani yohava imeneramwo mu buzima bwacu.

None nkivyo vyokorwa gute? Reka turabe imwe yose muri zirya ntambwe zitandatu, imwe yose ukwayo. Zose zizoba ngirakamaro igihe tuzokwihweza ingene Satani iboha abantu.

⁂

Icaha

Niba uwo mwango urangaye ari ivyaha twakoze, dushobora kwugara uyu mwango mu kwigaya no kwihana kuri ivyo vyaha vyatumye duha Satani uburenganzira bwo kwiha ijambo n'ububasha ku bugingo bwacu. Ububasha bw'umusaraba niyo nzira idushikana kuri iki gikorwa co kwigaya no kwihana. Tubisavye Kristo nk'Umukiza, turashobora kuronka ikigongwe c'Imana, ikaduharira ivyaha vyacu. Nkuko Yohana avyandika, "amaraso ya Yesu atwoza icaha cose" (1 Yohana 1:7). Twogejwe icaha, biragaragara ko icaha ata bubasha kibakikidufiseko. Nkuko Paulo avyandika, "tumaze gutsindanishirizwa n'amaraso yiwe" (Abaroma 5:9). Ibi bisigura ko Imana ica itubona nk'abagororotsi. Twigaye tukihana, tugahindukirira Kristo, duca tuba abahambwe hamwe na we: duca tugira agashusho ka Yesu. Duca tuba wa muntu Satani ataco aba agishobora kumwagiriza gifashe cemewe. Duca tuba ba bantu Satani ataho ishobora kumenera ngo ibagireko ububasha, kuko icaha cacu kiba "carahariwe, caratwikiriwe" (Abaroma 4:7). Tuba tubohowe ibirego n'ivyagirizo vya Satani, kuko ubwo bubasha ntabwo aba akidufiseko.

None ibi bikora gute? Nkumuntu ariko ararwana n'akanenge ko kwama avuga ibinyoma, uyo muntu biba ari nkenerwa ko ashobora kwemera yuko kubesha ari bibi mu maso y'Imana, akabitura (akavyirega) akavyigaya, akihana ubububeshi, hanyuma gurtyo akamenya ata gukekeranya ko yahariwe biciye muri Kristo. Bigenze nkuko, umuntu arashobora kuva mu bubeshi, akavavanura nabwo.

Ariko rero, iyo umuntu akunda kubesha, agasanga kuri we ububeshi ari ngirakamaro, akaba atarota abiheba, ushobora gusanga igikorwa ciwe co kurondera umwidegemvyo ataco gishikako, hanyuma Satani azoca ashobora gukoresha iki cibare ahawe kugira ngo agirire nabi uyu muntu yamuhaye ikibanza akirimbiramwo uko ashaka.

Dushobora kwugara umwango ku caha duciye ku kwigaya n'ukwihana kuri ico caha, n'ukwizera rwose umusaraba wa Kristo. Gurtyo, tuba duhakanye Satani n'ububasha afise bwo gukoresha ivyaha vyavu ngo atwagirize, atwizizire.

Ukudahariranira

Uwundi mutego Satani acako kugira ngo atwiganzire mu kutwagiriza, ni ukudahariranira. Uguhariranira, Yesu yarakugarutseko kenshi mu nyigisho ziwe. Yavuze ko tudahariye abandi, na Data wo mw'ijuru nawe atazoduharira (Mariko 11:25-26; Matayo 6:14-15).

Ukudahariranira bishobora kudukwegera mu bikorwa bibi vy'uwundi, canke mu bindi bintu biba kandi bibabaje. Ibi rero bishobora gutuma Satani aronka ikibanza (umukebera icibare), hamwe mu mategeko usanga adufiseko uburenganzira, aronka ico atwagiriza. Mw'ikete ryiwe rya kabiri yandikiye ab'i Korinto, Paulo avuga ati:

> Ariko uwo muribuharire wese, nanje ndamuharira; kuko nanje ico mpariye, namba hari ico mparira, ndagihariye kubwanyu, mu nyonga za Kristo, kugira ngo Satani ntaronke ico adutsindisha, kuko tutayobewe imigambi yiwe. (2 Korinto 2:10-11)

Ni kuki ukudahariranira kwacu gutuma dutsindwa na Satani? Ni kubera ko ashobora gukoresha ukudahariranira kwacu nk'ikibanza tumuihaye (icibare tumukebeye muri twebwe) kugira ngo acishikize atwagirize. Ariko rero, nkuko Petero abivuga, "namba tutayobewe imigambi yiwe (ya Satani)", tuzoboneraho kumenya ko ari ngombwa ko dukuraho ivyibare Satani yokwikebera muri twebwe, tukabigira duciye ku kwama duhariranira.

Uguhariranira kwubakiye ku mpande zitatu: guharira abandi, kuronka/kwakira ikigongwe c'Imana, hakaba na rimwe rimwe, ukwiharira twebwe nyene. Iki gishusho c'Umusaraba wo Guhariranira[4] kiradufasha kwibuka izo mpande zitatu. Urya murongo ikitse utwibutsa guharira abandi. Umurongo ushinze nawo, utwibutsa ukuronka canke ukwakira ikigongwe c'Imana. Urya muzingi, utwibutsa ukwiharira twebwe nyene ubwacu.

Uguhariranira, ntibisigura ko twibagira ico uwundi muntu yatugiriye, canke ko dutegereye kandi twemeye imvo n'imvano yaco.

Ntibivuga yuko bikwiye ko wizera uwo mutu yakikugiriwe. Uguharira abandi, ni ukuvuga yuko duhevye uburenganzira bwacu bwo kubagiriza imbere y'Imana. Turarekurira umuntu yatugiriye nabi ico cose twoshobora kumwagiriza. Tumuhereza Imana ngo imucire urubanza mu butungane bwayo, ico yakoze na co nyene tukagishira mu minwe y'Imana. Uguharira uwundi, si ikintu gituruka ku bishobisho: ni ingingo umuntu afata.

Ni ikintu gihambaye kwakira ikigongwe c'Imana , n'uguharira abandi, kuko ugutanga imbabazi (uguharira abandi) bigira ico birushirizaho kugira insiguro ikomeye igihe tuzi yuko natwe twahariwe (Efeso 4:32).

Hariho "Igisabisho co Guhariranira" mu gice kirimwo Inyandiko zongeweko mu mpera z'iki gitabu c'inyigisho.

---

[4] Iyo shusho y'Umusaraba wo Guhariranira iri mu gitabu ca Chester na Betsy Kylstra, *Restoring the Foundations (Gufurura umushinge)*, p. 98.

Ibikomere vyo ku mutima

Ukugira ikibanza Satani yikebera muri twebwe, bishobora guterwa n'igikomere co mu mutima. Ibisebe vyo mu mutima bishobora mbere kubabaza n'ukurusha ivyo ku mubiri, kandi iyo dukomeretse ku mubiri, birashobora gutuma n'umutima nawo ukomereka. Dufate umuntu yoba agiriwe igitero kimurarura umutima kikamutera ubwoba. Ibi birashobora gutuma uwo muntu amara igihe kirerkire atekewe n'ubwoba. Satani ashobora gukoresha ubwo bwoba kugira ngo abohe uyo muntu, amuzigitirire ku kwamana ahubwo ubwoba buri hejuru kurusha.

Igihe kimwe, nariko5 ndatanga inyigisho kw'idini rya isilamu. Haraje umugore w'umunyafrika y'epfo yagendana ibintu vyamusesereje mu mutima yari amaranye imyaka ishika icumi, vyaturuka ku bantu bari bahindutse bava mw'idini ry'iki isilamu. Bisabwe n'iseminari yegereye aho baba, umuryango wiwe wari wakiriye abagabo babiri bavuga yuko bari bahindutse bava mw'idini ry'aba isilamu. Iki gihe yabaye intango y'ibihe bigoye kandi bisesereza cane. Abo bantu beneguhabwa indaro ntibahengeshanije kutwereka inyifato irangwa n'ukurakara ku tuntu twose, hamwe no kumutwenga no kumufata nabi we nyene n'umuryango wiwe. Baramusunagura bamuhenagurira ku ruhome rw'inzu, ahandi ugasanga bariko baramutuka bamwita ingurube, bamuvuma, mbere bamucirako amate bariko bararengana aho yibereye. Yaranasanga hari udukaratasi duto duto turiko imivumo yanditse mu carabu batagaguye ahantu hanyuranye mu rugo rw'uwo muryango. Uwo muryango waratabaje mw'ishengero ryabo, ariko nta muntu numwe yashotse yemera ko ivyo bavuga ari vyo. Impera n'imperuka, kugira ngo bikure ku gakanu aba bantu batoroshe bari bahaye indaro, ico bagize kwabaye ukubakodeshereza ahandi hantu baba. Uwo mugore yanditse ibikurikira: Muri ico gihe, twari turushe cane kandi ahubwo twaherewe mu buryo bwinshi: mu bijanye n'amikoro, (amafaranga), mu bijanye n'umutima, n'ibishobisho, hamwe mbere no ku mubiri. Sinari nciyumva yuko hari ico maze, numva ndi umuntu ataco ashoboye na kimwe, ndi imburakimazi, kuko bari bamfashe nk'umwavu, nk'ishano." Ahejeje kwumviriza inyigisho zanje ku buja bw'idini rya isilamu, yaragereraniye ubwoba n'ukutiha agaciro vyari bimaze igihe bimutekeye, hanyuma aravyigobotoramwo,

---

5 Mariko Durie, umwanditsi w'ibi vyirwa.

arabihakana, aravyikuramwo, aravavanura navyo. Twarasengeye hamwe dusaba ko akira ivyo bintu vyamuhahamuye, kugira ngo yigobotore uguhahamuka kwaturutse kw'iterabwoba n'iturubikwa yaciyemwo, ahebe kandi avavanure n'ubwo bwoba yagendana. Yarakize mu buryo bw'agatangaza, hanyuma avuga ati: "Ndaninahaza Uhoraho kuri iri sango rimota ivy'ijuru … Ndumva ndemurutse kandi ndi mu gihagararo co gukorera Imana nk'umukenyezi w'umuyoboke. Imana nihabwe icubahiro cane!" Haciye igihe, yaranyandikiye ibi bikurikira:

> Tuzokorera Umukama, twararushirijeho kumukunda; imico y'aba isilamu n'ivyo ukwemera kwabo gushingiyeko n'uburyo kwigaragaza vyaratwigishije vyinshi, kandi ivyo vyose vyatwongerereje inkomezi; vyongeye, ubu dushobora kuvuga ko dukunda aba isilamu rwa rukundo rw'Uhoraho, kandi mu bugingo bwacu ntituzohengeshanya kubereka ingene Yesu akunda cane umwe umwe wese muri bo.

Iyo abantu basinzikajwe n'ibikomere vyo ku mutima, Satani aca aja aragerageza kubatamikana umwete mwinshi ibinyoma. Nta kuri kurangwa mu binyoma, ariko uwo muntu arashobora kuvyemera, kuko bijanye n'ububabare afise. Kuri uyu mukenyezi, ikinyoma cari ico kwumva ataco amaze, kwumva ko ari "umuntu ataco ashoboye na kimwe (ari imburakimazi)."

Kugira ngo ahahora ivyo binyoma hasubire kwiganza umwidegemvyo, twokurikiza izi ntambwe zitanu zikurikira:

1. Ubwa mbere, tumirira uwo muntu kwugururira Umukama umutima wiwe atakwiziganya, amwiganira uko yiyumva ku bijanye n'ububabare bwiwe.

2. Hanyuma, senga Yesu amukize iryo hahamuka canke ubwo bubabare.

3. Uyo muntu agaca aharira uwo wese yamuteye ubwo bubabare canke yabigizemwo uruhara.

4. Hanyuma uyo muntu ariyamiriza akanka ubwoba n'ibindi bibi vyose vyaturutse kuri uko guhahamuka canke kuri ubwo bubabare, yemeza icese ko yizeye Imana.

5. Uyo muntu agaheza rero akirega akavuga (agatura) icese kandi akiyamiriza (agahakana) ibinyoma vyose yemeye kubera ububabare.

Ivyo bimaze gukorwa, ibitero vya Satani bishobora kurwanywa bikaneshwa, kubera ko icibare yari yarakebewe muri uyo muntu yakirimbiramwo cugawe, cafuswe.

⁂

Amajambo

Amajambo ushobora gusanga yagize ubushobozi bukomeye cane. Twikoze ku majambo yacu, turashobora kuboha abandi, ahumwo natwebwe tugasanga twiboshe. Nico gituma Satani agerageza gukoresha amajambo yacu mu kuturwanya. Yesu yavuze ati:

> Kandi ndababwiye yuko ijambo ryose risunitswe n'impwemu abantu bavuga bazoribazwa ku musi w'imanza. Kuko amajambo yawe niyo azotuma utsinda canke amajambo yawe niyo azotuma utsindwa. (Matayo 12:36-37)

Yesu yatwigishije gukoresha amajambo yacu mu gutanga imihezagiro, ariko ko ata narimwe twoyakoresha mu kuvuma abandi: "Nimukunde abansi banyu, mugirire neza ababanka, muhezagire ababavuma, musabire ababagirira nabi." (Luka 6:27-28)

Ubu buryo Yesu atugabisha ko tutovuga amajambo asunitswe n'impwemu bwerekeye ivyo tuvuga vyose, harimwo indagano, ivyo twiyemeza canke twishinga, hamwe n'iyindi myumvikano tugiriranira n'abandi mu mvugo. Raba igituma Yesu abwira abagendanyi biwe ko bokwirinda rwose indahiro, mbere ntibakigere bazigira:

> Ariko jewe ndababwire, ntimukarahire namba… Ariko ijambo ryanyu ribe Ego, ego; Oya, oya; ikirenze ivyo, kiva kuri wa Mubi. (Matayo 5:34, 37)

None nikuki ata kurahira? Insiguro Yesu atanga, nuko ukurahira kuva kuri "wa Mubi", kuri Satani we nyene ubwiwe. Satani ashaka ko turahira, kuko aba yapanze gukoresha amajambo yacu kugira ngo atwagirize, atugirire nabi. Bishobora kumusasira indava (ca cibare) muri twebwe kugira ngo ashobore kuronka aho afatira mu

57

kutwagiriza. Bishobora kuba nkuko nyene naho tutoba twategereye uburemere n'ububasha bw'amajambo twavuze.

None dushobora gukora iki, iyo twarahiye, twemeye icese canke tugize isezerano mu majambo (canke mbere, kumbure, tukayaherekeza n'iyindi migirwa) yatuboheye mu nzira mbi, inzira tutotegerejwe gukurikira, iteye kubiri n'inzira y'Imana kuri twebwe?

Mu gitabu c'Abalewi 5:4-10, harimwo insiguro kuvyo abanyisirayeri bategerezwa gukora igihe umuntu "yadukana indahiro y'ico agira akore, atavyiyumviriye", akaba afatwa n'iyo ndahiro. Hari uburyo bwatanzwe bwo gukurwako iyo ndahiro. Uyo muntu yategerezwa kuzanira ikimazi (inkuka) umuherezankuka yamusengera akamurekurira ico caha; aho honyene niho uwo muntu yaba akuweko ya ndahiro yadukana atiyumviriye.

Inkuru nziza, nuko, kubera umusaraba, turashobora kuremururwa (guharirwa) indahiro twagize n'ivyo twemeye biteye kubiri n'ubuyobokamana. Ni iciza c'agatangaza uburyo Bibiliya itwigisha yuko amaraso ya Yesu "avuga ivyiza kurusha aya Abeli":

> Ariko mwegereye umusozi wa Siyoni…mwegereye na Yesu Umuhuza w'isezerano rishasha, mwegereye n'amaraso amijagurwa, avuga ivyiza kurusha aya Abeli. (Heburayo 12:22-24)

Ibi, bisigura ko amaraso ya Yesu afise ububasha bwo kuzimanganya imivumo yose twikwegeye bivuye ku majambo twavuze. Ku buryo bw'umwihariko, isezerano ryo mu maraso ya Yesu rirarengeye kandi rirazimanganya burundu ivyo twiyemeje canke twakoze ku bwoba canke mu rupfu.

Ibikorwa bijanye n'imigirwa (ku mitongero): ukwikiza amasezerano afatiye ku maraso

Twavuze ingene amajambo afise ububasha bwo kudufata (akatuzirika). Mu nzandiko z'abayuda, uburyo bwakunda gukoreshwa bwo kwishinga mw'isezerano, vyaca kw'isezerano ry'amaraso. Yari amajambo, yaherekezwa n'igikorwa c'imigirwa.

Igihe Imana yagira rya sezerano rurangiranwa na Aburahamu mu gitabu c'Itanguriro 15, iryo sezerano ryemejwe ko rigiye mu ngiro biciye ku kimazi c'inkuka. Aburahamu yaratanze igitungwa, arakibaga, ibice vyaco abisanza hasi. Niho haza imbeya z'umucanwa zirurumba zituma umwotsi—zagaragaza ko Imana yonyene yari ngaho kandi yariko irifadikanya na nyenegutanga ikimazi muri iyo nkuka—zikwiragira muri vyabice vya ca gikoko c'ikimazi. Uyu mugirwa kwari nko guhamagara umuvumo usa nuwovuga ngo: "Ndakamera nk'iki gikoko nkaramuka ndenze kuri iri sezerano—ni ukuvuga ngo: "Ndakicwa mpimbagurwe."

Ibi biribonekeza mu ngabisho Imana yatanze iciye ku muhanuzi (uwavugishijwe n'Uhoraho) Yeremiya:

> Kandi nzotanga abantu baciye mw'isezerano ryanje, ntibashitse amajambo y'isezerano basezeranye imbere yanje, hamwe bahimburamwo kabiri inka ivyibushe, bagaca hagati y'ibihimba vyayo. Ni bo baganwa b'i Buyuda, abaganwa b'i Yerusalemu, inkone, abaherezi n'abantu bose bo mu gihugu, abaciye hagati ya vya bihimba vy'iyo shuri ivyibushe ikiri ntoya. Nzobatanga mu maboko y'abansi babo, no mu maboko y'ababahiga ngo babice, kandi imivyimba yabo izoba inyama z'ibisiga vyo mu kirere n'iz'ibikoko vyo kw'isi. (Yeremiya 34:18-20)

Imigirwa yo kwinjizwa mu murwi kanaka, nk'imitongero ikoreshwa muvyo gupfumura n'amangetengete, urashobora gusanga isaba ko umuntu yishinga mw'isezerano riciye ku gukoresha amaraso y'ikimazi catanzwe. Mu mitongero nkiyo, urashobora gusanga bavuga urupfu, ariko bitagiramwo amaraso y'ukuri, hamwe avurwa bwa kimenyetso: nk'akarorero, nko mu kuvuga amajambo y'imivumo ijanye no kwisambura (kwiyica), canke mukwambara ibintu vyerekana urupfu nk'umugozi upfundikanijwe mw'izosi, canke mu kugira ibintu vyerekana umupfu canke uwishwe, nko gushirwa mw'isandugu nkamwe bahambamwo abantu, canke gukorwako ikimenyetso co gucumitwa nkota mu mutima. (Mu bice biri imbere, tuzobona akarorero k'umugirwa usa n'uyu, ariko mubijanye n'idini rya isilamu).

Amasezerano afatiye ku maraso, harimwo n'imigirwa irimwo ibimenyetso vyibutsa urupfu, ahamagara umuvumo w'urupfu ku muntu yerekeye, rimwe na rimwe mbere no ku bamukomokako. Ibi navyo ni ibintu bikomeye vy'indyankurye bihanamira abo vyerekeye, kuko iyo mitongero isasira indava ugukandamizwa mu bijanye n'ubuzima bw'umutima. Ubwa mbere hoho, ibohera umuntu kubitegekanijwe mu masezerano, hanyuma mu bijanye n'umutima, atanga uruhusha rw'uko uwo muntu ashobora kwicwa, canke gupfa, ku mvo zo gushira mu ngiro no kurangura imivumo iri mu masezerano.

Ummugore umwe w'umukristo wo mu murwi wamaze urukurikirane rw'imvyaro nyinshi (générations) uba ahiganziye idini rya isilamu, yaguma nantaryo ahanamiwe n'indoto yabonamwo abantu b'incuti ziwe zapfuye bamutumirira bashimitse kubasanga mw'isi y'abapfuye. Yaranaguma asagirijwe n'ivyiyumviro ataho bifatiye namba vyo kurondera kwiyahura, kandi ugasanga ivyo vyiyumviro nta nsiguro bishobora gufatirako canke ngo hagaragare iyo biva. Igihe twariko turayaga, dusengera hamwe, vyaribonekeje yuko hari abandi bo mu muryango wiwe, bo mu mvyaro z'imbere zahise, nabo basagirizwa n'indoto zidasiguritse zari zijanye n'urupfu, zabageramira cane. Nahavuye ntegera ko, kubera ko abo yamukako bari babayeho mu mukandamizo w'idini rya isilamu, bakaba bagengwa na rya sezerano rya *dhimma* ryo kwishikana ku buja bw'iryo dini, ariho haturuka uko kwama yatekewe n'ubwoba bw'urupfu. Hariho umugirwa abo yamukako b'abakristo b'igitsina gabo bategerezwa gucamwo uko umwaka utashe, igihe bategerezwa kuriha ikori ry'idini ryitwa *jizya* bategerezwa guha aba isilamu, ku mvo zo gukurikiza amabwirizwa ya *dhimma. Muri iyo migirwa, barabakubita (inkota) ku gikanu, bukaba bwari uburyo bwo kwerekana ugucibwa umutwe bibashikiye bakarenga isezerano ryabo ryo kwishikana ku kuganzwa n'idini rya isilamu (Tuzokwihweza ibijanye n'uyu mugirwa mu cirwa ca 6). Twarasengeye hamwe n'uyo mugore, tuvuga amasengesho yo kubirwanya, twiyamiriza ububasha bw'urupfu, kandi dusambura uwo muvumo w'urupfu ujanye n'uyu mugirwa werekana ugucibwa umutwe. Hanyuma y'aya masengesho, yasambuye ububasha bw'uyo mugirwa, yaciye yumva aremurutse cane za ndoto ziteye ubwoba n'ugusagirizwa na vya vyiyumviro bijanye n'urupfu.*

⁂

Ukwizera ibiteye kubiri n'Imana (ibinyoma)

Kudupakira ibinyoma, ni umwe mu mikenyuro mikuru mikuru Satani akoresha mu kuturwanya. Turamutse twemeye ibi binyoma, ashobora kubikoresha mu kuturwanya aturega atwagiriza, adutera agapfungu mu mutwe no mu mutima hamwe tubura ico dufata n'ico tureka, aduhenda. Ntukigere wibagira yuko Satani ari "umunyabinyoma akaba na se wavyo" (Yohana 8:44). (Muri ka gakuru k'umukenyezi wo muri Afrika y'Epfo twabona kare muri kino cirwa, ahari hahagaze ikinyoma, ni uko yari yishizemwo ko ataco ashobora, ataco amaze namba.)

Igihe turiko turatera imbere duhinduka abagendanyi babushitse ba Yesu Kristo, turiga uburyo bwo kubona no kwigobotora ibinyoma twahora twemera ko ari ukuri, ntibibe bikituganza. Ibi binyoma, arivyo bintu twizera biteye kubiri n'Imana bishobora kwibonekeza mu buzima bwacu mu buryo bunyuranye: muvyo tuvuga, muvyo twiyumvira kandi twizera, no muvyo twibwira twebwe nyene ubwacu mu mutima canke mu mutwe wacu, ni ukuvuga ivyo twiyumvira canke twibwira igihe atawundi muntu ariko arumviriza. Uturorero k'ivyo twizera biteye kubiri n'Imana:

- "Nta muntu ashobora kunkunda, ntibibaho."
- "Abantu ntibashobora guhinduka."
- "SInzokwigera numva ntekanye."
- "Hariho ikintu kitagenda neza na gato muri jewe."
- "Abantu nibamenya uwo ndi, uko ndi, bazonca (nta numwe azoba akimpa nirwere)"
- "Imana ntizokwigera imparira."

Ibinyoma bimwe bimwe ushobora gusanga bikomoka ku mico n'akaranga vy'ihanga ryacu; nk'akarorero,: "Abakenyezi ni ba magara make (ntankomezi bafise)"; canke "Abagabo ntawobizera". Jewe ndi uwo mu mico y'abongereza (aba Anglo-Saxons), hanyuma, mu mico yiwacu, kimwe mu binyoma biriho, ni uko havurwa ko ari bibi (amakosa) ko abagabo berekana ibishobisho (ngo amosozi y'umugabo, atemba aja mu nda). Hariho umugani w'icongereza uvuga ngo "Umugabo nyamugabo ntiyigera arira". Ibi abantu bavyita "Gukomera ku muheto". Ariko rero sivyo: mu bihe bimwe bimwe, abagabo nya bagabo bararira nyene!

Igihe turiko turatera imbere duhinduka abagendanyi babushitse, turiga kurwanya ibinyoma bisanzwe mu mico n'akaranga vyacu, tukabisubiriza ukuri.

61

Twogumiza ku muzirikanyi yuko ikinyoma nyaco, ari kimwe abantu *badaca n'ikanda ko* ari ikinyoma. Rimwe na rimwe, n'igihe tuzi mu mutima wacu yuko icemerwa giteye kubiri n'Imana ari ikinyoma, kirashobora kuguma kiboneka mu maso yacu yuko umengo ni ukuri.

Yesu yatwigishije ibikurikira: "Nimwaguma mw'ijambo ryanje, muri abigishwa banje vy'ukuri. Kandi muzomenya ukuri, kandi ukuri kuzobaha umwidegemvyo." (Yohana 8:31-32)

Mpwemu Yera adufasha kumenya gutorera izina ibinyoma twizeye, hanyuma no kubisesa, kubivamwo (1 Korinto 2:14-15). Mu gihe dukurikira Yesu tukiga gusesa (guheba) ibinyoma vy'isi, uburyo bwacu bwo kwiyumvira buraheza bugakira, bukanahinduka. Paulo asigura ko muri ubwo buryo, turashobora gusubiriza imitima yacu, igahinduka mishasha:

> Ntimushushanywe n'ivy'iki gihe, yamara muhinduke rwose, mugize imitima mishasha. Kugira ngo mumenye neza ivyo Imana ishaka—nivyo vyiza bishimwa bitunganye rwose. (Roma 12:2)

Inkuru itari nziza, nuko ibinyoma bishobora gutuma Satani aronka akikebera ikibanza muri twebwe. Ariko rero, inkuru nziza, nuko dushobora kwikura no gusesa ico kibanza Satani aba yikebeye biciye mu gikorwa co guhura n'ukuri. Dutahuye neza tukamenya ukuri, turashobora kwatura, gusesa (guheba) ibinyoma twari twaremeye, no kuvavanura navyo.

Hariho igisabisho kijanye no gusabira ukubohorwa ibinyoma kiri mu gice c'inzandiko zongewe kuri kino gitabu.

Ivyaha turarwa n'aba kera dukomokako n'imivumo ibiturukako

Ubundi buryo (uwundi mukenyuro) Satani ashobora gukoresha mu kutugirira nabi, ni ibicumuro turarwa n'aba kera dukomokako: ivyaha vy'abasokuru. Bishobora kuzanana n'imivumo idukorako ikadusesereza.

Twese twarabonye imiryango usanga muri yo icaha canke akamere kanaka bihanahanwa ugasanga ni uruhererekane hagati y'imvyaro uko zigenda zikurikirana. Mu bijanye n'ibi, hari umugani w'icongereza uvuga ngo "Icamwa nticigera gikorokera kure y'igiti gikomokako."

Imiryango nayo irashobora gusiga iragi ryo kubijanye n'umutima ikarisigira abayikomokako, kandi iryo ragi rigakora kuri abo, mbere no kubabakomokako. Naryo rishobora kubera umwango wuguruye Satani. Ugukandamizwa mu bijanye n'ubuzima bw'umutima kurashobora gukora ku mvyaro nyinshi z'ibihe bigenda bikurikirana, uko uruvyaro rumwe rusanga rwaboheshejwe urukurikira ibicumuro vyarwo, maze imivumo ibiturukako rukaba uruhererekane hagati y'imvyaro uko zizoja zirakurikirana, rumwe rwose rukayihereza urukurikira.

Abakristo bamwe bamwe basanga ico ciyumviro c'uko imvyaro ziheherekana ubwo buja bwo ku mutima atawoshoka acemera, canke mbere ko biyumviriye basanga ata fatiro coba gifise. Bobo, bashobora guca babona ahubwo ko ingendo n'inyifato abana bigana ku bavyeyi babo. Nk'akarorero, nk'abana bafise se w'umubeshi, ushobora gusanga baca bamwigana, nabo bakiga kuba ababeshi; canke nk'umwana avumwe na nyina wiwe, inkurikizi, nuko uyo mwana ushobora gusanga atiha agaciro, yisuzugura we nyene. Iyo, ni ingendo n'inyifato y'inyigano. Ariko hariho n'iragi kubijanye n'ubuzima bw'umutima usanga abavyeyi basigira abana babo, navyo ntibisa namba na ya ngendo n'inyifato bisanzwe.

Ivyiyumviro vyo muri Bibiliya kubijanye n'amasezerano, imivumo n'imihezagiro birajanye n'ubwo buryo bwo kubona ibintu. Bibiliya iravuga ingene Imana yagiriraniye isezerano n'ihanga rya Isirayeri, irifata nk'ihanga rigizwe n'imvyaro (urunganwe rumwe rwose hanyuma y'urundi) uko zija zirakurikirana, ikongera ikazikunganiriza hamwe mu rukurikirane rw'imihezagiro n'imivumo vyahawe abo banyisirayeri n'ababakomokako—Imihezagiro gushika ku runganwe rw'igihumbi, n'imivumo kugeza ku runganwe rugira gatatu canke kane. (Kuvayo 20:5; 34:7)

Ko Imana yakoreye ku bantu ikurikije uko imvyaro zagiye zirakurikirana (urunganwe hanyuma y'urunganwe rukurikira) muri ubwo buryo, biroroshe gutegera ko Satani nayo yikebera uburenganzira bwo kugirira nabi abantu uko imvyaro zija zirakurikirana (urunganwe hanyuma y'urundi ataruvuyemwo)! Ntimukibagire ko Satani ari "umurezi", abagiriza imbere y'Imana " ku murango no mw'ijoro" (Ivyahishuwe 12:10), azurura ivyo aronse vyose kugira ngo atugirire nabi. Azoturega, kandi araturega na ubu, kubera ibicumuro vya ba sokuru bacu. Nk'akarorero, igicumuro ca Adamu na Eva cakweze imivumo yakwiye imvyaro zose z'ababakomotseko, harimwo imibabaro ku nda (mu kwibaruka) (Itanguriro 3:16); abagore kuganzwa n'abagabo (Itanguriro 3:16); ukuronka ivyo barya babiruhiye imisi yose y'ukubaho kwabo (Itanguriro 3:17-18); na cane cane, urupfu no gusubira mw'ivu (kubora) (Itanguriro 3:19). Uko niko ya "myaka y'umuzimiza ikora". Satani arabizi, agaca abikoresha kugira ngo atugirire nabi.

Bibiliya, ikoresheje abavugishijwe (ubuhanuzi), iramenyesha ko ibintu bizohinduka, ko hazoza igihe Imana itazoba igihora abantu ivyaha vyakozwe n'abavyeyi babo, aho umwe wese azobazwa ibicumuro vyiwe bwite we nyene:

> Yamara muravuga ngo: " Ni kuki umwana atozira ibigabitanyo vya se?" Erega, umwana niyakora ibitunganye n'ibikwiye, akitondera ivyagezwe vyanje vyose, akabishitsa, ntazobura kubaho. Umuntu akora icaha ni we azopfa. Umwana ntazozira ibigabitanyo vya se, na se ntazozira ibigabitanyo vy'umwana wiwe; ubugororotsi bw'umugororotsi azobuharurwako, ivyaha vy'umunyavyaha azobiharurwako. (Ezekiyeri 18:19-20)

Iki gisomwa, ni ico gutegera nk'ukuvugishwa kw'imbonakazoza (ubuhanuzi) kumenyesha igihe ca Mesiya, ubwami bwa Yesu Kristo. Iyi si impinduka ntangere mu buryo "isi y'umukorane" ikora mu bwami bwa Satani, ariko ni ukuraganirwa isi imeze ukundi, isi ihinduwe n'umuzo w'ubwami bw'Umwana mukundwa w'Imana. Aha ni ukwemererwa, atari gusa yuko mw'isezerano rishasha, Imana izoraba umuntu umwe umwe wese ifatiye ku bicumuro vyiwe bwite, ariko kandi nuko ububasha bwa Satani bwo kuboha abantu ikoresheje ibicumuro vy'abavyeyi babo n'abasokuruza babo buzosenyurwa n'ububasha bw'urupfu n'izuka vya Yesu Kristo.

Nico gituma, naho ari vyo yuko isezerano ryo mu vyagenywe vya kera, "ivyagenywe bifatiye ku caha no ku rupfu", vyategekanya ko ibicumuro bihererekanywa kuva ku runganwe rumwe bikaja ku rundi, Kristo yarakuyeho aya mabwirizwa ya kera, yatuma Satani igira ububasha bwo kubohesha abantu ivyaha vy'abavyeyi babo, arayakombora ayasubiza mu busa, biciye ku musaraba. Uyu, ni umwidegemvyo abakristo bafitiye uburenganzira bwo kwemeza kandi bakabugira rwabo.

64

None, ni mu buhe buryo dushobora kwemeza umwidegemvyo wacu ku mivumo y'uruhererekane ku kuva ku runganwe rumwe ku rukurikira, uko imvyaro zigenda zikurikirana? Inyishu iri muri Bibiliya. Amategeko y'abayuda (Torah) asigura ko kugira ngo abagize imvyaro zikurikirana bikure /bakire inkurikizi z'ivyaha vy'abasokuruza babo, ni ngombwa ko "batura ibigabitanyo vyabo n'ibigabitanyo vya ba sekuruza" (Abalewi 26:40). Niho rero Imana ivuga iti: "nzokwibuka isezerano nasezeraniye ba sekuruza", hanyuma ndabakize, bo nyene ubwabo n'isi yabo. (Abalewi 26:45)

Dushobora gukoresha uburyo nkubwo nyene. Dushobora:

- Gutura ibicumuro vy'abasekuruza bacu n'ibigabitanyo vyacu bwite,

- Guhakana no guheba ivyo vyaha (kubivamwo), hanyuma

- Gusambura imivumo yose yatewe n'ivyo vyaha

Ivyo turafise ubushobozi bwo kubigira, twishimikije umusaraba wa Kristo. Umusaraba ufise ububasha bwo kutugobotora mu mivumo turimwo ukatugira abidegemvya: "Kristo yaducunguye umuvumo w'ivyagezwe, yacitse ikivume kubwacu …" (Galatiya 3:13)

Hariho "Igisabisho co guhakana ibicumuro bituruka kubo twamukako" mu gice kirimwo inzandiko zongewe kuri iki gitabu c'inyigisho.

⁙

Mu bice bikurikira, tugiye kwihweza ububasha dufise muri Kristo n'uburyo bwo kubukoresha muvyo tubayemwo twisangije. Turaja kandi gushikiriza intambwe zitanu zo kwisunga kugira ngo dusambure imikenyuro ya Satani n'amanyanga yiwe.

Ububasha bw'ubwami bwacu

Yesu we nye ubwiwe yabariye abigishwa biwe ko bafise ububasha bwo "kuboha" no "kubohora" mw'ijuru no mw'isi, ni ukuvuga mu bijanye n'umutima, no mu bijanye n'umubiri:

> Ndababwire ukuri, ivyo muzoboha mw'isi vyose, bizoba biboshwe mw'ijuru; kandi ivyo muzobohora mw'isi, vyose, bizoba bibohowe no mw'ijuru. (Matayo 18:18; raba kandi 16:19)

Mu vy'ukuri, uku gusezeranirwa ububasha kuri Satani kuramenyeshwa mu ntango za Bibiliya, mw'Itanguriro 3:15, aho Uhoraho abwira inzoka ati: uruvyaro rwiwe (umugore) "ruzokumena umutwe". Ibi, na Paulo arabivuga: "Imana y'amahoro izofyonyora Satani vuba musi y'ibirenge vyanyu." (Roma 16:20)

Igihe Yesu yarungika abigishwa biwe, ahereye kuri icumi na babiri hanyuma mirongo indwi na babiri, yabahaye ububasha bwo kwirukana abadayimoni mu gihe bari mu gikorwa co kumenyesha ubwami bw'Imana (Luka 9:1). Hanyuma yaho, aho bagarukiye, baravuze ingene batangariye ubwo bubasha, bavuga bati: "Mwami, abadayimoni nabo baratwumvira mw'izina ryawe." Yesu arabishura ati: "Nabonye Satani, avuye mw'ijuru, akoroka nk'umuravyo." (Luka 10:17-18)

Ni ikiremesho ntangere kubona abakristo bagira koko ububasha bwo kunesha no gusambura imikenyuro n'amanyanga vya Satani. Ibi bivuga ko abizera bafise ubushobozi n'ububasha bwo gusambura amasezerano n'indahiro biteye kubiri n'Imana, kuko isezerano ryo mu maraso ya Kristo rifuta amasezerano yose yagizwe agenewe gukwega ikibi. Iki cemezo co gusezeranirwa turagisanga muvyamenyeshejwe n'uwavugishijwe (umuhanuzi) Zekariya ku bijanye na Mesiya:

> Kandi nawe, kubw'amaraso yashinze isezerano rya twe nawe, nanje ndakubohoreye imbohe, ndazikura mu rwobo rutagira amazi. (Zekariya 9:11)

Iciyumviro co kuraba ikintu kimwe cose muvyo cisangije (kugitomora)

Igihe tuba turiko turarondera gushikira umwidegemvyo, ni ngombwa gufata ingingo zitomoye zirwanya imyango yuguruye (ibihengeri) n'ibibanza muri twebwe biteye kubiri n'Imana, Isezerano rya kera ritegeka ko ibigirwamana n'ibibanza bisengerwamwo bitegerezwa gusamburwa burundu. Akarorero k'uburyo bwo gusambura no gusibanganya ibibanza vy'amasengesho vy'ibigirwamana karatangwa mu gitabu co Gusubira mu vyagezwe 12:1-3, aho Uhoraho ategeka abantu gusambagura burundu ("guherengeteza") ibibanza vy'amasengesho, ahabera imigirwa, ibikoreshwa mu kurangura imigirwa, altari (imeza z'ibimazi), hamwe n'ibigirwamana vyo nyene ubwavyo.

Ni vyiza kandi birafasha kuvuga izina bwite ry'ikigabitanyo mu gihe co gutura ivyaha vyacu. Vyongeye, igihe co kwemeza umwidegemvyo wacu wo ku mutima, naho nyene twotomora ico twemejeko uyo mwidegemvyo. Ibi bikayanganisha umuco w'ukuri kw'Imana mu bice vyose dukeneyemwo ikigongwe c'Imana no muri kimwe kimwe cose muri ivyo dusabako imbabazi. Ari ahabaye amasezerano ateye kubiri n'Imana, ategerezwa gusamburwa rimwe ryose ukwaryo, hamwe n'ibiyagize vyose n'inkurikizi zayo zose. Bitegerezwa gutomorwa kimwe ku kindi. Muri rusangi, uko umukenyuro wa Satani uba ukomeye, niko muri urwo rugero nyene dutegerezwa kuwutomora igihe tuba turiko turasambura ububasha bwawo.

Ico *ciyumviro co gutomora ikintu kimwe kimwe cose* kirakoreshwa igihe dushaka kwigobotora tukava muvyo twishinze dukoresheje amajambo (mu mvugo) canke mu bikorwa. Nk'akarorero, nk'umuntu yishinze indahiro y'agacerere abicishije mu kimazi c'amaraso, ningombwa ko agaya kandi agaheba kugira uruhara muri uwo mugirwa, kandi agahakana agakombora indahiro ziwe yagize. Ni nkuko nyene, nkumuntu ashaka kuva mu caha co kudaharira abandi (kutagira imbabazi), yavuze amajambo nkaya: "Sindota mparira naka gushika mpfe" (canke "n'umwana nzosiga"), ningombwa ko agaya iyo ndahiro yagize, agaheba ivyo yishinze, agasaba imbabazi z'Imana kuri iyo ndahiro yagize. Uwagiriwe ihohoterwa rifatiye ku gitsina yiyemeje kubigumya mw'ibanga, kugumya agacerere kubera yahigiwe kugirirwa nabi canke mbere kwicwa agize ico avuga, usanga ari ngombwa ko aheba iyo ndahiro y'agacerere kugira ngo yemeze umwidegemvyo wiwe: nk'akarorero "ndahevye agacerere nishinze kubijanye nivyo nagiriwe, kandi ndemeje ko mfise uburenganzira bwo kubivuga icese."

Umukenyezi yitwa Suzana yari yarabuze abantu benshi yakunda: se, nyina, n'umugabo wiwe. Yaratinya ko asubiye gukunda uwundi muntu, nawe azoca apfa nk'aba mbere; niho yahava yigirira indahiro ikurikira: "Ntawundi muntu numwe nzosubira gukunda". Hanyuma yahoo, yaciye amera nkuwanyegewe, yama anyinyiriwe, ata muntu numwe yereka uburwaneza. Hagize umwegera, yarisiga akamuvuma. Ariko rero ashikanye imyaka nka mirongo umunani, aramenya Yesu hanyuma yinjira mw'ishengero rimwe. Ibi vyamuzaniye umwizero, maze aca araheba ya ndahiro yari amaranye imyaka mirongo itanu yo

67

kutagisubira kugira uwo akunda. Ahejeje kwigobotora agakira ubwoba, yararonse abagenzi beza b'inkoramutima mu bandi bakenyezi bo mw'ishengero. Ubuzima bwiwe bwarahindutse rwose kubera ko yari yabukuye mu vyara vya Satani, imigozi Satani yari yaramubohesheje, yari yayicagaguye.

Intambwe zitanu zishikana ku mwidegemvyo

Ngiki icitegererezo coroshe c'ubutumwa kigizwe n'intambwe zitanu zishobora kwisungwa mu kurwanya no gusambura imikenyuro Satani akoresha mu kutugirira nabi.

1. Gutura (kwirega) ibicumuro no kubigaya (gusaba imbabazi)

Intambwe ya mbere ni ugutura ikigabitanyo cose, no kwatura ukuri kw'Imana kujanye naco. Nk'akarorero, warizeye ikintu giteye kubiri n'Imana, urashobora gutura ico kintu co nyene nk'ikigabitanyo (icaha), ukagisabako imbabazi z'Imana, hanyuma ukacigaya. Uranashobora no kuvuga ukuri kw'Imana kujanye naco.

2. Guhakana canke guheba ikintu

Intambwe ikurikira, ni uguhakana no guheba ico kintu kigucumuza canke ico gicumuro. Ni ukuvuga ukumenyesha icese yuko utagishigikiye, utacizeye, utacemera ikintu canke ataho ugihuriye naco, wavavanuye naco. Nk'akarorero, waragize uruhara mu mugirwa uteye kubiri n'Imana, uhakanye uwo mugirwa, urasokora canke ugakombora ivyiyemezo vyose wari usanzwe waragize kubijanye na nya mugirwa. Nkuko vyasiguwe ubwa mbere, ibi mukubikora kwoba ugutomora ico uhakanye.

3. Gusambura

Iyi ntambwe, ni ukwiha ububasha mubijanye n'umutima bwo gusambura ubushobozi bw'ikintu kanaka. Nkakarorero, igihe hoba harabaye umuvumo, ushobora kuvuga uti: "Ndasambuye uyu muvumo". Abigishwa ba Yesu barahawe "ububasha bwo kunesha ubushobozi bw'umwansi bwose mw'izina ryiwe (Luka10:19). No gusambura nyene, mukubikora kwoba ugutomora ico usambuye.

4. Kwirukana (chasser)

Igihe abadayimoni bamaze kwigarurira icibare n'igihengeri (umwango wuguruye) mu muntu kugira ngo bamugirire nabi, umaze

68

gutunganya ibihengeri n'ivyibare ukabikuraho mu kubishikana (kuvyirega), kubiheba no kubisambura, abo badayimoni wobaha itegeko ryo kukuvako bakagenda, ariko kubirukana.

5. Guhezagira no "kwuzuza"

Intambwe ya nyuma, ni uguhezagira umuntu, no gusenga Imana uyisaba ko yomwuzuza ivyiza vyose, harimwo n'igihushanye c'icahora kimuraje ishinga, icahora kimuhanamiye. Nk'akarorero, yahora abangamiwe n'ubwoba bw'urupfu, muhezagire umusabira ubuzima bwuzuye n'ugukomera ku muheto.

Izi ntambwe zitanu zishobora gukoreshwa ku bwoko bwose bw'ubuja bw'umutima umuntu aba arimwo, ariko ngaha ico twashimikiyeko, ni umwidegemvyo kw'idini rya isilamu: nico gituma, mu vyirwa biri imbere, tuzokwiga uburyo bwo gukoresha izo ntambwe mukugobotora abantu mu buja bw'idini rya isilamu.

Urwandiko ndongoranyigisho

Icirwa 2

Amajambo mashasha

Guhakana (guheba)

umwidegemvyo

Mesiya

Satani

Ubwami bw'Imana

Ibi bihe vy'umuzimagiza

Intsinzi y'Abaroma

Icibare, (ikibanza / ubwugamo Satani yikebeye mu mutima w'muntu)

Ibihengeri (imyango yuguruye, irangaye)

Ivyibare, (ibibanza/ ubwugamo Satani yikebeye mu mutima w'muntu)

topos

uburenganzira butegekanijwe n'ivyagenywe (n'amategeko)

Umusaraba w'imbabazi

Indahiro

Iisezerano rifatiye ku maraso

Jizya (ikori ry'umutwe)

Ukwivugana

Uguhura n'ukuri

Ibikomere vyo mu mutima

Igicumuro gikomoka ku basokuru (ku ruhererekane rw'imvyaro)

Iragi rijanye n'ubuzima bw'umutima

Ikintu kituruka ku ruhererekane rw'imvyaro (urunganwe rusigira ururukurikira)

Iciyumviro co kuraba ikintu kimwe cose muvyo cisangije (kugitomora)

Amazina mashasha

- Révérend J. L. Houlden: Umushakashatsi wa Trinity College Oxford (yavutse muri 1929)
- Révérend J. H. Bernard: Umusenyeri w'umu Anglikani wo muri Irlande (1860-1927)
- D.A. Carson: Umwigisha w'Isezerano Rishasha (yavutse muri 1946)

Bibiliya muri kino cirwa

Roma 8:21
Yesaya 61:1-2
Luka 4:18-21
Yohana 10:10; 8:44
Kolosayi 1:13
Yohana 12:31
2 Korinto 4:4
Efeso 2:2
1 Yohana 5:19
Efeso 6:12
Filipi 2:15
Ivyakozwe n'intumwa 26:18
Kolosayi 1:12-13
Mariko 1:15
Luka 10:18
Kolosayi 2:13-15
Efeso 6:18
1 Petero 5:8
Ivyahishuwe 12:10
Zaburi 109:6-7
Zekariya 3:1-3
Yobu 1:9-11
2 Korinto 2:11
Efeso 4:26-27
Yohana 14:30-31; 5:19

Mariko 11:25-26
Matayo 6:14-15
2 Korinto 2:10-11
Efeso 4:32
Matayo 12:36-37
Luka 6:27-28
Matayo 5:34, 37
Abalewi 5:4-10
Heburayo 12:22-24
Itanguriro 15
Yeremiya 34:18-20
Yohana 8:31-32
1 Korinto 2:14-15
Roma 12:2
Kuvayo 20:5; 34:7
Ivyahishuwe 12:10
Itanguriro 3:16-19
Ezekiyeri 18:19-20
Abalewi 26:40, 45
Galatiya 3:13
Matayo 18:18
Matayo 16:19
Itanguriro 3:15
Roma 16:20
Luka 10:17-18

Ibibazo bijanye n'icirwa ca 2

- Guhanahana ivyiyumviro ku karorerero ntanganyigisho.

♻

1. Ni igiki catangaje Reza igihe yagerageza kuvuga igisabisho co guheba idini rya isilamu?

2. Hanyuma yaho Raza ashoboreye kuvuga amasengesho, hahindutse iki mu buzima bwiwe?

Yesu atangura kwigisha

3. Ni uwuhe musi mukuru w'amavuka w'umukristo wese?

4. Ni hehe Yesu yatanguriye kwigisha icese?

5. Yavuze yuko yaje gushikana (kurangura) iki abantu basezeraniwe?

6. Ni ibiki Yesu yakijije abantu akabibagobotoramwo?

Igihe co guhitamwo

7. Umwango w'ibohero ry'umunyororo bawuretse wuguruye, uwo munyororo yokora iki niba ashaka kwironkera **umwidegemvyo**? Ibi bitwigisha iki ku bijanye n'**umwidegemvyo w'umutima**?

Satani n'ubwami bwiwe

8. Ni ayahe mazina amwe amwe ahabwa **Satani,** hanyuma ayo mazina atwigisha iki?

9. Hafatiwe kuri Yohana 12:31 n'utundi turongo dukurikira ako, ni ibiki Durie yemera ko Satani afise, ariko atari ikirenga?

10. Durie adusaba kwihweza no kurimbura ibiki mw'idini rya Isilamu?

Ukwimurwa guhambaye

11. Turavye ibivurwa muri Kolosayi 1:12-13 na **J. L. Houlden**, akamere ka muntu kabohewe mu ngoyi za ba nde?

12. Turavye ibivurwa mu Vyakozwe n'intumwa 26:18, abantu bakizwa, bagacungurwa, bakimurwa bakurwa mu buhe bubasha?

13. Turavye ivyo Paulo avuga, iyo Imana iducunguye, turonka iki, bitugendekera gute?

14. Ni igiki Paulo yifuza ko abakolosayi boshima?

15. Ni ibihe bintu bitanu biranga ukwimurira ubuyoboke bwacu bwose muri Yesu Kristo?

Urugamba

16. Turavye ibivurwa muri Mariko 1:15 n'utundi turongo dukurikira, abakristo basanga bari mu ruhe rugamba?

17. i ayahe majambo yerekeye ivyo ishengero ribwirizwa kuraba neza mu ntambara ya misi yose yo kurwanya ububasha bwa Sekibi?

18. Muri iyi ngwano, ico abakristo bomenya neza atagukeka ni igiki kubwa Paulo?

19. Paulo akoresha gute iciyumviro **c'instsinzi y'Abaroma** mugisigura intsinzi y'umusaraba?

Umwagirizi (Umureganyi)

20. Mu rurimi rw'Abayuda, ijambo *Satani* rusigura iki?

21. Bafatiye ku bikorwa vya **_Satani,_**
Petero na Paulo bagabisha abakristo
babasaba gukora iki (ni iki bokora)?

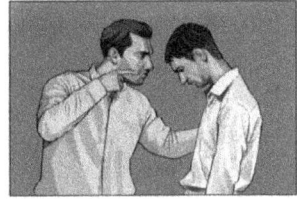

22. None **Satani** atwagiriza ibiki?

23. Ni iyihe mikenyuro itandatu Durie adondagura **Satani** akoresha
mukutwagiriza?

24. Ni igiki kigize intambwe ikomeye mu kurondera
umwidegemvyo w'umutima?

Imyango yuguruye (ibihengeri) n'ivyibare (ubwugamo turekera Satani)

25. Ni iyihe ndangurakintu Durie aha:

- Umwango wuguruye (igihengeri)
- Icibare (ikibanza, ubwugamo)?

26. Igihe twanse gutura ivyaha vyacu no kubiheba, ni igiki
dushobora kuba turiko turegurira **Satani**?

27. Aya majambo ya Kristo ngo "Ntabubasha amfiseko" asigura iki?

28. Ni igiki **Satani** itashobora gutora muri Yesu yofatirako ngo imwagirize?

29. Ni kuki bihambaye cane yuko Yesu yabambwe ata caha afise, ari umuntu w'inzirakarengane?

Icaha

30. Twokora iki ku **myango yuguruye** (ibihengeri) no ku **bibanza** Satani ishobora kumeneramwo (ibishobora kuba ivy ibare vya Satani muri twebwe)?

31. Tubigenza gute mu kwugara **umwango wuguruye** w'igicumuro mu buzima bwacu?

Ukudahariranira

32. Kubwa Yesu, kugira ngo dushobore guharirwa, twokora iki?

33. Nikubera iki ukudahariranira kwacu gutuma **Satani** ironka aho ica ngo idutsinde?

34. Uguhariranira kwubakiye ku mpande zitatu: ni izihe?

35. Mbega, mu guharira abandi, dutegerezwa kwibagira ivyo tubahariyeko (ivyo badukoreye)?

Ibikomere vyo ku mutima

36. Ni mu buhe buryo **Satani** ikoresha **ibikomere vyo mu mutima** mukuturwanya (kugira ngo atugirire nabi)?

37. Umukeyezi wo muri Afrika y'epfo yakize iki, ni ibiki **yategerejwe guheba no kuvavanura** na vyo?

38. Ni izihe ntambwe zitanu zikenewe igihe **icibare Satani yikebeye muri twebwe** ari igikomere co mu mutima?

Amajambo

39. Muri Matayo 12, havurwa ko tuzobazwa iki ku musi w'imanza?

40. Ni kuki Satani ashaka ko dutanga indahiro (turahira)?

41. Ni igiki gifise ubushobozi bwo kuzimanganya imivumo twikwegeye bivuye ku majambo twavuze?

Ibikorwa bijanye n'imigirwa (imitongero): ukwikiza amasezerano afatiye ku maraso

42. **Isezerano ry'amaraso**
Aburahamu yagiriraniye n'Imana mw'Itanguriro 15 risobanura iki? (Raba no muri Yeremiya 34:18-20.)

43. Ni ukubera iki **amasezerano afatiye ku maraso** ateye ubwoba?

44. Gukubitwa (inkota) ku gikanu ku bakristo baba mu turere twiganjemwo idini rya isilamu, igihe co kuriha aba isilamu ikori bategerezwa gutanga ku mwaka ryitwa *jizya*, bisigura iki?

Ukwizera ibiteye kubiri n'Imana (ibinyoma)

45. Vuga umwe mu mikenyuro mikuru mikuru Satani akoresha mukuturwanya (mukudukorera ikibi)?

46. Durie avuga ko twokora iki kugira ngo dutere imbere duhinduke abigishwa babushitse ba Kristo?

47. Ni ikihe kiri mu bigize imico y'abongereza Durie avuga ko ari ikinyoma?

48. Kubwa Durie ikinyoma nyaco ni igiteye gute"?

49. Ni ibihe bikorwa bidufasha kwugara umwango (igihengeri) ibinyoma vya **Satan**i bicamwo ? Tuba twabanje gukora iki, twahuye n'iki?

Ivyaha turarwa n'aba kera dukomokako n'imivumo ibiturukako

50. Ni igiki Durie yiyumvira gishobora guhanahanwa ugasanga ni uruhererekane hagati y'imvyaro uko zigenda zikurikirana, nkakurya abana batwara ubwoko bw'abo bakomokako?

51. Ni igiki Durie avuga ko kidashobora gusigura bihagije ugukandamizwa mu bijanye n'ubuzima bw'umutima guhanamira abantu bamwe?

52. Ni mu yihe ndinganizo Imana yashizemwo igakunganiriza Abanyisirayeli bose mw'isezerano yagiranye na bo? (Raba Kuvayo 20:5; 34:7.)

53. Nk'akarorero k'iragi **dusigirwa n'aba kera dukomokako**, igicumuro ca Adamu na Eva cakweze iki? (Raba Ivyahishuwe 12:10, Itanguriro 3:16-19.)

54. Durie yavuze iki kuvyamenyeshejwe muri Ezekiyeri 18 yuko abana batazobazwa ibicumuro vya ba se babo?

55. Ni izihe ntambwe zitatu zishobora gukoreshwa mugukiza inkurikizi z'**ivyaha vy'abo dukomokako** (abatuvyara n'abo bakomokako)?

Ububasha bw'ubwami bwacu

56. Ni ubuhe bubasha bwasezeraniwe abantu mw'Itanguriro 3:15, hanyuma bugakomorerwa abigishwa ba Yesu, nkuko tubisanga muri Matayo 16:19 na 18:18, kukaba kwabaye ugushikana kw'ibiri muri Zekariya 9:11?

Iciyumviro co kuraba ikintu kimwe cose muvyo cisangije (kugitomora)

57. Ni kuki ibivurwa vyerekeye ibigirwamana mw'Isezerano rya kera ari icitegererezo n'akarorero mubijanye ubuzima bw'umutima (ubuyobokamana)? (Raba Gusubira mu vyagezwe 12:1-3.)

58. Ni igiki gifise ubushobozi bwo gusambura no gukuraho ububasha bw'amasezerano mabi dushobora kuba twarinjiyemwo (twarasezeranye)?

59. Ni izihe ngingo Durie avuga ko twofata mu kwugara imyango yuguruye (ibihengeri) n'ibibanza Satani yigaruriye muri twebwe?

60. Ni iyihe ndahiro Suzana yagize mu mutima wiwe? Yazanye inkurikizi izihe mu buzima bwiwe? Yakijijwe gute iyi ndahiro (yayigobotoye gute?)

Intambwe zitanu zishikana ku mwidegemvyo

61. Intambwe zitanu zishikana ku mwidegemvyo ni izihe? Wozivuga ku mutwe?

62. Hakenewe iki mu gutura (kwirega) ibicumuro no kubigaya (gusaba imbabazi), hamwe no kubihakana canke kubiheba?

63. Kubwa Durie, umuntu womusabira iki mu kumuhezagira amaze gusubira gushikira umwidegemvyo?

3

Gutahura idini rya isilamu

"Kandi muzomenya ukuri, kandi ukuri kuzobaha
ukwidegemvya."
Yohana 8:32

Ibigize ihangiro ry'icirwa

a. Gutegera uruhara rwo kwishikana rwose igihe umuntu yinjiye idini rya isilamu.

b. Kuraba neza no gutegera ikibanza ntangere ca kamere ka Muhamadi mukwishikana kw'u.

c. Gutegera igituma amategeko ya *sharia* afise uruhara ntasubirizwa mukurongora aba isilamu.

d. Kubona ingene "umugisha" (gushikira ivyo umuntu yipfuza) "n'inyatsi" (kubura, kudashikira ico umuntu yarondera, yaharanira) ari vyo vyubakiyeko ivyiyumviro vy'aba isilamu.

e. Kudondora imirwi ine y'abantu nkuko biboneka muri Korowani.

f. Gutegera inyigisho za Muhamadi n'iz'idini rya Isilamu kubijanye n'abakristo n'abayuda.

g. Kubona no kwemeza inkurikizi ibisabisho vy'aba isilamu bisubirwamwo kurusha ibindi bifise ku Bakristo no ku Bayuda.

h. Kwihweza amabi aturuka ku mategeko ya *sharia*.

i. Gutomora igituma ububeshi burekuwe mw'idini rya isilamu.

j. Gutera intege abakristo kugira ngo barondere kumenya bikwiye ibijanye n'ukwemera gucunzwe n'abahinga.

k. Gutandukanya Isa, ari we Yesu w'aba isilamu, na Yesu w'ukuri azwi yabayeho.

Akarorero ntanganyigisho: Wokora iki?

Mumaze gusenga cane, wewe n'abo musangiye ishengero mwumva mubwirijwe na Mpwemu gutanguza ishengero mu nzu y'umuryango wo mu karere kabamwo aba isilamu benshi. Hanyuma y'imikebukano yo mw'ibanga yamaze amezi menshi n'umuryango n'ababanyi mu nzu y'umuntu yitwa "umuntu w'umunyamahoro", nyene kubakira iwe abamenyesha hanyuma y'inama imwe yuko mwe na we mwahamagawe kurenguka ku mutware w'ikibano (umukuru w'igisagara). Mushitseyo, musanga umu imam n'abakurambere batari bake b'umusigiti ariho bashashe. Murararamukanya. Ntimwatevye kwumva yuko babagiriza guhungabanya amahoro mukugira amanama yo mu kinyegero, kandi ko muri izo nama mutuka mugartyoza intumwa yabo Muhamadi. Mwe na mugenzawe yabakiriye iwe murabihakana mwivuye inyuma. Niho umu imam yavuga ngo: "Mwebwe abakristo, ntimwizera Allah, kandi murarwanya intumwa yiwe ya nyuma Muhamadi. Muzoja mu muriro. Allah abona ko isilamu iri hejuru y'ayandi madini yose, kandi/none ni twe dutegerezwa kubagaba tukabaganza. Mutishikanye ngo muganzwe na isilamu, dushinzwe kubarwanya, mbere na Isa azobarwanya niyagaruka kw'isi. Mutegerezwa guhagarika mukareka gukwega ku nguvu abantu ba magara make bo mu kibano cacu mw'idini ryanyu ryanduye". Ntimuzi idini umutegetsi (Maire) w'ikibano canyu yegukira, ariko abaraba nkuwushaka kubasaba kwishura kuri ivyo birego.

Wovuga iki?

Muri ibi bice vy'icirwa biri imbere, tuvuga ibijanye na *shahada* tugasigura ingene ibohera aba isilamu gukurikira akarorero ka Muhamadi.

Uburyo bwo guhinduka umu isilamu

Ijambo ry'icarabu *Islam* risigura "ukwishikana" canke "guhebera umwidegemvyo uwundi muntu akaba ari we akugaba akakuganza".

85

Ijambo *Muslim (u)* risigura "uwishikanye", umuntu yihevye, yashize umwidegemvyo wiwe mu minwe ya Allah.

Uko kwishikana no kwiheba bisigura iki? Isanamu yiganje ya Allah muri Korowani, ni iy'umwami wo hejuru, afise ubukuru n'ububasha ku bintu vyose. Ingendo n'inyifato imbere y'uyo mukama wa vyose, ni ukwishikana no kuyoboka vyuzuye (bidacugaye) ubukuru bwiwe.

Umuntu yinjiye idini rya isilamu yemera kwishikana kuri/no kuyoboka Allah n'inzira zose z'intumwa yiwe. Iri sezerano rica mu kuvuga *shahada*, inama (credo) y"aba isilamu:

Ashhadu an la ilaha illa Allah,
wa ashhadu anna Muhamadiun Rasulu Allah

Ndemeje ko ata yindi Mana iriho atari Allah,
Kandi ndemeje ko Muhamadi ari intumwa ya Allah.

Wemeye iyo *shahada* (credo) ukayivugana wewe nyene, uba uhindutse umu isilamu.

Naho ayo majambo ari make, uyavuze aba yishinze ibintu vyinshi kandi bihambaye. Kuvuga *shahada* ni ugusezerana icese ko Muhamadi ari we azoba indongozi yawe mu buzima bwawe bwose. Kuba u—ni ukuvuga "uwishikanye", "uwihevye"—bisigura gukurikira Muhamadi nk'intumwa imwe rudende, ya nyuma ya Allah, itanga intumbero ku tuntu twose twerekeye ubuzima bwawe.

Uburongozi bwa Muhamadi, tubusanga mu bintu bibiri, navyo bikaba ari vyo, bikoranye, bigize amabwirizwa ngenderako y'idini rya isilamu:

- *Korowani* ni igitabu c'ivyahishuwe (ivyerekanywe) cahawe Muhamadi, agiihawe na Allah.

- *Sunna* ni akarorero ka Muhamadi kagizwe n'ibikurikira:

  - inyigisho: ivyo Muhamadi yigishije abantu gukora

  - ibikorwa: ivyo Muhamadi yakoze.

Akarorero ka Muhamadi (ariyo *Sunna*) kamenyeshwa aba isilamu mu buryo bubiri bukuru bukuru. Bumwe, ni itororokanirizo ry'ama *hadisi* (*hadiths*), nayo akaba agizwe n'utugani twahererekanywe bivugwa ko turimwo ivyo Muhamadi yakoze n'ivyo yavuze. Ikindi, ni ama *"sira"*, nazo zikaba ari inzandiko zitonda ubuzima bwa

86

Muhamadi, bikemerwa yuko zimuvuga kuva mu ntango gushika kw'iherezo ryiwe.

Kamere ka Muhamadi

Umuntu wese yiyemeje *shahada* abwirizwa gukurikira akarorero ka Muhamadi, akongera akarondera gusa na we mu ngendo n'inyifato. Ibi vyose bikomoka kuri ca cemezo yagira ca *shahada* (credo) kivuga ko Muhamadi ari intumwa ya Allah. Kuvuga arya majambo ya *shahada*, bisigura ko wemeye kurongorwa na Muhamadi mu buzima bwawe bwose, kandi ko ubwirizwa kumukurikira, rica riba ibwirizwa ntarengwa.

Muri Korowani, Muhamadi avurwa ko ari akarorero keza kari hejuru y'utundi twose (gahebuje), abantu bose bategerezwa gukurikira:

Muvy'ukuri mufise akarorero keza (ko kwigana) mu migenzo y'intumwa ya Allah kuwizigiye nukuzohura na Allah n'umusi w'imperuka, akaba aninahaza cane Allah. (K33:21)

Uwugamburukiye intumwa, muvy'ukuri aba agamburukiye Allah ... (K4:80)

Ntibishoboka ko abemera b'abagabo canke abemera b'abagore, bihitiramwo (uko bashaka) mu gihe Allah n'intumwa yiwe bafashe ingingo. Kuko uwugararije Allah n'intumwa yiwe aba azimiye bimwe biboneka. (K33:36)

Korowani yemeza yuko abakurikira Muhamadi bazogira umugisha n'intsinzi, kandi bazohezagirwa (bazotahira intsinzi n'imihezagiro):

Na bamwe bubaha Allah n'intumwa yiwe, bakagamburukira Allah, maze bakamutinya, abo rero nibo ben'intsinzi. (K24:52)

Ariko abagamburukira Allah n'intumwa yiwe bazoba bari hamwe na bamwe Allah yahaye imihezagiro yiwe ... (K4:69)

Kurwanya ivyategetswe na Muhamadi n'akarorero kiwe navyo vyitwa ubugarariji bujana ku gutsindwa no kutagira ico umuntu ashikako muri ubu buzima, no mu muriro mu buzima buzokurikira.

Iyi mivumo niyo itegekanirijwe aba isilamu muri Korowani:

Kandi uwuzogarariza intumwa yiwe, inyuma yuko ubugororotsi bumwiyeretse, maze agaca akurikira inzira itandukanye n'iy'abemera, tuzomurekera mu vyo yahisemwo we nyene,

87

hanyuma tumwinjize mu muriro wa Jahanami, ni nabwo bushikiro bubi! (K4:115)

Ivyo intumwa yabazaniye , nimuvyakire, nivyo yababujije, nimubireke. Nimutinye Allah; muvy'ukuri, Allah niwe ahambaye muguhana. (K59:7)

Korowani iranatanga n'itegeko ryo kurwanya uyo wese atemera Muhamadi canke amurwanya:

Nimurwanye abahawe ibitabu bitemera Allah, ndetse n'umusi w'imperuka, kandi bataziririza ivyo Allah n'intumwa yiwe baziririje, ntibanakurikira idini y'ukuri (Isilamu) —gushika aho baza gutanga ikori ku gushaka kwabo kandi bicisha bugufi. (K9:29)

… nimushigikire abemera. Maze ndashira ubwoba mu mitima y'abahakanyi. Nimubakubite ku mazosi, mubakubite ku mitwe yose y'intoke zabo! Ivyo, ni kubera ko bitandukanije na Allah n'intumwa yiwe. Ariko uwitandukanije na Allah n'intumwa yiwe (amenye ko) muvy'ukuri Allah ari We nyen'ibihano bikaze! (K8:12-13)

None, akarorero ka Muhamadi karakwiye koko gukurikizwa, ni ngirakamaro? Naho bimwe mu buzima bwa Muhamadi ari vyiza, ibindi bikaba vyiza cane, mbere hakabamwo n'ivy'agatangaza, hariho ivyo yakoze ari bibi ufatiye ku bintu ngenderwako vyose biranga ubuntu. Vyinshi mu bikorwa vya Muhamadi biri muri sira (inzandiko ziranga ubuzima bwa Muhamadi) na hadisi (hadiths) (utugani twahererekanywe bivugwa ko turimwo ivyo Muhamadi yakoze n'ivyo yavuze) birateye ubwoba n'agahinda, nk'amasezerano yo kwica, ukuboreza abantu igufa no kubahohotera, ugufata abakenyezi ku nguvu n'ubundi buryo bwo kubafata nabi, ugushira abantu mu buja, ubusuma, ububeshi, no kugomorera ububisha ku bantu batari aba isilamu.

Ivyo bintu ntibiteye agahinda gusa kubera ko bigaragaza ico, nkumuntu, Muhamadi yari nuko yari ateye mu mategeko ya sharia, ariko kandi kubera inkurikizi n'intandaro bifise ku ba isilamu bose. Muri Korowani, akarorero ka Muhamadi Allah yategetse nk'icitegererezo ntangere co gukurikiza, bituma ivyashitse vyose mu buzima bwa Muhamadi, harimwo n'ibibi, bica biba uturorero ndabirwako aba isilamu bategerezwa gukurikira.

Korowani— urwandiko rwa Muhamadi, rwiwe bwite

Aba isilamu b'abayoboke bemera ko Korowani ari urwandiko rusubiramwo urudome ku rundi, ijambo ku rindi rw'ivyahishuwe na Allah vy'indinganizo y'uburyo isi nzima (abantu bose) yorongorwa, urwo rwandiko rw'ivyahishuwe rukaba rwatanzwe ruciye ku ntumwa Muhamadi. Igihe wemera intumwa, ubwirizwa kwemera n'ubutumwa . Ni co gituma *shahada* ibwiriza aba isilamu kuyoboka Korowani.

Ikintu nkoramutima co gutegera ku buryo Korowani yanditswe, ni uko Muhamadi na Korowani ari ubwome bafatanye nka kurya uruti rw'umugongo rumeze mu mubiri w'umuntu (ntibatana). *Sunna* — inyigisho n'uburorero vya Muhamadi—ni nk'umubiri, Korowani nayo ikaba uruti rw'umugongo. Muri ivyo bibiri, ntagishobora guhagarara canke guhaguruka conyene kitari kumwe n'ikindi, kandi ntushobora gutegera kimwe utifashishije ikindi

Amategeko ya isilamu, *sharia*—"uburyo" bwo kuba umu isilamu

Kugira ngo ashobore gukurikira inyigisho n'akarorero ka Muhamadi, u abwirizwa kuraba Korowani na *Sunna*. Ariko rero, ku ba isilamu benshi, ibi bikoresho ngenderwako ni akayobera, ntivyoroshe kubishikira, kubitegera no kuvyikoreshereza bo nyene. Vyahavuye bigaragara kandi biba ngombwa ku ndongozi z'idini zo mu binjana vya mbere ko benshi mu ba isilamu bategerezwa kwisunga abahinga bari ku rushi bashobora gushira mu mirwi no gutunganya vya bikoresho ngenderwako bigizwe na *Sunna* na Korowani vya Muhamadi, bakabishira mu mitagi itonze neza kandi itomoye y'amategeko ngengabuzima. Gurtyo, bafatiye kuri *Sunna* na Korowani vya Muhamadi, abahinga muvy'amategeko b'aba isilamu barakorakoranije icandiko camenyekanye kw'izina rya *sharia*, gisigura "inzira", canke "uburyo" bwo kubaho nk'u.

Amategeko ya *sharia* y'idini rya isilamu, aranashobora kwitwa *sharia* ya Muhamadi, kuko ashingiye ku nyigisho no ku karorero vya Muhamadi. Indinganizo y'amategeko ya *sharia* ishinga uburyo bwuzuye bwo kubaho, ku muntu umwe umwe wese no ku bantu bose bafatiwe hamwe (ihanga ryose). Idini rya isilamu ntirishobora kuvurwa canke kubaho hatariho *sharia*.

Kubera ko *Sunna* ya Muhamadi ariyo shingiro ry'amategeko ya *sharia*, ningombwa gutegera no kwitegereza neza ivyanditse vyose kuvyo Muhamadi yakoze n'ivyo yavuze, nkuko vyanditswe muri *hadisi* na *sira*. Ukutamenya Muhamadi, ni ukutamenya amategeko ya *sharia*, nakwo kukaba ari ukutamenya agateka ka zina muntu aba ahiganje imico ya isilamu, canke ahantu ubuzima bwisunga ibitegekanijwe n'iryo dini. Ivyo Muhamadi yakoze, amategeko ya *sharia* abwiriza aba isilamu kuvyigana, kandi usanga ivyo bikora ku buzima n'imibereho ya bose, aba isilamu n'abatari bo. Isano hagati y'ubuzima bwa Muhamadi n'ubw'aba isilamu ba none, ishobora kuba atari iyo twokwita ikibiriraho, ariko iguma yibonekeza mu buryo bukomeye.

Ikindi covurwa kubijanye n'amategeko ya *sharia*, ni uko, atanye n'amategeko ashingwa n'inama nshingamateka z'ibihugu, yo ategurwa n'abantu, kandi agashobora guhindurwa: amabwirizwa ya *sharia* yoyo, bifatwa ko yategetswe n'Imana yo nyene. Bica rero vyemerwa ko amabwirizwa ya *sharia* ari ntamakemwa, atagira akanenge namba, kandi ko adashobora guhinduka. Ariko rero, hariho utuntu tumwe tumwe dushobora guhinyanyurwa. Haguma hibonekeza ibihe bishasha, maze ba bahinga b'amategeko b'aba isilamu bagaca baraba ingene amabwirizwa ya *sharia* yobandanya ashirwa mu ngiro mu bihe bigezweko, ariko utwo tuntu bahinyanyura, tuguma twisunga indinganizo ya *sharia*, ifatwa nkiyashizweho burundu, iri kandi iguma iri ntamakemwa, kandi yagenewe ibihe vyose.

⁂

Muri utu duce dukurikira, turaja kwihweza inyigisho za isilamu zivuga ko aba isilamu aribo bene umugisha n'intsinzi, ko bari hejuru y'abandi bantu bose.

"Ingo, tumbera umugisha n'intsinzi"

Korowani ivuga ko ubuyobozi bubereye bushikana kuki? Kubiyeguriye Allah bakemera uburongozi bwiwe, ico biteze gushikako muri buno buzima no mubuzokurikira ni *intsinzi*.

Umuhamagaro wa isilamu, ni umuhamagaro wo gutumbera umugisha n'intsinzi.

Umuhamagaro wo gutumbera intsinzi uvurwa mu gisabisho ca *adhan*, canke uguhamagara abayoboke ngo baze gusenga, ubwirwa aba isilamu gatanu ku musi:

> Allah niwe ari hejuru ya vyose! Allah niwe ari hejuru ya vyose!
> Allah niwe ari hejuru ya vyose! Allah niwe ari hejuru ya vyose!
> Ndemeza yuko ata yindi Mana iriho atari Allah.
> Ndemeza yuko ata yindi Mana iriho atari Allah.
> Ndemeza ko Muhamadi ari intumwa ya Allah.
> Ndemeza ko Muhamadi ari intumwa ya Allah.
> Nimuze gusenga. Nimuze gusenga.
> **Ingo mutumbere intsinzi. Ingo mutumbere intsinzi**
> Allah niwe ari hejuru ya vyose! Allah niwe ari hejuru ya vyose!
> Allah niwe ari hejuru ya vyose! Allah niwe ari hejuru ya vyose!
> Ntayindi Mana iriho Atari Allah.

Korowani iravuga cane rwose umugisha n'intsinzi. Igabura ihanga ry'abantu mu bice bibiri: abatsinda (bene intsinzi), n'abandi basigaye. Abo bose batemera uburongozi bwa Allah baguma bitwa hose mu gitabu "abatsinzwe", canke abahomvye:

> Uwuzorondera irindi dini ritari Isilamu, ntazoryemererwa, kandi ku musi w'imperuka azoba ari mu **bahomvye**. (K3:85)

> Niwabangikanya [ukavuga yuko Allah asangiye ububasha bwiwe canke inganji yiwe n'uwundi], ibikorwa vyawe bizoba impfagusa, kandi uzoca uba **mubahomvye.** (K39:65)

Ukwo guha ikibanza gikomeye intsinzi (umugisha) n'uguhomba gusigura ko aba isilamu benshi bigishijwe n'idini ryabo kwiyumvamwo no kwifata ko bari hejuru y'abatari aba isilamu, nuko aba isilamu basenga cane kurusha abandi (abayoboke b'imbere) babariwe ko bari hejuru y'abadasenga cane, gurtyo ivangura rigaca risigara ari ryo riranga imibereho y'abantu mw'idini rya isilamu.

Isi igabuye (irangwamwo amacakubiri)

Henshi mu bigabane vyayo, Korowani iragaruka cane ku kuvuga abantu, atari aba isilamu bonyene, ah'ubwo n'abantu bo mu yandi madini, muriyo hakavurwa vyinshi mu bakristo no ku bayuda.

91

Korowani n'amajambo akoreshwa mu mategeko y'idini rya isilamu bivuga imirwi ine y'abantu:

1. Imbere ya bose no hejuru ya bose, hari *aba isilamu b'ukuri*.

2. Haca hakurikira uwundi murwi witwa uw'*abiyorobetsi*, ngo bagizwe n'aba isilamu b'abagarariji.

3. *Abasenga ibigirwamana* nabo, nibo bari bagize igice kinini c'abarabu imbere y'umuzo wa Muhamadi. Mukuvuga abasenga ibigirwamana, ijambo ry'icarabu rikoreshwa ni *mushrik*, risigura "umunyeshirahamwe". Abo rero, bari mubiyumvirwa ko bakoze icaha co kuba *mw'ishirahamwe* rizwi nka *shirk*, gisigura ukuvuga ko hari ikintu coshobora kugereranywa canke umuntu yoshobora kugereranywa na Allah (kimeze canke ameze nka we), canke ko Allah afise abo bakorana, basangiye ububasha n'inganji.

4. *Ihanga ry'igitabu (Abahawe igitabu)*, ni igice kiri mu bagize aba *mushrik*. Uyu murwi urimwo abakristo n'abayuda. Bategerezwa gufatwa nk'aba *mushrik*, kuko Korowani yita abakristo n'abayuda ko bakoze icaha c'ubuhakanyi ca *shirk*. (K9:30-31; K3:64)

Iciyumviro c'Abahawe Igitabu gisigura ko idini ry'abakristo n'iry'abayuda vyemerwa yuko afise isano na/kandi akomoka kuri isilamu. Idini rya Isilamu rifatwa nkuko ari nyina w'amadini, akakristo n'abayuda biyonkoyeko mu binjana vy'imbere. Kubwa Korowani, abakristo n'abayuda bakurikira idini muntango ryayoboka Imana imwe itabangikanije—ni ukuvuga Isilamu— ariko inyandiko zabo zarahumanijwe, none ntizikiri iz'ukuri. Gurtyo, idini ry'abakristo n'iry'abayuda arabwa nk'ayakomotse kuri isilamu, ariko yataye umurongo, kandi ko abayoboke bayo bazimiye bakava mu nzira y'ukuri ifise uburongozi nyabwo.

Muvyo Korowani ivuga ku bakristo no ku bayuda, harimwo ivyiza, hakabamwo n'ibibi. Nko mu vyiza bivurwa, Korowani yemeza ko abakristo n'abayuda bamwe bamwe ari intugane, bemera Allah koko (K3:113-14). Ariko rero, ico kigabane nyenekivuga yuko ahazopimirwa yuko babigirana umutima w'ukuri atakwiyorobeka, nuko impera n'imperuka abatunganye muri bo, bazohinduka aba isilamu, nico bazomenyerwako ko ari intungane koko. (K3:199)

Kubw'idini rya isilamu, abakristo n'Abayuda ntibashobora kurokorwa (kuva mu kutamenya n'ubuhakanyi vyabo), gushika aho Muhamadi azanye Korowani (K98:1). Isilamu yigisha ko Muhamadi yabaye ingabire ya Allah yarungikiye abakristo n'abayuda, kugira ngo ikureho ugutegera ibintu ukutariko n'ukutumvikana. Ibi bisigura ko abakristo n'abayuda botegerejwe kwemera no kwakira Muhamadi nk'intumwa ya Allah, na Korowani nk'ivyanyuma Allah yahishuriye abantu. (K4:47; K5:15; K57:28-29)

Ngibi ibintu bine Korowani na *Sunna* bivuga ku bantu batari aba isilamu, na cane cane ku bakristo n'abayuda:

1. Aba isilamu ni "abantu ntagereranywa". Bari hejuru y'ayandi mahanga yose. Igikorwa cabo, ni ukwigisha abo bantu b'amahanga yose, kugira ngo babone kumenya iciza n'ikibi, babategeke ibitunganye (ivyiza), bababuze ibitabereye (ibibi). (K3:110)

2. Isilamu yagenewe kuzorongora no kuzoganza ayandi madini yose. (K48:28)

3. Kugira ngo bashobore gushikira iyo nganji kuyandi madini, aba isilamu bategerezwa kurwanya abayuda n'abakristo ("*Abahawe igitabu*") gushika aho babanesha, babacuvya (babasubiza hasi), bagategerezwa kuza gutanga ikori ku ba isilamu. (K9:29)

4. Abakristo n'Abayuda bizigitiriye ku kubangikanya Allah, aribwo bu *shirk*, bakabandanya guhakana Muhamadi n'ukuyoboka Imana imwe kwiwe—ni ukuvuga abo bose badahinduka ngo baje muri isilamu—bazoja mu muriro (K5:72; K4:47-56).

Naho rero abayuda n'abakristo bafatirwa hamwe ko bagize umuce umwe basangiye witwa uw'Abahame igitabu, abayuda nibo banebagurwa kurusha. Muri Korowani na *Sunna*, hari vyinshi bijanye n'amasiguramana biberekeye bonyene, kandi bibarwanya. Nk'akarorero, Muhamadi yigishije ko mu mpera n'imperuka, n'amabuye ari amabuye azotiza ijwi kugira ngo afashe aba isilamu kwica abayuda, Korowani nayo ikavuga ko abakristo bafitiye aba isilamu "urukundo ruri hafi kurusha", ariko abayuda n'ababangikanya Allah (abasenga ibigirwamana) bafitiye aba isilamu urwanko rudasanzwe (ruruta urwo bafitiwe n'abandi bose) (K5:82).

Ariko rero, muri rusangi, turavye vyose, urwo Korowani icira abayuda n'abakristo, ni rumwe kandi ni rubi mu buryo buringaniye. Uku gucira rubi no kwiyamiriza ayo madini biri mbere no mu bisabisho umuyoboke wese w'idini rya isilamu yama avuga ku musi.

Abayuda n'abakristo mu bisabisho aba isilamu bama bavuga ku musi

Ikigabane ca Korowani (*surati*) kizwi cane ni igisabisho citwa *al-Fatihah, ni ukuvuga "Urupfunguruzo" canke "Intango"*. Iyi *surati* ivurwa nk'igice c'ibisabisho bitegerezwa kuvugwa (bitigera bihara) ku musi ku musi— arivyo bizwi kw'izina rya *salati*—kandi kigategerezwa gusubirwamwo mu gisabisho kimwe cose. Abayoboke b'ukuri b'idini rya isilamu bavuga ibisabisho vyabo vyose, bavuga iyi *surati* n'imiburiburi agashika 17 ku musi, ni ukuvuga akarenga 5.000 ku mwaka.

Al-Fatihah (=Urupfunguruzo, intango) ni igisabisho co gusaba ukurongorwa na Allah:

> Kw'izina rya Allah, Nyenimpuhwe, Nyenimbabazi
> Ugushimagizwa gukwiye ni ukwa Allah, Umuremyi w'ibiremwa vyose,
> Nyenimpuhwe, Nyenimbabazi
> Umwami w'umusi w'imperuka
> Ni wewe gusa dusenga dukorera ibigushimisha,
> kandi ni wewe gusa dutakambira imfashanyo
> Turongore mu nzira igororotse
> Inzira y'abo wahaye ingabirano zawe,
> Atari **iy'abo washavuriye** canke **iy'abazimiye**. (K1:1-7)

Ni igisabisho gisaba Allah ngo afashe umuyoboke amugumize mu "nzira igororotse" Muri ubwo buryo, kirajanye n'intimatima y'ubutumwa idini rya isilamu ritanga bw'uburongozi.

Ariko rero, ni ba nde abo bavurwa kuba baraguye mw'ishavu (uburakari) rya Allah, canke kuba barazimiye bakava mu nzira y'ukuri? Ni ba nde abo bantu bakwiye kuvurwa nabi (kuvumwa) mu bisabisho vy'u wese, uko umusi utashe, incuro ibihumbi amajana n'amajana mu buzima bwose bw'aba isilamu benshi? Muhamadi yaratomoye insiguro y'iyi *surati;* yavuze ati: "Abo basanze bakwiye

94

uburakari (bwa Allah) ni abayuda, nabo abo bazimiye bakava mu nzira y'ukuri, ni abakristo."

Ni ikintu gikomeye cane kubona ibisabisho vyo ku musi ku musi vy'u wese, ari navyo bigize umutima w'idini rya isilamu, birimwo ukwiyamiriza abakristo n'abayuda nk'abantu bazimiye, bagendera mw'ishavu ry'uburakari bwa Allah (bwama bubatwikiriye).

Muri utu duce dukurikira, turihweza amabi aturuka ku mategeko ya *sharia* y'idini rya isilamu. Muvy'ukuri, ayo nayo, ntahandi ava atari mu karorero n'inyigisho vya Muhamadi.

Ingorane zituruka ku mategeko ya *sharia*

Iyo idini rya isilamu rishinzwe mu gihugu, haciye igihe kitari gito, ushobora gusanga imico y'abantu b'ico gihugu yahinduwe n'amabwirizwa ya *sharia*. Ico gikorwa citwa "uguhindura abantu n'imico yabo bikagengwa na isilamu" (islamisation). Kubera ko hariho ibintu vyinshi bitari bisanzwe ari vyiza mu buzima n'inyigisho vya Muhamadi, hari akarenganyo gateye kwinshi n'ingorane nyinshi bizanwa bigashingwa n'amabwirizwa ya *sharia*. Ni ukuvuga ko, naho isilamu yemerera abantu umugisha n'intsinzi, amategeko ya *sharia* igihe ariyo yiganje mu gihugu canke mu kibano, kenshi akwegera abantu amabi menshi. Turavye ibiba kw'isi muri kino gihe, turashobora kubona ko ibihugu vyinshi biganzwa na isilamu biri inyuma mu majambere, kandi birangwa n'ingorane nyinshi z'agateka ka zina muntu, bivuye ku gitugu c'idini rya isilamu.

Ngutu tumwe mu turenganyo na zimwe mu ngorane biterwa n'amategeko ya *sharia*:

- Mu bihugu vy'aba isilamu, abakenyezi ni abantu bari hasi cane bacinyijwe kandi bahohoterwa cane bitewe n'amategeko y'idini rya isilamu. Turaja kwihweza akarorero kamwe ngaha hepfo, kagizwe n'ivyashikiye Amina Lawal.

- Inyigisho za isilamu kubijanye na *jihad* (ingwano nyeranda) zama zateye uruhagarara (intambara) n'ibibi vyinshi ku mamiliyoni y'abagabo, abagore n'abana kw'isi iyo iva ikagera.

- Ibihano bitangwa na *sharia* ku vyaha bimwe bimwe birarenze urugero kandi ni agahomeramunwa: nk'akarorero, guca ibikonjo vy'abasuma no kwica abahevye idini kubera ko bihakanye isilamu.

- Amategeko ya *sharia* ntashobora guhindura abantu kugira ngo babe beza. Mu bihugu habayemwo impinduka, maze ubutegetsi bugafatwa n'aba isilamu b'intagondwa, ivyakurikiye, nuko ivyo kurya ruswa (igiturire) aho kugabanuka, vyongerekanye. Akarorero, ni ivyabaye mu gihugu ca Irani muri ibi bihe biheruka: hanyuma y'impinduka zabaye muri 1978 ubutegetsi bugafatwa n'intagondwa z'aba isilamu, igihe umwami yatwara ico gihugu bita Shah yatembagazwa. Abahinga muvy'ubu isilamu nibo baciye bimikwa ku butegetsi. Ariko rero, naho bari bemeye ibintu vy'agatangaza, ahubwo ukurya ruswa kwaciye kwongerekana.

- Muhamadi yaraha aba isilamu uburenganzira bwo kubesha mu bihe bimwe bimwe, kandi akanabatera intege kubigira. Inkurikizi zavyo tuzozihweza hanyuma.

- Kubera inyigisho z'idini rya isilamu, abantu batari aba isilamu kenshi baravangurwa bagakumirwa mu bihugu vyiganjemwo idini rya isilamu. Uyu musi kw'isi nzima, ahenshi abakristu bahamwa bagatotezwa, bikorwa n'aba isilamu.

Ivyashikiye Amina Lawal n'urubanza yaciriwe

Ubu naho, hinge turabe akarorero k'umukenyezi w'ukazi, ingene ubuzima bwiwe bwageramiwe n'amategeko ya *sharia*. Mumwaka wa 1999, mu gihugu ca Nijeriya haratangujwe amasentare ya *sharia* mu turere twiganjemwo idini rya isilamu mu buraruko bw'ico gihugu. Haciye imyaka itatu muri 2002, Amina Lawal yaraciriwe urubanza rwo kwicishwa amabuye n'umucamanza w'amategeko ya *sharia*, kubera ko yibarutse umwana yasamye hanyuma y'aho yahukaniye n'umugabo wiwe. Yaratanze izina rya se w'umwana, ariko ata bipimo vya ADN, sentare ntiyashobora guhinyuza yuko uwo mugabo yavuzwe ari we se w'umwana, mbere nya mugabo aca arezwa. Umugore wenyene niwe yashengejwe kubera ubusambanyi, maze acirwa urubanza rwo kwicishwa amabuye.

Umucamanza yaciriye urubanza Amina, yarongeye ategeka yuko uwo mukenyezi azokwicishwa amabuye abanje gucutsa umwana wiwe. Urwo rubanza nuko rwokurikizwa umwana amaze gucuka, rwakurikije neza neza akarorero ka Muhamadi, yategetse ko umukenyezi yari yemeye ko yasambanye yicishwa amabuye, ariko akicwa umwana amaze gucuka no gushobora gufungura indya zikomeye zomubeshaho.

Itegeko rya *sharia* ryo kwicisha abantu amabuye ni ribi ku mvo nyinshi:

- Rirarenze urugero.

- Ni agahomeramunwa: kwicwa n'amabuye ni ukwicwa bunyamaswa.

- Birononera n'abantu bashingwa kwicisha amabuye abaciriwe urwo rubanza.

- Riravangura, rigafata umugore atwara inda, ariko umugabo yayimuteye ntihagire umukomakoma.

- Yaka ikibondo umuvyeyi waco, kigahinduka impfuvyi.

- Ntiriraba yuko uwo mugore ashobora kuba yafashwe ku nguvu.

Urwo rubanza rwo kwa Amina rwatumye isi nzima ihaguruka. Amakete arenga umuliyoni yo kurwiyamiriza yararungikiwe ibiro vy'abaserukira igihugu ca Nijeriya mu bihugu vyo kw'isi yose. Yabaye Imana kuri Amina, kuko urubanza rwiwe rwarahinduwe na sentare isubiramwo imanza. Mugusubiramwo urwo rubanza, sentare isubiramwo imanza igira ku mategeko ya *sharia* ntiyigeze ivuguruza iciyumviro n'umugirwa vyuko igihano c'amategeko ya kiyislamu gihabwa abasambanye ari ukwicishwa amabuye. Mukibanza c'ivyo, ahubwo hatanzwe ibindi bituma; nk'akarorero, sentare isubiramwo yavuze yuko hari gutegerezwa gusasa abacamanza batatu kugira ngo urubanza rwa Amina rushobore gucibwa, aho vyokozwe n'umucamanza umwe nkuko vyari vyagenze.

Ububeshi bwemewe n'amategeko

Kimwe mu bintu birimwo ingorane mu mategeko ya sharia y'idini rya isilamu, ni inyigisho zijanye n'ibinyoma n'ububeshi. Naho ata nkeka, ukubesha kwemewe ko ari igicumuro gikomeye mw'idini rya isilamu, hariho ibihe bimwe bimwe ububeshi burekuwe, canke ah'ubwo ari ngombwa, ari itegeko, turavye ibivurwa n'abakuru b'iryo dini, bishimikije nabo akarorero ka Muhamadi.

Hariho ibihe vyinshi binyuranye usanga aba isilamu usanga barekuriwe, canke mbere bategerzwa kubesha. Nk'akarorero, murwandiko rwa *hadisi rwitwa Sahih al-Bukhari* rufise umutwe uvuga ngo "Uwo wese aba ariko arondera amahoro hagati y'abantu ntashobora kwitwa umubeshi". Hafatiwe kuri aka gace k'akarorero ka Mahamadi, kimwe mu bihe aba isilamu barekuriwe kubesha, ni igihe ubwo bubeshi bushobora gufasha kugarukana umwumvikano hagati y'abantu babiri, hanyuma bikagira ingaruka nziza.

Ahandi hantu abantu bashobora kubesha mu buryo bwemewe n'amategeko, ni igihe aba isilamu bageramiwe n'abandi bantu batari aba isilamu ("kubahema mukwikingira ingorane zabo") (K3:28).

Muri ako karongo, niho hava iciyumviro ca *taqiyya*, kivuga ibigirwa vyo kubesha ku mvo zo gukingira aba isilamu. Ico abahinga b'abayisilmau bumvikanyeko, nuko igihe aba isilamu baba ahantu mu bijanye n'intwaro higanje abatari aba isilamu, barekuriwe kwereka abo batwara atari aba isilamu ubugenzi n'uburwaneza, kugira ngo bikingire, ariko bakaguma bumiye rwose ata kujogajoga ku kwemera kwabo, kw'idini ryabo rya isilamu (no ku rwanko bafitiye abo batari aba isilamu) mu mitima yabo. Inkurikizi yivyo, ibishobora kuvamwo, nuko inyifato y'abaysilamu b'abayoboke ku bantu batari aba isilamu ushobora gusanga iza irarushirizaho gutakaza bwa burwaneza uko ububasha bwabo mubijanye n'intwaro buja burongerekana, maze n'umwete mu kuyoboka idini ryabo bakaja bararushirizaho kuwugaragaza uko ubwo bubasha bugenda bwongerekana nyene.

Ibindi bihe amategeko ya *sharia* arekura kubesha kandi abantu baterwa intege kubikora: hagati y'abagabo n'abo bubakanye kugira ngo hagume umwumvikano mu rugo, urugo rutekane; mu gihe co gutatura amatati; igihe ukuvuga ukuri vyotuma usanga wishize mu kaga wewe (—vyarashika rimwe na rimwe yuko Muhamadi atatira abantu bemanze icaha); igihe umuntu yakubwiye ikintu c'akabanga; no mu gihe c'ingwano. Muri rusangi, idini rya isilamu rirarekurira abayoboke baryo kubesha igihe ico kinyoma gituma ushika kuvyo ugamije mu bintu canke ibihe birekuwe n'iryo idini.

Hari abahinga bamwe b'aba isilamu batomoye neza aho ubwoko bunyuranye bw'ibinyoma butaniye (ico ubwoko bw'ibinyoma

98

butaniyeko); nk'akarorero, gukora canke kwigenza mu buryo butuma umuntu agira ku kintu canke ku muntu iciyumviro kitari co (kumwuhura) ni vyiza kurusha ukuvuga ikinyoma cigendera. Ingendo ishingiye ku kinyoma kirondera gushika ku kintu ngirakamaro (— ni ukuvugab"uburyo ubwo ari bwo bwose nkoresha ni bwiza igihe butuma nshikira ico ndondera"), igihe ariyo yisungwa mu guhitamwo igihe co kubesha n'ico kuvuga ukuri, bishobora gukwega amabi menshi mu bibano vy'abantu.   Ibi bisambura ukwizerana hagati y'abantu, birateranya, bigatera igipfungu mu vyiyumviro no kuvyo abantu bafatirako mu kwiyumvira ibintu, bikongera bikonona imico yo mu kibano no mu bijanye n'intwaro (politike). Kubera ivyo, *Umma* y'aba isilamu—ni ukuvuga ihanga ryose ry'aba isilamu— ni ihanga ryononekaye mu bijanye n'akaranga k'ubuntu. Nk'akarorero, igihe abagabo bama bahenda abagore babo kugira ngo bakinge, bacuvye canke bakure amatati mu rugo, nkuko vyigishijwe na Muhamadi, ibi usanga bitosekaza umwizero hagati y'abubakanye, bigatuma ugenda uyongobera. Kandi, abana bama babona ba se bariko bahenda ba nyina, bizotuma nabo babona ko barekuriwe guhenda abandi, binatume bitazoborohera kwizera abandi   bantu.   Umuco   w'ububeshi   burekuwe   n'amategeko urasambura ukwizerana mubagize ikibano cose. Nk'akarorero, ibi bisigura ko nko mu rudandaza abantu bazimba uko bashaka ku biguzi, uca usanga hari amatati adahera, kandi bica birushirizaho kugora kwuzuriza abantu canke kwumvikana no gusubiza hamwe kubatase.

Igihe umuntu avuye mw'idini rya isilamu, ni ngombwa cane yuko avavanura ku mwihariko n'aka karorero ka Muhamadi ku bijanye n'ububeshi. Ivyo tuzobigarukako mu cirwa ca 7.

Iyumvire wewe nyene, (ntihakagire ukwiyumvirira mu kibanza cawe)

Kubera uburyo ubumenyi butunganijwe, kandi bunakingiwe mw'idini rya isilamu, biragoye kumenya ico koko iryo dini ryigisha ku bijanye n'ibintu bimwe bimwe. Umuco ufatiye ku bubeshi, ushobora kunatuma iyi ngorane yunyuka.

Ibikurubikuru idini rya isilamu rishingiyeko, ni vyinshi, kandi ni urusobane, ntivyoroshe, hanyuma igikorwa co gukura amategeko ya sharia mu bitegekanijwe muri Korowani na *Sunna*, bifatwa yuko kigenewe abahinga bo ku rugero rwo hejuru, bigasaba imyaka myinshi yo kuvyiga, ivyo na vyo igice kinini cane c'abayisikamu ntavyo bashobora kwihanga. Ibi bisigura ko aba isilamu bategerezwa kwisunga abahinga kugira ngo babarongore bamenye ivyo bakurikira mu kwemera kwabo. Nkako, amategeko ya isilamu abwiriza u kurondera umuntu w'umuhinga cane mu bijanye n'ukwemera, akaba ariwe yisunga akamukurikira, aho kwiyumvira we nyene ubwiwe (akaba ari we yiyumvira mu kibanza ciwe). Igihe aba isilamu bafise ibibazo kubijanye n'amategeko ya *sharia*, bategerezwa kubaza uwufise ubumenyi bukenewe, aho kuvyiyumvira bo nyene.

Ubumenyi bw'idini muri isilamu, ntibushingiye ku burongozi rusangi nka kurya indinganizo y'ubumenyi bwa Bibiliya yagenze muri ibi binjana biheruka. Butangwa hakurikijwe utwo umuntu akeneye kumenya, ata kurenza aho. Mw'idini rya isilamu, hariho ivyo abantu batarekuriwe kuvugana canke guharira igihe bidakenwe kubivuga, n'igihe vyoba bosanga bituma idini riboneka nabi. Aba isilamu benshi baratatiwe bararyagagurwa kubera ko babajije abigisha b'idini ikibazo "kitabereye".

Nta muntu yotegerejwe guterwa ubwoba n'ibivurwa ko adafise uburenganzira bwo kuvuga ico yiyumvira kw'idini rya isilamu, Korowani na *Sunna* vya Muhamadi. Muri ibi bihe turimwo, aho ivyo kuvomamwo ubumenyi kuri ivyo bintu umuntu wese ashobora kuvyishikirira we nyene ubwiwe, buri wese—abakristo, abayuda, abahakanyi, canke aba isilamu—botegerejwe gufata akaryo kose kabonetse ko kwironderera ubumenyi, hanyuma bakavuga ico biyumvira ata kurya umunwa kuri ivyo bintu. Uwo ari we wese, canke mbere abantu bose bakorwako n'idini rya isilamu, barafise uburenganzira bwo kwirondera ubumenyi no kugira ico biyumviriye bo nyene ata gutamikwa ku bintu bijanye n'iryo dini.

Mu duce dukurikira, turaraba ingene idini rya isilamu ritegera Yesu, twongere dusigure igituma uwo Yesu w'aba isilamu adashobora guha abantu umwidegemvyo.

Isa, intumwa yo mw'idini rya isilamu

Abantu bashinzwe uburongozi mu bijanye n'ukwizera, hari ikibazo kimwe gikomeye ari ngombwa ko batorera inyishu: Bazokurikira

Yesu w'i Nazareti, canke kuzoba ugukurikira Muhamadi w'i Maka? Aha rero harimwo uguhitamwo gukomeye, gufise n'inkurikizi ku mahanga yose, ku bihugu no ku bantu.

Birazwi yuko aba isilamu bemera Yesu, bita "Isa", ko ari intumwa ya Allah, co kimwe na Muhamadi. Idini rya isilamu ryigisha ko Yesu yavutse mu buryo bw'igitangaza, avyawe n'umwigeme w'isugi Mariya, kikaba ari naco gituma hamwe na hamwe bamwita *ibn Maryam* "umuhungu /umwana wa Mariya". Korowani irongera ikita Isa *al-Masih, ni ukuvuga* "Mesiya", ariko nta nsiguro itangwa kubijanye n'ico iyo mvugo ishobora kuba isigura.

Yesu aravurwa muri Korowani agashika mirongo ibiri, aho ahabwa izina rya Isa. Ugereranije na Muhamadi, iri zina rya Muhamadi rivurwa akatarenga kane—kandi Korowani ivuga Yesu ikoresheje iri zina canke ririya (amazina anyuranye) agashika 93 kose.

Isilamu yigisha yuko imbere ya Muhamadi habaye intumwa nyinshi canke abahanuzi (abavugishwa) benshi barungitswe na Allah ku mahanga ya kera. Korowani iravuga ishimitse yuko abo bose, harimwo na Isa, bari abantu basanzwe nk'abandi bose.

Korowani yemeza yuko izo ntumwa z'imbere zazanye ubutumwa bumwe n'ubwo Muhamadi yazanye: ubutumwa bwa isilamu. Nk'akarorero, yemeza ko itegeko ryo kwica no gusezeranirwa iparadizo ku bizera bapfira ku rugamba ryahawe Yesu ("mu njili") na Mose (muri Tawurati, ni ukuvuga Torah, amategeko ya Mose) muri kahise (K9:111), hanyuma mu bihe vyakurikiye, iryo tegeko nyene (kwica) n'iryo sezerano (kwemererwa iparadizo) vyaratanzwe biciye kuri Muhamadi. Ni ibizwi kandi nta nkeka, Yesu w'I Nazareti w'ukuri ntiyigeze yigisha canke ngo asezeranire abantu ibintu nkivyo.

Muri Korowani, abigishwa ba Isa baravuga ngo: "Twebwe turi aba isilamu" (K3:52; raba kandi K Q5:111), kandi Korowani iremeza yuko Aburahamu atari umuyuda (umuyahudi) canke umukristo, ariko ko yari u (K3:67). Abandi bantu bo muri Bibiliya Korowani ivuga ko bari intumwa za isilamu ni nka Aburahamu, Isaka, Yakobo, Ismayeli, Mose (Musa), Aroni, Dawidi, Salomoni, Yobu, Yona na Yohana Batista.

Isilamu ntihakana yuko amategeko ya *sharia* yazanywe n'izi "ntumwa za isilamu" z'imbere, atari co kimwe rwose n'aya *sharia* ya Muhamadi. Ariko rero, vyemezwa yuko izo *sharia* z'imbere zafuswe

101

zigasubirizwa   igihe Muhamadi yaza, kandi ko igihe Yesu azogarukira, uburongozi bwiwe buzoba bushimikiye ku mategeko ya *sharia* ya Muhamadi.

Kubera ko amategeko ya sharia y'intumwa z'imbere zose yakombowe n'umuzo w'ubutumwa bwa Muhamadi, bituma Yesu azoca imanza akurikije amabwirizwa ya isilamu.[6]

Korowani irongera ikemeza ko Isa yahawe na Allah igitabu citwa *Injil* (*Injili*). Nkuko Muhamadi nawe yahawe Korowani. Inyigisho za *Injil* vyemerwa ko ari imwe n'ubutumwa bwa Korowani, ariko vyemezwa yuko urwandiko rwa mbere rw'ukuri rwa *Injil* rwatakaye. Aba isilamu bemera ko Ubutumwa Bwiza (injili) buri muri Bibiliya burimwo uduceduce twahinduwe kandi twononywe twa *Injil* ya mbere y'ukuri. Ariko rero vyemezwa ko ataco bitwaye, kuko Muhamadi yarungitswe na Allah kugira ngo atange ijambo rya nyuma ku bikenewe vyose.

Cane cane, ivyo idini rya isilamu ryigisha, kandi ivyo benshi mu ba isilamu bemera, ni uko iyaba Yesu yari akiriho muri iki gihe, yobwira abakristo ibi bikurikira: "Kurikira Muhamadi!" Ibi bisigura ko umuntu yifuza kumenya koko ivyo Isa yigishije kandi agashaka kumukurikira, ico yogira kwoba ugukurikira Muhamadi n'ukwiyegurira idini rya isilamu: Korowani isigura ko umukristo mwiza (nyawe) canke umuyahudi mwiza (nyawe) ari uwemera ko Muhamadi ari intumwa y'ukuri ya Allah (K3:199).

Korowani iragabisha abakristo ngo ntibakite Yesu "Umwana w'Imana", kandi ntibakamusenge nk'Imana. Biremezwa yuko Isa yari umuntu asanzwe (K3:59), akongera akaba umusavyi wa Allah (K19:30).

Isilamu yigisha yuko imbere y'umuhero w'isi, idini ry'abayuda n'iry'abakristo azosamburwa n'ukuboko kwa Isa. Iyi nyigisho ku vyerekeye impera y'ibihe (umusi w'imperuka) iradufasha gutegera ingene idini rya isilamu ribona iyo isi iva n'iyo ija. Soma neza iyi *hadisi* ikurikira yo muri *Sunan Abu Daud*:

[Issa niyagaruka] Azorwanya abantu arwanira idini rya isilamu. Azomenagura umusaraba, yice ingurube, akombore na *jizya*. Allah azosambura amadini yose azimangane, hasigare isilamu

---

[6] *Sahih Muslim*, igitabu ca 2, p. 111, fn. 288.

yonyene. Azorwanya ba Ruzirakristo, ace aba kw'isi imyaka mirongo ine, hanyuma y'ico gihe, ace apfa.

Ngaha Muhamadi avuga ko igihe Isa azogarukira kw'isi, "azomenagura umusaraba"—ni ukuvuga yuko azosambura idini rya Kristo—yongere "akureho (akombore) *jizya*"—ni ukuvuga gukuraho ukwihanganira abakristo baba ahiganje idini rya isilamu, nkuko gutegekanijwe mu mategeko y'idini yubu. Ni ukuvuga ko abakristo ntibazoba bagifise uburenganzira bwo gutanga ikori (jizya) rituma bashobora kubandanya bayoboka idini ryabo ry'abakristo. Abahinga b'aba isilamu uburyo babisigura, ngo nuko Isa, Yesu w'aba isilamu, niyagaruka, azotegeka abatari aba isilamu bose iyo bava bakagera, harimwo n'abakristo, kwinjira vyanse bikunze mw'idini rya isilamu.

Gukurikira Yesu w'i Nazareti w'ukuri

Twavuze kare yuko abantu bategerezwa guhitamwo uwo bazokurikira: Yesu canke Muhamadi. Ariko rero, aba isilamu bo bigishwa ko ivyo bibiri, ico utora cose ari co kimwe. Aba isilamu bigishwa yuko bakurikiye bakongera bagakunda Muhamadi, *baba bariko* barakurikira kandi bakunda Yesu. Aba isilamu basubirije Yesu azwi kandi yabayeho muri kahise, Yesu wo mu Butumwa bwiza, bamusubirije uwundi Yesu, Isa wo muri Korowani ataho bahuriye. Uku kurementanya guhindura akaranga ka Yesu, bihisha umugambi n'ibikorwa vy'urukiza vy'Imana, bigaca biba uruhome ruzitira aba isilamu ntibabashe kumenya no gukurikira Yesu w'ukuri.

Ikiri ukuri, nuko Yesu w'ukuri yabayeho muri kahise dushobora kumumenya duciye muri vya bitabu bine vy'Ubutumwa Bwiza, vyanditswe mu bihe ubuzima bwa Yesu bwari bucibukwa neza, atamwanya urahaca ngo hagire icibagirwa kuri bwo. Ni inzandiko zo kwizigira zirimwo ubuzima bwa Yesu, ubutumwa bwiwe, n'urukiza rwiwe. Inyigisho za isilamu, zanditswe imyaka irenga 600 hanyuma y'igihe Yesu yabereyemwo hano mw'isi, ibirimwo ntibishobora gufatirwako ngo bibe isoko ryizewe ryo kuvomamwo ubumenyi kuri Yesu w'i Nazareti.

Igihe umuntu avuye muri isilamu, ategerezwa no kuvavanura n'akarorero ka Muhamadi, akongera mbere akanihakana n'urya Yesu w'ikinyoma (w'irementanya) wo muri Korowani. Uburyo bw'ukuri kandi nyabwo bwo kubaho nk'umwigishwa wa Yesu, ni ukwigira kuri we no ku butumwa bw'abagendanyi/abigishwa biwe bwatuzigamiwe

103

muri vya bitabu vy'Ubutumwa Bwiza, nkuko bivurwa na Luka , "kugira ngo umenye neza yuko amajambo wigishijwe ari ayo ukuri adakekeranywa" (Luka 1:4).

Ibi birahambaye cane, kuko, nkuko tuzobibona, ikidushikana kugutsindira umwidegemvyo ku ngoyi z'umutima, ntakindi atari ubuzima n'urupfu vya Yesu Kristo. Ntawundi ashobora kuturonsa uwo mwidegemvyo atari wa Yesu w'ukuri, wa Yesu wo mu Butumwa Bwiza.

Urwandiko ndongoranyigisho

Icirwa ca 3

Amajambo mashasha

Isilamu

shahada

Korowani

Sunna

Hadisi (hadith)

Sira

Intumwa

adhan

mushrik

shirk

Abahawe igitabu

al-Fatihah

salat

Ugukwiza no gutsimbataza idini rya isilamu mu bantu, mu gihugu, mu kibano canke mu karere

Sahih al-Bukhari

taqiyya

Umma (Ihanga)

Injil (Injili)

Amazina mashasha

- Amina Lawal: Umukenyezi wo mu gihugu ca Nijeriya (yavutse muri 1972)
- Isa: Izina rya Yesu muri Korowani

Bibiliya muri kino cirwa

Luka 1:4

Korowani muri kino cirwa

K33:21	K8:12-13	K4:47	K1:1-7
K4:80	K3:85	K5:15	K3:28
K33:36	K39:65	K57:28-29	K9:111
K24:52	K9:30-31	K3:110	K3:52
K4:69	K3:64	K48:28	K5:111
K4:115	K3:113-14	K5:72	K3:67
K59:7	K3:199	K4:47-56	K3:59
K9:29	K98:1	K5:82	K19:30

Ibibazo ku cirwa ca 3

- Hanahana ivyiyumviro ku karorero ntanganyigisho.

♺

Uburyo bwo guhinduka u

1. Ni iyihe nsiguro y'ijambo ry'icarabu Islam? Rivuga iki?

2. Uhinduka iki iyo uvuze igisabisho ca shahada?

3. Ni nde uba wemeye ko azokubera indingozi mu buzima bwawe bwose uvuze igisabisho ca *shahada*?

4. Ni ibiki umuntu akuramwo ivya
   nkenerwa kugira ngo ategere
   uburongozi bwa Muhamadi, kandi
   ivyo bintu bitaniye kuki?

5. Ni mu zihe nyandiko zibiri
   zanditsemwo ibijanye n'akarorero ka Muhamadi?

Kamere ka Muhamadi

6. Aba isilamu bashaka kuyoboka Allah, ni nde bategerezwa
   kuyoboka?

7. Haca haba iki igihe uturorero twa Muhamadi twemejwe na
   Allah yuko turi hejuru y'utundi twose (duhebuje), twoba
   icitegererezo kuri bose?:

8. Ni bande bemererwa kuzoronka umugisha n'intsinzi
   hakurikijwe ibivurwa mu turongo twa K24:52?

9. Ni ayahe mahano asezeranirwa abagambararira (abagarariza)
   Allah **n'intumwa yiwe?**

10. Uturongo twa K9:29 na K8:12-13 tuvuga ko ari ba nde idini rya
    isilamu ritegerezwa kugwanya?

11. Durie avuga ko Muhamadi hari ibintu bimwe bimwe vy'agatangaza yakoze, ariko hariho uturorero umunani k'ivyo yakoze biteye ubwoba n'agahinda: ni ibihe?

Korowani— urwandiko rwa Muhamadi, rwiwe bwite

12. Iyo uvuze igisabisho ca **shahada**, ni igiki kindi ubawishinze kwemera no kuyoboka?

13. Durie akoresha imvugo ngereranyo iyihe mu gusigura isano riri hagati ya **Sunna** na **Korowani**?

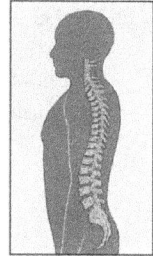

Amategeko ya isilamu, *sharia*—"uburyo" bwo kuba u

14. Aba isilamu bategerezwa kwisunga ba nde bashobora gutunganya **Sunna** na **Korowani**, bakabishira mu mitagi itonze neza kandi itomoye ya ya mategeko yitwa **sharia**?

15. Durie avuga ko idini rya isilamu ridashobora kubaho hatariho iki kindi?

16. Ni ukubera iki *sharia* itanye n'amategeko ashingwa n'inama nshingamateka z'ibihugu?

"Ingo, tumbera umugisha n'intsinzi"

17. Ni uwuhe muhamagaro wa isilamu?

18. Umuhamagaro wa **Korowani** ugabura abantu bose mu yihe mirwi ibiri?

19. Ni ubuhe buryo bubiri isilamu yigisha bwo gushingirwako mu kuvangura no kwiyumva ko uri hejuru y'abandi?

Isi igabuye (irangwamwo amacakubiri)

20. Imirwi ine y'abantu ivurwa na Korowani n'amategeko y'idini rya isilamu ni iyihe?

21. Muhamadi yita gute umuntu abangikanya uwo ari we wese canke ikindi kintu ico ari co cose na Allah?

22. Naho Korowani ivuga ko abakristo n'abayuda (**Abahawe Igitabu**) bakurikira idini muntango ryayoboka Imana imwe itabangikanije, ibi vyarahindutse. Vuga ibintu bishika kuri bine aba isilamu bagiriza abayuda n'abakristo muri iki gihe:

1)

2)

3)

4)

23. Ni ibihe ari ibintu vyiza Korowani ivuga ku bakristo n'abayuda?

24. Ni mu buhe buryo ibintu bine aba isilamu bagiriza abatari aba
    isilamu bwongera bukaba n'uburyo bwo guhama abayuda
    n'abakristo? Vuga ivyo bintu bine:

    1)

    2)

    3)

    4)

25. Imigenderanire igenga abayuda n'aba isilamu (ugereranije n'iyo
    bafitaniye n'abakristo) ivurwa gute muri **Korowani**?

Abayuda n'abakristo mu bisabisho aba isilamu bama bavuga ku musi

26. Vuga ibintu bitatu bituma ikigabane
    cugurura Korowani, citwa *al-Fatihah,* ni
    ukuvuga "Urupfunguruzo", gifise ico
    cisangije?

27. Durie avuga ko ari abahe bantu bavurwa mu kigabane ca *al-
    Fatihah yuko bazimiye, hanyuma ni abahe* bagendera
    mw'ishavu ry'uburakari bwa Allah?

🐾

Ingorane zituruka ku mategeko ya *sharia*

28. Ingorane ziterwa n'amategeko ya **sharia**, zanduruka ku biki zishingiyeko kandi ayo mategeko yisunga?

29. Igikorwa co guhindura imico y'igihugu ikaruhira gusigara yisunga iryo dini, bacita ngo iki?

30. Tanga ingorane zitandatu Durie avuga ko zituruka ku mategeko ya *sharia:*

    1)

    2)

    3)

    4)

    5)

    6)

Ivyashikiye Amina Lawal n'urubanza yaciriwe

31. Mu mwaka wa 1999, habaye iyihe mpinduka yatumye **Amina Lawal** ashengezwa yagirizwa ubusambanyi?

32. Mugucira Amina Lawal igihano co kwicishwa amabuye, umucamanza wa *sharia* yisunze neza na neza akarorero ka nde?

33. Ni ibihe bintu bitandatu Durie anegura itegeko rya isilamu ryo kwicisha abantu amabuye?

1)

2)

3)

4)

5)

6)

Ububeshi bwemewe n'amategeko

34. Ibihe vyinshi binyuranye Durie avuga kugira ngo yerekane ko aba isilamu usanga barekuriwe kubesha ni ibihe?

35. *Taqiyya* gisigura iki?

36. Ibibi Durie abona bishobora gukwerwa n'ukurekura ububeshi mu bantu bukaja mu ngiro y'ubuzima bwa misi yose, ntibubonwe nk'icaha?

Iyumvire wewe nyene, (ntihakagire ukwiyumvirira mu kibanza cawe)

37. Aba isilamu benshi bategerezwa kwisunga ba nde kugira ngo babarongore bamenye ivyo bakurikira mu kwemera kwabo?

38. Durie adutera intege gukora iki muri iki gihe c'ingurukanabumenyi, aho kuvoma ibijanye na isilamu dushobora kuvyishikirira twebwe nyene ubwacu?

Isa, intumwa yo mw'idini rya isilamu

39. Ni igiki gihambaye abantu bategerezwa guhitamwo?

40. Ni irihe zina rivurwa kenshi kuruta muri **Korowani**: Muhamadi, canke Isa (Yesu)?

41. Isilamu ivuga ko Muhamadi yatumye hafutwa iki?

42. Korowani ivuga ko Injil yari iki ?

43. Hadisi zivuga ko Isa azokora iki niyagaruka?

Gukurikira Yesu w'i Nazareti w'ukuri

44. Aba isilamu bigishwa iki kubijanye no gukurikira Yesu?

45. Ibi bihisha iki aba isilamu?

46. Ni mubuhe buryo dushobora kumenya atakwihenda Yesu w'ukuri?

47. Ni mu buhe buryo ari ngombwa cane kumenya aho **Isa** wo muri **Korowani** ataniye na Yesu wo mu Butumwa Bwiza?

4

Muhamadi n'ugukumirwa

"Nimukunde abansi banyu, mugirire neza ababanka."
Luka 6:27

Ibigize ihangiro ry'icirwa

a. Kurimbura uko Muhamadi yabayeho nabi mu myaka 40 ya mbere y'ubuzima bwiwe mu gihugu ca Arabiya.

b. Gutegera ingene ukwikumira kwa Muhamadi n'ukutumva yuko hari ico arimwo canke amaze ari vyo ishingwa ry'idini rya isilamu ryakomotseko kandi ryashingiyeko mu gisagara ca Maka.

c. Gutegera ingene "ivyahishuwe" vyo muri Maka vyakoreshejwe mugutuma Muhamadi yemerwa imbere y'agatwengo, agasuzuguro n'uruhamo vy'abantu b'i Maka.

d. Kuraba abantu bavurwa cane mu buzima bw'i Maka bwa Muhamadi: abari bamushigikiye cane n'abamurwanya bivuye inyuma.

e. Gutegera ingene iciyumviro ca mbere ca *fitna* ca Muhamadi, gisigura uruhamo canke inyosha mbi, cahinduwemwo ishingiro ry'indinganizo irondera ingwano ikomeye cane, yatanguye mu mpera z'ikiringo ca Muhamadi i Maka, ikaba yabandanije mu myaka yamaze i Medina.

f. Gutegera ingene agatima n'ishaka vyo kwihora kwa Muhamadi arivyo yisunze mu kwiyumvira no gushing ivyiyumviro ndoramana vyiwe n'uburyo yashinze bwo kubona no gufata abatemera idini ryiwe, na cane cane abayuda.

g. Kwemeza yuko uburyo bwa Muhamadi bwo kurwanya ikumirwa bwahindutse ingendo idini rya isilamu ryisunga kw'isi yose yo kwama wumva yuko ari wewe urenganywa no kwama urondera gusotora abandi.

h. Gutegera ingene imico mibi ya Muhamadi ari yo igaruka ikigaragaza mu buzima bw'aba isilamu muri ibi bihe turimwo, biturutse ku mategeko ya *sharia*.

i. Kurimbura ingene ari nkenerwa yuko abavuye mw'idini rya isilamu bavavanura rwose n'imico n'uturorero vya Muhamadi.

Akarorero ntanganyigisho: Wokora iki?

Imirimo yawe, isaba ko ukurikira inyigisho nkarishabwenge kugira ngo usununure ubumenyi bwawe. Mu nama nkarishabwenge imwe, washizwe mu murwi w'ibikorwa urimwo u w'umuyoboke cane w'iryo dini, umuhakanyi kasisi, umukatolika atari umuyoboke cane w'idini ryiwe, na wewe rero. Mu gukorana nuyu murwi, haracamwo no gusangira imfungurwa. Mu kiyago co mu gihe kimwe muriko murafungura, wa atangura kudondagura ibihe vy'ingwano zabaye mu binjana vyaheze, aho abakristo bateye aba isilamu, ashiramwo n'ibibi biriko birakorerwa ibihugu vy'aba isilamu muri kino gihe. Uko wewe abibona, aba isilamu bararenganywa, bene kubarenganya no kubarengera akarimbi, nta bandi atari abakristo. Wa muhakanyi nawe, ashigikira u, yiyamiriza ingene uturere tw'abakristo twasose ivyiswe "Ingwano Nyeranda" yasheshe amaraso menshi. Wa mukatolika muri kumwe, arazazanirwa, akweza amaso ngo umufashe kwishura.

Wobwira iki uyo n'uyo muhakanyi, nabo nyene ubu baguhanze amaso bategereye ico ubivugako?

Muhamadi niwe muzi akaba n'umubiri vya isilamu. Kino cirwa kiragaruka ku bintu bikomeye Muhamadi yaciyemwo mu buzima bwiwe n'uburyo burangwa n'ububisha yakoresheje mu kugeza gutorera inyishu ingorane ziwe. Mu gace ka mbere, turihweza ingene yabayeho nabi mu muryango wiwe, n'izindi ngorane yaciyemwo mu gisagara ca Maka.

Intango mu muryango

Muhamadi yavutse mu mwaka wa 570 hanyuma y'umuzo wa Yesu Kristo mu gisata c'aba Kurayishi co mu muryango w'abarabu, i Maka. Se wiwe, Abdullah bin Abd al-Muttalib, yapfuye Muhamadi ataravuka. Ivyo vyatumye arungikwa mu wundi muryango yarerewemwo ka bupfuyi mu myaka yiwe ya mbere. Nyina wiwe yapfuye amaze imyaka itandatu. Hanyuma yari afise sekuru akomeye cane, niwe yaciye amara igihe amushinzwe, ariko na we nyene

117

yahavuye yitaba Imana Muhamadi afise imyaka umunani. Muhamadi yaciye aja kubana na se wabo Abu Talib, aho yahawe akazi kabayabaye ko kuragira ingamiya n'intama z'uyo muntu. Haraciye igihe, niho yavuze yuko intumwa yose usanga yarashinzwe kuragira ubusho, maze gurtyo ka kazi kiwe kabayabaye agahinduramwo ikintu kidasanzwe, kandi gituma atameze nk'abandi bantu basanzwe.

Naho bamwe muri ba sewabo ba Muhamadi bari batunze, bisa nuko ataco bakoze kugira ngo bamufashe. Korowani iravugana agasuzuguro kenshi umwe muri bo, yatazirwa Abu Lahab, ni ukuvuga "se w'imbeya z'umucanwa", ivuga ko azotokombera mu muriro ururumba, kubera agasuzuguro yagiriye Muhamadi:

Amaboko ya Abu Lahab yarayogeye, nawe nyene yarayogeye!
Kuko ubutunzi bwiwe nivyo yegeranije vyose, ntaco
bizomumarira.
Azokwinjizwa mu muriro ururumba,
n'umugore wiwe yikoreye inkwi,
mwizosi ryiwe hazoba hari ikiziriko gitsivye! (K111)

Ukwubaka (ubugeni) kwiwe n'umuryango wiwe

Amaze kuba umusore w'imyaka mirongo ibiri n'itanu, Muhamadi yakorera umukenyezi w'umutunzi, yitwa Khadija, uyu nawe ico gihe niho yamusaba ngo bubakane. Uyo mukenyezi yaramurusha imyaka. Twisunze ibivurwa na Ibn Kathir bikaba vyagiye biraherereкanywa uko, Khadidja yaratinya yuko se wiwe yari guhava yanka ko ubwo bugeni buba, kikaba ari co gituma Khadidja yamuboreje, akabashingira yanyoye. Izo nzoga zimuvuyeko, uyo mutama yararakaye amenye ivyabaye.

Mu mico n'imigenzo y'abarabu, umugabo yategerezwa gukwa umugore, amaze kumukwa agaca amwegukira akamuganza (nk'igitungwa ciwe). Umugabo apfuye, umugore yafatwa nka kimwe mu vyo umuhisi yari atunze, samurarwa wiwe w'umugabo, abishatse, yarashobora guca amucura. Ivyo kwa Khadidja vyo ntivyagenze nkuko bitegekanywa n'imico. Khadidja yari akomeye kandi atunze— Uwanditse ubuzima bwa Muhamadi yitwa Ibn Ishaq yavuze ko yari umugore "yiyubahirije/yubashwe kandi atunze" — Muhamadi nawe akaba yari umworo atabona na kazoza kiwe uko kazomera, yategera ku munwa. Kandi Khadidja, yari amaze kwubakana n'abagabo babiri imbere yaho. Ubwo budasa hagati y'imigenzo y'ico gihe kubijanye n'ukwubakana kw'abarabu, n'uko vyagenze hagati ya Khadidja na Muhamadi, buribonekeza cane rwose.

Khadija na Muhamadi bavyaranye abana batandatu (hari naho bavuga indwi). Muri abo bana, Muhamadi yaronse abahungu batatu (canke bane), ariko bose bapfuye bakiri bato, bamusiga ata samurarwa w'umuhungu afise. Ntankeka yuko iyi yabaye iyindi nkomoko y'umubabaro mu buzima bwa Muhamadi, wiyongereye ku buzima butoroshe yabayemwo akiri umwana.

Mugusozera, mu buzima bwo mu muryango bwo kwa Muhamadi, harabaye ibintu n'ibihe vyinshi vyuzuye umubabaro n'agahombo, nk'ukuba impfuvyi, kubura sekuru yari amutunze, gusanga wubakanye n'uwukuminuza ku butunzi akuganza, kuba yashoboye gushingirwa kuko sebukwe yari aborewe, ukubura abana biwe, ukurwanywa n'abantu b'incuti ziwe zikomeye zifise ububasha. Ahake hamworoheye vyamuhaye agahengwe muri ukwo gukumirwa n'umubabaro, bwabaye uburyo yafashwe neza na sewabo Abu Talib, n'uburyo Khadija yamutoye ngo bubakane, bikaba vyamukuye mu bworo yarimwo.

Ishingwa ry'idini rishasha (i Maka)

Ubuzima bwo mu muryango bwo kwa Muhamadi ntibwamworoheye, kandi igihe yashinga idini rishasha, yabandanije kugira ingorane.

Muhamadi yari afise imyaka hafi 40 igihe yatangura kugenderwa n'impwemu yahavuye avuga ko yagenderwa n'umumarayika Jibril (Gabriyeli). Mubihe vyambere, Muhamadi yarahahamuwe cane n;ayo mabonekerwa, gushika aho hageze aho yibaza ko yari yagendewe n'amashetani. Yarigeze no gushaka kwiyahura, avuga ati: "Nzoja kw'isonga ry'umusozi nikororere hasi, maze niyice ndabe ko noruhuka" Umugore wiwe Khadidja yaramuremesheje muri ayo makuba, maze amujana kwa muvyarawe Waraqa, umukristo, yamenyesheje ko Muhamadi atari umusazi, ahubwo yari intumwa (umuhanuzi).

Ivyo vyo guhishurirwa vyahavuye bimara igihe vyarahagaze, Muhamadi aca atangura gusubira kugira iciyumviro co kwiyahura, ariko igihe cose yaba agira ngo yitiburire hasi ava kw'isonga ry'umusozi ahwere, wa Jibril yaca amubonekera akamuhumuriza,

119

amubwira ngo: "Idini rishasha, Muhamadi! Muvy'ukuri, uri intumwa ya Allah."

Biboneka yuko Muhamadi yatinya kwiyamirizwa nk'umubeshi, koko, muri imwe mu ma surati ya mbere, Allah aramuhumuriza ko atazomuheba canke ngo amushavurire amwihakane (K93).

Ihanga ry'aba isilamu ryarongerekanye, mu bihe vya mbere biba buhoro buhoro. Khadidja niwe yabaye umuyoboke wa mbere. Uwakurikiye yabaye muvyara wa Muhamadi akurira yitwa Ali bin Abu Talib, yari mbere yarerewe mu nzu kwa Muhamadi nyene. Abandi barakurikiye, cane cane bo mu boro, mu bashumba no mu bahora ari abashumba b'abarabu bahawe umwidegemvyo.

Igisata c'umuryango wa Muhamadi

Mu ntango, idini rishasha ryagumye rihishijwe n'abayoboke baryo; ariko rero haciye imyaka itatu, Muhamadi yavuze yuko Allah yamusavye kurimenyekanisha icese. Ivyo yabikoze mu kuremesha inama y'umuryango, muri iyo nama akaba yahamagariye incuti ziwe kwinjira mw'idini rya isilamu.

Mu ntango, abanyamuryango b'aba Kurayishi (Quraysh) ba Muhamadi b'i Maka bari bemeye kumwumviriza, ariko gusa igihe ataribwatangure kurwanya imana zabo. Hanyuma y'ivyo, abo barabu bahindutse ico Ibn Ishaq yise "inkehwa zigayitse". Haciye haba imishamirano yanagiye yongerekana, gushika aho izo mpande zibiri zahavuye zibishira mu migere zikarwana.

Kubera ko abarwanya idini bari bongerekanye, se wabo wa Muhamadi yitwa Abu Talib yaramukingiye. Igihe abandi muri Maka bavuga ngo "O Abu Talib, umuhungwanyu yavumye imana zacu, yatutse idini ryacu, yartyoje uburyo tubayeho... none uramuhagarika ntabibandanye, canke uramureka tumwifatire". Abu Talib yabahaye inyishu ibaryosharyosha, baca baraheba baragenda.

Abatari abayoboke b'idini baratunganije ukwugariza umuryango wa Muhamadi n'igisata ciwe no kugiharira ivomo mu bijanye n'imibano n'ubutunzi, barabuza urudandaza no guhana abageni hagati yabo n'uyo muryango. Kubera ubworo, uyo muryango wasanze ugeramiwe muri vyose. Ibn Ishaq aravuga mu ncamake ivyo aba Kurayishi bagiriye uyo muryango:

Hanyuma aba Kurayishi bereka urwanko abo bose bakurikiye iyo ntumwa; umuryango wose warimwo aba isilamu warateye abo ba isilamu, urabapfunga, barakubitwa, barimwa indya n'ibinyobwa, basanga bataragajwe mu bushuhe buturira bw'i Maka, kugira ngo babakondore bahebe idini ryabo. Bamwe barabivuyemwo barariheba kubera urwo ruhamo, ariko abandi barakomeye ku muheto, bakingiwe n'Imana.[7]

Muhamadi nawe nyene ubwiwe, yarahanamiwe aratukwa: baramuteye umucafu n'amara y'ibikoko igihe yariko arasenga.

Uruhamo rubandanije, abagabo 84 b'aba isilamu n'imiryango yabo barimutse bahungira mu ntara y'abakristo ya Abisiniya, hoho basanze bashobora gukingirwa.

⁂

Mu duce dukurikira, turaraba ingene Muhamadi yishuye uko gucibwa n'abanyamuryango biwe b'i Maka.

Ukwibaza ko hari ico yoba amaze no guhava yiyemera akiyemeza

Harabaye igihe Muhamadi yabaye nkuwuhindura akava muri ukwo kwemera Imana imwe kwiwe, kubera igitugu c'aba Kurayishi. Bari bamwemereye yuko bari gusenga Allah, ariko nawe yemeye gusenga Imana zabo. Yahavuye ahereza kutemera uwo mwumvikano, amenyesha ibiri mu karongo K109:6 ka Korowani "Sinsenga ivyo musenga, kandi na mwebwe ntimusenga uwo nsenga!" Ariko rero Muhamadi bishoboka ko atashotse afata ingingo, kuko al-Tabari avuga ko igihe yariko arahabwa ibiri mu kigabane ca K53, Muhamadi yarahishuriwe icahavuye kimenyekana kw'izina rya "Uturongo twa Satani" (Versets sataniques), twavuga ivyerekeye ibimanakazi vyasengwa i Maka, al-Lat, al-Uzza na Manat, ngo "Ni iminara (*gharaniq*) *ikomeye* ivugira abantu ikumvirwa."

Igihe bumva aka karongo, abapagani b'aba Kurayishi barahimbawe cane, baca batangura gusengera hamwe n'aba isilamu. Ariko rero umumarayika Jibril yaratatiye Muhamadi, nawe aca atangaza yuko ako karongo kafuswe, ko kari kavuye kwa Satani. Igihe Muhamadi

---

[7] A. Guillaume, *Ubuzima bwa Muhamadi*, p. 143.

yatangaza yuko ako karongo kafuswe, vyatumye agasuzuguro k'aba Kurayishi kongerekana, maze baca barushirizaho kurwanya Muhamadi n'abayoboke biwe.

Munyuma, Muhamadi yarashikirije akarongo kemeza yuko intumwa zose zabayeho imbere yiwe, nazo nyene zayobeshejwe na Satani (K2:52). No ngaha nyene, turabona ko Muhamadi yafashe icotumye anebagurwa agatezwa isoni akagihinduramwo icemezo c'ubuhizi.

Imbere y'abamutwenga bamwagiriza kuvuga ibirementanyo, bikaba vyaramubabaza cane (vyaramubaba), Muhamadi yishuye yuko uturongo twose aturonswa na Allah amushigikiye kandi akeza kamere yiwe avuga ko ari igitangaza. Korowani ivuga ko atari mu nzira itari yo, ariko ko yari umuntu w'intungane (K53:1-3; K68:1-4).

Mu vyemerwa vyinshi bivurwa mu ma *hadisi,* haravurwa kandi ko Muhamadi yahavuye yemera yuko ihanga, ubwoko, igisata, umuryango n'incuti ziwe z'amaraso biri hejuru y'ibindi vyose. Kuvyo bavuga yuko yari umwana w'umuzanano canke w'ishushu, yavuze ko abo yamukako bose umwe wese yamuka ku bavyeyi bagize ubugeni kandi bazwi, maze agasubira inyuma no gushika kuri Adamu. Mw'*ihadisi* imwe yanditswe na Ibn Kathir, Muhamadi yaramenyesheje yuko yari umugabo mwiza kurusha abandi, yamuka mu gisata ciza naco kurusha ibindi bisata vyose (igisata c'aba Hashemite) c'ihanga riruta ayandi mahanga yose (iry'abarabu), avuga ati: "Ndi mwiza kubarusha mwese, mu mpwemu (ku mutima), nkongera nkaba mwiza kubarusha mfatiye kubo nkomokako... Ndi uwambere mu batowe bose: nico gituma uwo wese akunda abarabu, yobakunda abicishije mu gukunda jewe."

Mu kiringo c'imyaka 13 Muhamadi yamaze i Maka, niho iciyumviro c'aba isilamu c'imigisha n'imvugo ishimagiza intsinzi n'agahombo (ivuga ben'intsinzi n'abahomba) catangura kwibonekeza mu bigabane vyo muri Korowani. Nk'akarorero, henshi havurwa ingwano hagati ya Mose n'abanye Egiputa basenga ibigirwamana, Korowani ivuga ivyashitsweko ikoresheje imvugo y'intsinzi n'abahomvye canke abatsinzwe (nk'akarorero muri K20:64, 68; K26:40-44). Muhamadi yaranahavuye atangura gukoresha imvugo y'intsinzi ku ngwano hagati yiwe n'abamurwanya, yemeza ko abatemera ivyahishuwe na Allah bazosanga bahomvye (K10:95).

Abamurwanya biyongera, co kimwe n'abayoboke biwe

Ibintu vyari bimaze imisi bitagenda neza i Maka hanyuma yaho Muhamadi aburiye umugore wiwe Khadidja na sewabo Abu Talib, bapfiriye mu mwaka umwe. Ibi vyaramutunguye cane. Igihe yisanze atagishigikiwe ngo akingirwe nabo babiri, aba Kurayishi baciye barushirizaho kwubahuka mu kurwanya Muhamadi n'idini ryiwe.

Ubuzima muri ico gihugu c'abarabu bwari bushingiye ku myumvikano n'ukwisunga ugukingirwa n'abahambaye mucuditse. Uburyo bwariho bwo kuronka umutekano, kwari ukwishikana ugakingirwa n'uwundi akurusha ububasha. Kubera ko we n'abayoboke biwe bari barushirijeho guhanamirwa, kandi bakaba bari barakumiriwe n'umuryango wiwe,Muhamadi yahavuye aja i Ta'if, ikibanza kiri ahegereye Maka, kugira ngo arondereyo abomukingira. Ariko rero aho i Ta'if, baramutyetyeje baramutwenga, hanyuma yirukanwa n'abanyagihugu bahagurutse bakamwiyamiriza icese.

Ari mu nzira ava i Ta'if, uruhererekane rw'ibivurwa n'aba isilamu rwemeza ko umurwi w'amajini (abadayimoni) yumvise Muhamadi ariko aravuga imirongo ya Korowani hagati mw'ijoro. Ayo majini yaratamariwe nivyo yumvise, ku buryo yaciye yemera idini rya isilamu ubwo nyene. Niho aba badayimoni b'aba isilamu baciye basubira inyuma kwigisha idini rya isilamu ayandi majini. Ibi bivurwa kabiri muri Korowani (K46:29-32; K72:1-15).

Ibi bivurwa ko vyabaye birahambaye ku mvo zibiri. Ubwa mbere ho, birajanye n'inzira Mohamadi akoresha yo kwiyemeza: yarashoboye kwemeza yuko, naho abantu i Ta'if bamwiyamirije bakamwirukana, haciye haboneka *amajini* yamwemeye ashingiye kuvyo yavuze yemeza ko ari intumwa y'ukuri ya Allah.

Ica kabiri, ni iciyumviro cuko n'amajni ashobora kuba aba isilamu bubaha Imana, carugururiye umwango abadayimoni mw'idini rya isilamu. Ibi vyabaye mu buzima bwa Muhamadi, hamwe nuku kuvurwa kw'amajini (abadayimoni) y'ama isilamu vyahaye aba isilamu inzira yo kugerageza kuvugana n'umurwi w'impwemu z'iki isilamu. Ikindi gituma cuko aba isilamu bokorana n'umurwi w'impwemu (imitima), ni iciyumviro c'uko muri Korowani naza *hadisi* , cuko umuntu wese afise umugenzi w'impwemu (umutima) yitwa "*qarin*", bagendana mu mpwemu (K43:36; K50:23, 27).

Muhamadi asubiye i Maka, ibintu ntivyari bimeze neza. Ariko yahavuye ashobora kuronka ikibano cemeye kumukingira. Cari kigizwe n'abarabu baturuka i Yathrib (yahavuye yitwa Medina), igisagara cabamwo mbere n'abayuda benshi. Mw'ihayanishwa ry'ibidandazwa ryaringanizwa uko umwaka utashe i Maka, umurwi w'abashitsi bava I Medina baremeje ko bemera kandi bayoboka Muhamadi, baremera kubaho bisunze ubutumwa bwiwe bwo gusenga Imana imwe.

Muri iki gihe, ntakwiyemeza kurwana kwahabaye. Ariko mw'ihayanishwa ry'umwaka ukurikira, ikirwi kinini kurusha c'abantu b'i Medina cariyemeje gukingira Muhamadi nkuko yavyifuza. Aba bantu b'i Medina, bahavuye bitwa "abatabazi" (*Ansar* mu carabu), baremeye gutera ingwano mu buyoboke bwuzuye bw'intumwa (Muhamadi)."

Hanyuma yivyo, hafashwe ingingo yuko aba isilamu b'i Maka bari kwimukira i Medina, kugira ngo hashingwe umurwi wa politike wikwiye kandi ushobora kwikingira no kwirwanira. Muhamadi niwe yabaye uwa nyuma mu guhungira i Medina, kandi yahunze ijoro rigeze hagati, aciye mw'idirisha ry'inyuma. I Medina, Muhamadi yarashoboye kumenyesha icese ubutumwa bwiwe atawumwagagaza, kandi abarabu b'abanyamedina nka bose baciye bahinduka abayoboke ba isilamu muri uyo mwaka wa mbere nyene. Muri ico gihe, Muhamadi yari amaze imyaka irenga gatoyi 52.

Mu myaka Muhamadi yamaze i Maka, umuryango wiwe n'igisata ukomokamwo baramwihakanye bamuharira ivomo. Uretse abandi bari ku rushi, ntabandi bamuyobotse, atari aboro ruhebwa; abasigaye bose baramutwenze aba nk'umuti w'amenyo, baramuhigira ikibi, baramumaramaza, eka baramurwanya bamugirako ibitero.

Mu bihe vya mbere, Muhamadi ntiyiyemera ngo yumve ko aremye mu vyo yariko aratanguza, atinya yuko umuhamagaro wiwe w'ubutumwa bw'ubuhanuzi utemerwa namba. Harabaye mbere n'igihe yasa n'uwemeye imana z'aba Kurayishi (Quraysh). Ariko rero, impera n'imperuka, naho yarwanijwe, Muhamadi yahavuye akorana ishaka ryinshi , aruhira mbere kuronka umurwi w'abayoboke b'umwete.

None igihe yaba i Maka, Muhamadi vyukuri yari umunyamahoro?

Abanditsi benshi baremeje yuko imyaka icumi Mahamadi yamaze yerekwa i Maka, yaranzwe n'amahoro. Mu gice kimwe, ibi vyari vyo. Ariko rero, naho ata bintu vyo kurwana bitegekwa mu bigabane vya Korowani vyandikiwe i Maka, yaravyiyumvira, vyari mu migambi, kuko ivyahishuwe vya mbere biratunga agatoke ababanyi ba Muhamadi, mbere hakoreshejwe amajambo ateye ubwoba, abura amabi atagira izina arindiriye abarwanya idini ryiwe mu buzima buzokurikira.

Kimwe mu vyo imirongo ya Korowani yerekeye urubanza yandikiwe i Maka igamije, kwari ukwemeza Muhamadi no kumuha agaciro, nk'inshumbusho ku gatwengo n'agasuzuguro vy'abarabu b'aba Kurayishi. Nk'akarorero, Korowani ivuga ko abatwenga aba isilamu bazoronka amahano muri ubu buzima no mu buzima buzokurikira. Abemera, "bicaye mw'ijuru "ku nyegamo z'iteka bariko binywera vino y'agaciro", bazotwenga abahakanyi, babaraba aho bariko barasha mu mbeya zirurumba zo mu muriro(K83:29-36).

Nta nkeka, ubu butumwa ku manza bwaratsa agacanwa k'imishamirane muri Maka. Abahakanyi basenga ibigirwamana ntibakunda ivyo bintu bumva (babwirwa).

Muhamadi ntiyigisha ugucirwa urubanza mu buzima budahera gusa, kuko nkuko Ibn Ishaq abivuga, mu bihe vya mbere vy'igihe c'i Maka niho Muhamadi yatangura gusotera amajambo yerekana ko yari afise umugambi wo kwica abahakanyi b'abanya Maka. Yababwiye ati: "Mbega muriko muranyumviriza ga mwa ba Kurayishi mwe? Kw'izina ry'Uwufise ubuzima bwanje mu minwe yiwe, ndabazaniye ukubarwa bunyamaswa"

Haciye igihe, imbere yuko Muhamadi ahungira i Medina, umurwi w'aba Kurayishi waraje iwe uzanywe no kumwagiriza ko yahigiye kwica abatazomwemera."Muhamadi aravuga yuko ... utamukurikiye uzokwicwa bunyamaswa, hanyuma uzuwe mubapfuye naho uzotahire ugusha mu mbeya z'umuriro udahera". Muhamadi yariyemereye ko ivyo ari vyo, aho yavuze ngo: "Ivyo ndabivuze koko."

125

Hanyuma yaho baseserejwe n'ukutemerwa n'uruhamo i Maka, ihanga ry'aba isilamu, barongowe n'umuhanuzi (intumwa ivugishwa) wabo Muhamadi, bahisemwo gusota ingwano ku batayoboka idini ryabo.

⁂

Muri utu duce, turihweza ingene Muhamadi yahavuye asota intamabara kubari bamukumiriye bakanka n'ubutumwa bwiwe.

Hanyuma y'uruhamo, hakurikira ukwica

Ijambo ry'icarabu *fitna* "*Ukugeragezwa,* uruhamo, inyosha mbi", riratanga ifatiro kugira ngo umuntu ashobore gutegera ingene Muhamadi yahavuye ahinduka intwazangabo, umutegetsi w'ingabo. Iryo jambo riva mu rivuga *fatana* "guheba ikintu/umuntu, kuryosharyosha umuntu ngo umwoshe gukora ikintu, kwemeza umuntu (kumukondoora), canke kuba mu bigeragezo". Ico rivuga ubwa mbere, atari imvugo y'ingereranyo, ni gupima no gurtyorora/guhingura icuma ukoresheje umucanwa. *Fitna* gishobora gusigura ukugeragezwa canke ukwemezwa, harimwo insiguro zibiri zishoboka: mukuryosharyosha umuntu ngo yemere ikintu, hashobora gukoreshwa uburyo bwiza canke bubi. Bishobora guca kukumuha amahera canke akandi koshamusyi, canke kukumuhohotera no kumuboreza igufa gushika aho yemera.

Fitna cabaye ifatiro mu vyiyumviro ndoramana ku buryo ihanga rya mbere ry'aba isilamu ryabayeho mu mubano wabo n'abatari abayoboke b'idini ryabo. Muhamadi yagiriza abakurayishi ko bakoresha *fitna*—irimwo ibitutsi, ukwararaza, ukuboreza abantu igufa/kubahohotera, ugukumira, uguhohotera abantu mu buryo bufatiye ku butunzi, n'ubundi buryo bwo kugeza kwemeza abantu ikintu.—ku mvo zo gutuma aba isilamu bava muri iryo dini canke kurwiza n'ubusa ivyo ryigisha.

Imirongo ya mbere ya Korowani yerekeye ukurwana yaratomoye yuko igikuru ukurwana n'ukwica vyarondera, kwari ugukura *fitna* mu bantu, ntibe ikivurwa.

> Nimurwane mu nzira ya Allah n'ababarwanya, ariko ntimurenze urugero (ngo mwimonogoze mu kwica abatabarwanya), kuko Allah ntakunda abimonogoza (abasotora abandi)

126

Kandi mubicire aho mubasanze hose, mbere mubomore aho babomoye, kuko kubangikanya Allah n'uruhamo [*fitna*] ni icaha gikomeye gusumvya ukwica

…

Barwanye gushika hamwe ata ruhamo [*fitna*] no kubangikanya Allah bikiriho, maze higanze idini rya Allah gusa.
Nibabireka (bahevye ubuhakanyi n'ukugarariza idini rya isilamu), ntarwanko kiretse kubahemutse. (K2:190-93)

Iciyumviro cuko *fitna* (uguhama) ku ba isilamu no kubangikanya Allah ari "icaha gikomeye kurusha ukwica" caragize insiguro ikomeye cane. Ayo majambo yarasubiye arahishurwa haheze igitero ku murwi w'abanya Maka bariko bararengana (K2:217) mu gihe c'ukwezi kweranda (igihe imigenzo y'abarabu yavuga yuko muri co vyari bibujijwe kugira ibitero). Ibi vyasigura yuko, n'imiburiburi, ibibi birutana: gusesa amaraso y'abahakanyi si bibi nko kuyovya aba isilamu bagata inzira y'ukwemera.

Ayandi majambo akomeye muri iki gice c'isurati (ikigabane) ya 2 ni "Barwanye, gushika aho hasigara ata ruhamo, ata kubangikanya (*fitna*) bikivurwa". Ibi vyarahishuwe ubugira kabiri, hanyuma y'ingwano y'i Badr, mu mwaka ugira kabiri bari bamaze muri Medina (K8:39).

Ayo mungane yerekeye uruhamo n'ukubangikanya (*fitna*), rimwe ryose rikaba ryabuwe kabiri, yashinze iciyumviro ngenderwako cuko ingwano nyeranda (*jihad*) yari ifise ishingiro rifatiye ku kubona hariho intambamyi iyo ariyo yose ibuza abantu kwinjira mw'idini rya isilamu, canke ikintu ico arico cose gikwegakwegera aba isilamu guheba ukwemera kwabo (idini ryabo). Naho kurwana no kwica abandi bibabaje cane, ntibiza bingana no kubera intambamyi idini rya isilamu, ni co caha kiri hejuru y'ibindi.

Abahinga b'aba isilamu baraguye ico ciyumviro ca *fitna* (uruhamo n'ukubangikanya) kugira ngo hajemwo n'ukubona hariho ubuhakanyi (ukutemera Allah) , bigatuma karya kungane twotegera yuko kavuga ngo: "Ubuhakanyi ni bubi kurusha ukwica."

Bitegerewe muri ubwo buryo, ako kungane "Uruhamo no kubangikanya (Allah) ni bibi kurusha ukwica", bica bihinduka "Ubuhakanyi ni bubi kurusha ukwica", kaciye gahinduka uruhusha canke uburenganzira kw'isi yose bwo kurwanya no kwica abatari abayoboke (ni ukuvuga "abahakanyi") bose batemera ubutumwa bwa Muhamadi, baba bariko bararwanya aba isilamu canke batariko barabarwanya. Nkuko bivurwa na Ibn Kathir, kubatemera, no "kutemera kwonyene cari ikibi kirengeye ukwicwa kwabo (Bobura bicwa ha ko babaho batemera)". Ibi vyatanze imvo y'ingwano yo kurandura burundu ubuhakanyi, no gutuma idini riganza ayandi madini yose (K2:193; K8:39).

"Ehe ni twebwe duhahazwa ! (Nitwe turenganywa)

Muri ivyo bice vya Korowani, Muhamadi yariko yerekana ashimitse uburyo aba isilamu bahahazwa bakarenganywa. Ku mvo zo kwerekana yuko ukurwana no gufata izindi ntara ari igikorwa kibereye. Yemeje yuko abahakanyi ari abansi, yuko bagirirwa n'icaka kubera ivyo, kandi rero ko bakwiye guterwa no kurwanywa. Urugero rwo guhahazwa no kurenganywa kw'aba isilamu, nirwo rwakoreshejwe mu kwerekana yuko ingwano yari ngombwa: uko igihano aba isilamu baha abansi babo caba kinini, nikwo vyaca biba nkenerwa kuvuga no kwerekana ububi bw'icaha abansi bakoze (kugira ngo biboneke ko ico gihano cari gikwiye). Hanyuma y'aho Allah yemereje yuko umubabaro w'aba isilamu (amabi bagirirwa) wari "mubi kurusha ukwica", vyaciye biba ibwirizwa ku ba isilamu kubona ukwo guhahazwa no kurenganywa kwabo, ko cari ikibi kirengeye ivyo vyose bashobora gukorera abansi babo.

Ni uyu muzi w'inyigisho ndoramana z'aba isilamu, ushingiye muri Korowani no muri *Sunna* vya Muhamadi, usubira kandi gusigura igituma, nkuko biba kenshi cane, aba isilamu bamwe bamwe bavuze yuko uguhahazwa n'ukurenganywa kwabo kurengeye mu bubi ivyo bakoreye abo bagizeko ibitero. Ubu buryo bwo kubona ibintu bwarasiguwe na Ahmad bin Muhamadi, umwigisha w'umunya Aljeriya yanonosoye ibijanye na politike y'inyigisho ndoramana, mu kiganiro yagiriraniye na Dr Wafa Sultan ku mboneshakure ya Al-Jazeera. Dr Sultan yarerekanye yuko aba isilamu bishe abantu b'inzirakarengane. Arakajwe n'ivyo Dr Sultan yari avuze, Ahmad bin Muhamadi yaciye atangura kuvuga aboroga yisiga ngo:

Ipu. Nitwebwe duhahazwa! ... Hariho amamiliyoni y'abantu b'inzirakarengane muri twebwe (Aba isilamu), kandi inzirakarengane muri mwebwe ... niba ari benshi, baharurwa

128

mu macumi, mu majana canke mu bihumbi bitarenga ntibirenguke.

Uko kwishiramwo yuko aribo barenganywa bahahazwa, birabandanya kuguma bigiteye isibe mu turere twinshi tw'aba isilamu gushika kuri uyu musi, kandi birazingamika ubushobozi bwo gufata mu minwe bo nyene akigoro ko kwiyumvira no gushira mu ngiro ibikorwa vyobagirira akamaro (batarindiriye ko babikorerwa n'abandi).

Ibihano (vy'akihoro k'akazikira)

Uko inguvu za gisirikare za Muhamadi muri Medina zongerekana n'intsinzi zigatangura kuboneka, niko uburyo yafata abansi batsinzwe n'ivyo yabakorera vyarushirizaho kwerekana mu vy'ukuri ivyatuma asota intambara, ivyatuma arwana. Kimwe muvyo Muhamadi yiyerekaniyeko kubijanye n'ibi, ni ivyo yakoreye Uqba, yari yarigeze kumutera amase n'insogi vy'ingamiya. Uqba yarafashwe mpiri mu ngwano yabereye i Badr, hanyuma aratakamba ngo ntibamwice, avuga ati : "Ehe raba, Muhamadi, unyishe, abana banje bazorabwa na nde?" Yamwishuye ati: "Umuriro udahera!" Hanyuma Muhamadi ubwo nyene aca aramwicisha.

Hanyuma y'ingwano y'i Badr, imivyimba y'abanye Maka bishwe mu rugamba baca batabwa mu cobo kimwe, hanyuma ijoro rigeze hagati, Muhamadi yaraja kuri ico kinogo ajanywe no gutwenga abo banya Maka bapfuye.

Ibintu nkivyo vyabaye, birerekana yuko Muhamadi yarondera kwiha agaciro we nyene mu kwiyemeza, yihora abari baramwihakanye bakamukumira. Yashaka hose kuronka ijambo rya nyuma, no kubamaze gupfa.

Abari barihakanye Muhamadi baramuhaye akato, nibo bari kw'isonga ry'urutonde rw'abo yagenera kugandagurwa. Igihe yafata igisagara ca Maka, Muhamadi yarahagaritse ivyo kwica. Ariko rero hariho urutonde rutoya rw'abantu bategerezwa kwicwa. Urwo rutonde rwariko abantu batatu bari baravuye mw'idini rya isilamu, umugabo n'umugore bari barigeze gutuka Muhamadi i Maka, n'abakobwa babiri b'abashumba bahora baririmba uturirimbo turimwo amajambo amunebagura (bahora bamutwenga kera).

129

Urwo rutonde rw'abategerezwa kwicwa na Muhamadi rurerekana ingene Muhamadi yanka akankiriza ukutemerwa ko afise agaciro. Kubona abihakanye idini bakarivamwo babandanya kubaho, cari ca caha co kubangikanya n'uruhamo, canke c'ubuhakanyi, kimwe ca *fitna*, kuko kubona bagihema, baba ari ibimenyetso vyerekana ko vyashoboka kuva mw'idini rya isilamu; abatwenga canke bagatuka Muhamadi nabo, babonwamwo ubushobozi bwo gukora ikibi, kuko vyafatwa ko bashobora kubangamira no gutirimutsa ukwemera kw'abandi.

Ingaruka ku batari aba isilamu

Umuzi w'ikumirwa ry'abatemera mu mategeko y'idini rya isilamu uri mu buryo Muhamadi abona iyi si no mu nyishu we nyene yahaye ugukumirwa kwiwe.

Mu ntango, abo Muhamadi yafata nk'abansi b'abasamuntu kurusha abandi, bari abo basangiye igisata c'umuryango, abapagani b'abarabu. Turashobora kwihweza ingene Muhamadi yafata abapagani b'abarabu vyagiye birahinduka: ibirego bashize ku ba isilamu abona ko ari igitutsi, naco agaca agikoresha mu gutanga imvo ku ciyumviro cuko kubona hariho ukutemera, ni ca caha c'uruhamo, ukubangikanya Imana, n'ubuhakanyi, arico caha c'agacamutwe ca *fitna*. Ivyo turasubira kandi tukanabisanga mu buryo Muhamadi yagenjeje ku kibazo cerekeye *Abahawe igitabu* (abakristo n'abayuda). Nk'abihakanye isilamu, nabo bahavuye barabwa nk'abazokwama na ntaryo bagendana icaha, bakwiye kuganzwa, bagafatwa nk'abantu bari hasi cane, bagayitse.

Imbere yuko afata akaganza Maka, Muhamadi yarabonekewe (yareretswe), yibona ariko aragira urugendo rweranda i Maka. Ivyo ntivyashoboka muri ico gihe, kuko aba isilamu bari mu ngwano n'abanye Maka. Hanyuma y'iryo yerekwa, Muhamadi yaragize ibiganiro vyashitse ku masezerano y'i Hudabiya (Hudaybiyyah), yamurekurira kugira urwo rugendo rwiwe yeretswe. Ayo masezerano yari kumara imyaka icumi, kandi imwe mu ngingo zayo yavuga ko Muhamadi yari gusubiza inyuma mu banya Maka uwo wese yari kumuhungirako (kumuyoboka) ataronse uruhusha rw'uwamucunga (nyenewe). Abo rero bari abashumba n'abakenyezi. Ayo masezerano yararekurira kandi abantu bo mu mpande zompi kugira.

imyumvikano hagati yabo. Muhamadi ntiyigeze akurikiza ivyamwega muri ayo masezerano.: abantu baje bamugana bavuye i Maka baje kwaka abagore babo canke abashumba babo bamuhungiyeko, yarababima, ababwira yuko abigize yishimikije ububasha bwa Allah. Ivya mbere vyashitse, yabaye umugore yitwa Umm Kulthum: basaza biwe baraje kumutahana yahungiye kwa Muhamadi. Muhamadi yaranse, aramubima, kubera ko, nkuko Ibn Ishaq abivuga, "Allah yabibujije" (raba kandi K60:10).

Ikigabane (isurati) ca 60 gitegeka aba isilamu kutagira abahakanyi abagenzi babo. Kivuga yuko nihagira u akunda abanya Maka (abahakanyi) mu mpisho, azoba yataye inzira/umurongo, azoba yayovye, kuko ikiraje ishinga abahakanyi, ni ugutirimutsa aba isilamu nabo bagahinduka abahakanyi. Ikigabane (isurati ya) ca 60 cose kiravuguruza ya masezerano y'i Hudabiya, yavuga ibikurikira: "Ntituzokwerekana urwanko hagati yacu, kandi nta gahigihigi canke akangonongono k'akankanze kihishije kazorangwa hagati yacu." Ariko rero mu bihe vyakurikiye, aho aba isilamu batera Maka bakayifata, havuzwe yuko vyari bikwiye bifise imvo, kubera ko ngo aba Kurayishi ari bo bahonyanze amasezerano.

Hanyuma yivyo, Allah yavuze ko ata masezerano azosubira kugiranwa n'abasenga ibigirwamana —"Allah ari kure y'ababangikanya" , na "nimurwanye ababangikanya (Allah) aho mubasanze hose nimwice ababangikanya (abasenga ibigirwamana) aho muzobasanga hose" (K9:3, 5).

Uru rukurikirane rw'ivyashitse, rutanga urugero rw'ivyahavuye bihinduka kimwe mu vyiyumviro ngenderwako vyemewe vy'idini rya isilamu, yuko muri kamere kabo basanganywe, abahakana idini rya isilamu ari ba bantu batigera bubahiriza amasezerano bemeye, bama bayahonyanga (K9:7-8). Aha nyene, Muhamadi, abitegetswe na Allah, yaremeje uburenganzira bwiwe bwo gukombora no kudakurikiza amasezerano yagiriraniye n'abahakanyi. Igihe cose Muhamadi avuze yuko agenzwa n'ububasha bw'uwo hejuru, yahonyanze amasezerano yagize, ntivyafatwa yuko yakoze ibitabereye, canke bidatunganye.

Ivyo bintu vyagenda uko, vyerekana yuko, mu gukunganiriza burundu abo bose batari abayoboke b'idini mu murwi w'abohava batirimutsa bakanyereza abayislamu bagatuma baheba ukwemera kwabo (ni ukuvuga abohava bakora icaha c'ukubangikanya n'ubuhakanyi, arico ca *fitna*), Muhamadi yatumye bitagishoboka kugiriranira imigenderanire isanzwe kandi mizima nabo, igihe cose bazoba batarayoboka ngo begukire idini rya isilamu.

⁂

Mu duce dukurikira, turihweza ingene Muhamadi yerekeje akaryirya / akayigo k'akazikira n'ubusotoranyi ku bayahudi bo muri Arabiya, bikaba vyagize inkurikizi ziteye agahinda. Imigenderanire ya Muhamadi n'abayuda bo muri Arabiya niyo ipolitike ya isilamu kubijanye n'abatari aba isilamu yahavuye yubakirwako, yisunga, harimwo n'indinganizo y'amasezerano ya *dhimma* (ukwishikana muvyerekeye intwaro bakaganzwa muri vyose n'aba isilamu) ku "Bahawe Igitabu" tuzokwihweza muri kimwe mu vyirwa bizokurikira.

Uko Muhamadi yabona abayuda mu bihe vya mbere

Mu ntango, icakwegera Muhamadi ku bayahudi, nuko yemeza yuko yari intumwa (uweretswe, umuhanuzi) abandaniriza kuvyakozwe n'urukurikirane rurerure rw'izindi ntumwa (abandi bahanuzi) z'abayuda. Mu myaka yanyuma y'igihe Muhamadi yahishurirwa ari i Maka n'iya mbere y'igihe c'i Medina, abayuda baravurwa cane, henshi bitwa "Abahawe Igitabu" Muri ico gihe, Korowani irerekana yuko naho abayuda bamwe bamwe bemera (Allah n'idini rya isilamu) , abandi ntibabe abayoboke, ubutumwa bwa Muhamadi buzoza nk'umuhezagiro kuri bo (K98:1-8).

Muhamadi kandi yari yarahuye n'Abakristo bamwe bamwe, kandi iyo migenderanire yari yamuteye intege. Muvyara wa Kadidja w'umukristo yitwa Waraqa yari yaremeje yuko Muhamadi ari intumwa. Hari n'ibivurwa abantu baherererekanije bemera ngo mu ngendo yagize, Mohamadi yarahuye n'uwihaye Imana (umumonaki) yitwa Bahira, nawe yavuze ko Muhamadi yari intumwa. Hari naho Muhamadi yari afise icizere cuko abayuda bari kumubonamwo "ikimeyetso kiboneka, icemezo" kirungitswe na Allah (K98) bagaca bahurumbira ubutumwa bwiwe. Nkako, Muhamadi yavuze yuko ivyo yigisha vyari co kimwe n'idini ry'abayuda, harimwo no "kwamizako

132

amasengesho" no gutanga ishikanwa (*zakat*[8]) (K98:5). Yaranategetse abayoboke biwe gusenga baraba i a*l-Sham* "Siriya", vyafatwa yuko kwari ugusenga berekeza amaso i Yeusalemu, kukaba kwari ukwigana umugenzo wakurikizwa n'abayuda, ukaba ariwo bisunga.

Igihe Muhamadi yashika ii Medina, ibivurwa mu makuru yagiye arahererekanwa n'aba isilamu vyemeza ko yaranguye isezerano ryari hagati y'aba isilamu n'abayuda. Iri sezerano ryaremera idini ry'abayuda—"Abayuda bafise idini ryabo, aba isilamu nabo bakagira rwabo"—kandi ngo ryategekanya yuko abayuda bayoboka Muhamadi.

Ukurwanywa i Medina

Muhamadi yatanguye gushikiriza ubutumwa bwiwe abayuda baba i Medina, ariko yasanze ubwo butumwa badashoka babwemera nkuko yari avyiteze avyizeye. Mu vyo aba isilamu bavuga bagiye barahererekana, bo bemeza yuko ivyo vyava kw'ishari bari bafitiye Muhamadi n'idini ryiwe. Bimwe muvyo Muhamadi yahishuriwe, harimwo ivyagaruka kuvyo muri Bibiliya, none, ntankeka, abigisha b'idini ry'abayuda (aba rabbi) ntibemera ivyo yavuga yibanda kuri Bibiliya, berekana aho Muhamadi yagenda yivuguruza, mu nsiguro yabiha akavuga ibitajanye nivyo bari basanzwe bazi neza biri koko muri Bibiliya.

Intumwa ya isilamu, ibibazo vy'abigisha b'idini ry'abayuda (aba rabbi) yasanga bimutungura, kandi hakaba ibihe vyinshi mu biri muri Korowani babimugarukanira, bakabitangana n'inyishu (zimuvuguruza). Mu bihe vyinshi, Muhamadi abajijwe ikibazo kimugora kwishura kikamuzazanira, yaca abihindukiza, akaja muri bimwe vyo kwiyemeza no kwerekana ko ari we avuga ibibereye, nkuko vyibonekeza mu duce twa Korowani.

Umwe mu mikenyuro yoroshe cane Muhamadi yakoresha, kwari ukwemeza ko abayuda bari ababeshi, ko bafata ibice vy'inzandiko babona bibafitiye akamaro ("ivyo baserura"), ibindi bakabihisha ("n'ivyo banyegeza"), ivyo babona bitogira ico bifashije mu vyo bariko baremeza (K36:76; K2:77). Iyindi nyishu ya Allah yavuga ko abayuda bari barahindaguye inyandiko zabo (K2:75).

---

[8] Imwe mu nkingi zitanu z'idini rya Isilamu, zakat ni umusoro umwe utangwa uko umwaka utashe (witwa ishikanwa muri Korowani).

Ibiyago abigisha b'abayuda (aba rabbi) bagize na Muhamadi, uruhererekane rw'ibivurwa mu ba isilamu rwemeza ko kitari ikiyago c'ukuri, canke yuko harimwo inyishu zitomoye ku vyo Muhamadi yemeza, ariko vyemezwa yuko cari ca caha c'ubuhakanyi no kubangikanya Allah (icaha ca *fitna*), aho abo bayuda ngo wasanga barondera gusambura idini rya isilamu n'ukwemera kw'abayoboke baryo.

Inyigisho ndoramana zirwanya abahakanyi

Uburyo ibiyago Muhamadi yagiriraniye n'abayuda bitamushimishije, ahubwo yasanze bitamujaho namba, bwatumye aja ararushirizaho kubarwanya. Naho mu bihe vy'imbere ibice vya Korowani vyavuga ko abayuda bamwe bamwe bari abayoboke b'idini, mu bihe vyakurikiye, Korowani yemeje yuko ihanga ryose ry'abayuda ryavumwe, kiretse bake bari ku rushi muri bo Korowani ivuga ko bemera (K4:46).

Korowani yemeza yuko mu bihe vyahera, abayuda bamwe bahinduwe inkende n'ingurube kubera ibicumuro vyabo (K2:65; K5:60; K7:166). Allah yarongeye abita abicanyi bagandagura intumwa (abahanuzi) (K4:155; K5:70). Vyavurwa yuko Allah yihakanye agaheba imigenderanire n'abayuda batigera bakurikiza amasezerano bagize, ko yakomantaje imitima yabo; ni co gituma aba isilamu baguma biteze yuko basanga abayuda (kiretse gusa bake muri bo) ari ba "mahindagu" mwemeranya kimwe bagakora ikindi (K5:13). Kubera ko bahonyanze isezerano ryabo ("abishe isezerano rya Allah"), abayuda bavuzwe ko ari "abahomvye" bahevye uburongozi bwabo nyabwo (K2:27).

I Medina, Muhamadi yahavuye yishiramwo yuko yarungitswe kugira ngo akosore amakosa y'abayuda (K5:15). Mu bihe vyambere vy'igihe c'i Medina, ivyahishuriwe Muhamadi vyari vyavuze yuko ari idini ryemewe kandi nyaryo(K2:62). Ariko rero, ako karongo karafuswe n'akandi karongo K3:85. Muhamadi yasozereye avuga yuko umuzo wiwe wakomboye ugafuta idini ry'abayuda, yuko iyo isilamu yazanye, ari ryo dini rya nyuma, idini ry'iherezo, ata rindi rizoza hanyuma, nuko Korowani ari ivyahishuwe vya nyuma, ata bindi bizohaba. Uwo wese atazoryemera, azoba mu "bahomvye" (ku musi w'imperuka) (K3:85). Ntivyari gusubira kwemerwa yuko abayuda—canke

134

abakristo—babandanya gukurikira idini ryabo rya kera: bategerezwa kwemera Muhamadi, hanyuma bakongera bagahinduka aba isilamu.

Mu mirongo ya Korowani, Muhamadi yaragomoye igitero kw'idini ry'abayuda co mu buryo bwose mu bijanye n'inyigisho ndoramana. Ibi vyandurutse kuburyo Muhamadi yumvise yartyojwe kubera ko abayuda batemeye ubutumwa bwiwe. Uku kwabaye kuri Muhamadi ubundi buryo bwo kwiyemeza no kwerekana ko ivyo avuga ari vyo, ari ntahinyuzwa, nka kumwe yabigenza mu kurwanya abasenga ibigirwamana (abahakanyi) b'abanya Maka. Niho Muhamadi no ngaha yakurikije inyishu zirangwa n'agasotoro.

Ukutemerwa bihinduka ugusota intambara

Muri Medina, Muhamadi atanguza isekeza ryo gutera ubwoba abayuda, mbere mu mperuka no kubamara ntibabe bakivurwa. Arindishijwe n'intsinzi yaronse ku bahakanyi mu ntambara yabereye i Badr, yaragendeye igisata c'abayuda b'aba Kenuka (Qaynuqa), abahigira ko bazohwikirwa n'umwihoro w'Imana yabarakariye. Yahavuye ahera aho, aronka icitwazo co gusungereza abayuda b'Aba Kenuka (Quaynuqa'), maze arabomora barava muri Medina.

Muhamadi yahavuye atangura urukurikirane rw'amagandagurwa y'abayuda bari ku rutonde rwateguwe, maze atanga itegeko rikurikira ku bayoboke biwe: "Ica umuyahudi wese abaguye mu vyara, mufiseko ububasha" Abayuda nabo yabamenyesheje ibikurikira: *aslim taslam, ni ukuvuga "Emera isilamu, uzoca wiberaho ata nkomanzi"*.

Hari habaye impinduka nini mu buryo Muhamadi yategera ibintu. Abantu batari aba isilamu bagumana uburenganzira ku matungo yabo n'ubuzima bwabo igihe gusa baba barashigikiye bakereka icubahiro cinshi idini rya isilamu n'aba isilamu. Abigenza mu buryo buteye kubiri n'ivyo vyaca vyitwa ca caha ca gikomeye ca *fitna* (co guhama aba isilamu, n'ic'ubuhakanyi no kubangikanya Allah), kandi vyaca biha aba isilamu inyendamuvano yo kubarwanya (kubatera).

Aho rero igikorwa ca Muhamadi co gutorera umuti ikibazo c'abayuda nticari bwarangire ngo gisozerwe. Abantu b'aba Bani Nadir nibo yaciye yirukako. Igisata cose c'aba Nadir yacagirije guhonyanga isezerano ryaco, bikaba vyatumye baca baterwa; hanyuma y'igihe kirekire co gusungerezwa no gusagiririzwa aho bari basanzwe baba, nabo nyene bahavuye bomorwa muri Medina baheberayo utwabo twose tuba ibinyagano vyegukira aba isilamu.

Munyuma yaho Muhamadi yaciye asagiriza igisata canyuma c'abayuda cari gisigaye, c'aba Banu Kurayiza (Bani Quraysa), ngo yisunze ibwirizwa yahawe n'umumarayika Jibril (Gabriyeri). Abo bayahudi bashize hasi ibirwanisho bakishikana ataco barinze gusaba, abagabo bose bo muri bo baciye bacirirwa umutwe icese mu kibanza c'isoko c'i Medina, abashika hagati ya 60000 na 90000, nkuko bivurwa n'amasoko anyuranye y'amakuru, maze abagore n'abana b'abo bayahudi nabo aba isilamu baca barabagabangana nk'abanyagano (imbohe zo gukoreshwa nk'abahakwa b'abashumba).

Aha rero Muhamadi ntiyaribwumve ko yarangije ikibazo c'abayuda bo muri Arabiya. Amaze kubomora bose muri Medina, yaciye atera i Khaybar. Ingwano ya Khaybar yatanguye Muhamadi aha abo bayahudi guhitamwo mu bintu bibiri: guhinduka bakaba aba isilamu, canke kwicwa. Ariko rero, aho aba isilamu batsindiye abayuda b'i Khaybar, barumvikanye ku kindi kintu kigira gatatu bashobora guhitamwo ciyongera kuri bimwe bibiri kwishikana hari ikindi kintu bemeye gukora. Uko niko abayuda b'i Khaybar bahindutse bakaba aba *dhimmi* ba mbere (raba mu cirwa ca 6).

Ibi nivyo bisozereye ivyo twashaka kuvuga kuburyo Muhamadi yigenjeje ku bijanye n'ikibazo c'abayuda.

Ningombwa kumenya yuko, kubera ko Korowani ifata abakristo n'abayuda co kimwe nk'abaserukira umurwi umwe basangiye witwa "Abahawe igitabu", uko abayuda bafatwa muri Korowani no mu buzima bwa Muhamadi, nk'Abahawe igitabu, nikwo kwabaye ifatiro n'akarorero k'uburyo abakristo nabo nyene bafashwe bakaja baragirirwa nabi uko ibihe vyagiye birakurikirana.

Inyishu zitatu Muhamadi yatoreye ikibazo co kutemerwa

Mu biranga ubuzima bwa Muhamadi mu gikorwa ciwe c'intumwa, twarabonye ingene yakumiriwe mu buryo bwinshi: mu muryango wiwe, mu kibano ciwe muri Maka, hanyuma ntiyemerwe n'abayuda b'i Medina.

Twabonye n'inyishu zinyuranye yatoreye ugukumirwa n'ukutemerwa. Mu bihe vya mbere, Muhamadi yerekanye inyishu kubijanye n'*ukwikengera we nyene akabona ataco arimwo:* kuri ibi, izo nyishu vyabaye ivyiyumviro vyo kwiyahura, ugutinya ko yari yatewe n'abadayimoni, hamwe n'ukwihebura.

Harabaye kandi n'inyishu zijanye *n'ukwiyemera n'ukwiha agaciro* zasa n'izari zigamije kumufasha kurengera akoba ko gukumirwa no kutemerwa[9]. Nkaha harabayemwo ukwemeza ko Allah azohana abansi biwe mu muriro udahera, ukwemeza ibimufasha kurengera aho yaba yatewe n'ibimaramare akabura ico akora n'ico areka, ari nka hamwe yavuga yuko intumwa zose mu gihe iki canke kiriya zari zarayobeshejwe na Satani ikazitesha inzira, n'imirongo ya Korowani yururutse iva kwa Allah ivuga ko abantu bose bakurikiye ivyahishuriwe Muhamadi bazotahira intsinzi muri ubu buzima no mu buzokurikira.

Mu mpera, *inyishu ziganjemwo ugusotorana n'ingwano* nizo zahavuye ziganza. Zahavuye zivamwo indinganizo ifatiye ku vyiyumviro vya *jihad* (ingwano nyeranda) ku mvo zo kurandurana n'imizi icaha ca *fitna* (uruhamo rw'aba isilamu, ubuhakanyi no kubangikanya Allah) mu kurwanya abatari aba isilamu n'ukubanesha akabigarurira.

Mu nyishu ziwe, Muhamadi yahereye ku kutiyemera akiha agaciro gato akikumira we nyene, hanyma aja ku nyishu zituma yiyemera akiha agaciro agaha agaciro n'ivyo avuga akanarondera kubihesha agaciro ku gahato, hanyuma aherza ku nyishu zirangwa n'ugusotorana n'ingwano. Muhamadi yabaye impfuvyi, yahindutse Muhamadi muterabupfuvyi (muremampfuvyi). Uwahora arangwa n'ukutiyemera no kubona ko ataco amaze, yigeze nukwiyumvira kwiyahura kuko yatinya ko yari yuzuyemwo abadayimoni batigera bamurekera amahoro, ni we yahavuye ahinduka ukumira agahahaza abandi, yemeza ku nguvu abandi bantu ivyo we yemera abicishije mu ngwano ku mvo zo gusubiriza ayandi madini yose no kuyigarurira mw'idini ryiwe.

---

[9] Kubivuga ugukumirwa n'inyishu bijanye nakwo, raba igitabu ca Noel na Phyl Gibson citwa *Ukwirukana abadayimoni bakwaritsemwo, no gucagagura ingoyi z'ubuja.*

Mu buryo Muhamadi yabona isi mubijanye n'ibishobisho vy'umutima, ugutsinda n'ugusubiza mu busa abatemera vyari "kuvura" intuntu z'abayoboke biwe, bigacuvya n'uburakari bwabo (bikabamara akanyota ko kwihora). Uku gukiza "amahoro ya isilamu", bitsindirwa biciye mu ngwano, kuvurwa mu buryo bukurikira muri Korowani:

> Nimubarwanye kugira ngo Allah abahanishe amaboko yanyu, ateko abamaramaze, maze muhabwe intsinzi, kandi ahumurize ibikiriza vy'abantu bemera, anakure intuntu mu mitima yabo. (K9:14-15)

Koko, mu ntango, Muhamadi n'abayoboke biwe barahamwe n'abanye Maka bari basanzwe bemera ibimana vyinshi. Ariko rero, aho afatiye ubutegetsi muri Medina, Muhamadi yahavuye atangura gufata yuko ukutemera ko ari intumwa, yuko ari uguhama aba isilamu, hanyuma arimika ingwano n'uguhohotera abandi ku mvo zo guhana abatemera idini ryiwe n'abaritwenga—ari abasenga ibigirwamana, abayuda, canke abakristo—kugira ngo bahore kandi baterwe ubwoba bemere kuganzwa. Muhamadi yarashinze umugambi w'ivyiyumviro vya politike n'ivy'igisirikare yari igamije ukurandurana n'imizi ugukumirwa n'ukutemerwa uko ari ko kwose vyogirirwa we nyene ubwiwe, idini ryiwe, n'ihanga ryiwe. Mubihe vyakurikiye, yaremeje yuko intsinzi y'umugambi wiwe yemeje ikongera ikagaragaza yuko ari intumwa.

Mu gihe cose ibi vyariko biraba, Muhamadi yariko agenda na ntaryo arushirizaho urugero rwo gushobora kuganza imitima y'abayoboke biwe, aba isilamu. Naho ubwa mbere na mbere, mu ntango, Korowani yari yamenyesheje yuko Muhamadi yari "gusa umugabisha", hanyuma yo kwimukira i Medina, yahavuye ahinduka umugaba w'abemera, gushika aho Korowani yavuze yuko "iyo Allah n'intumwa yiwe" bafashe ingingo ku kintu, ntakindi kiba gisigaye ku bayoboke atari ukugamburuka atakwirirwa baragira n'ico babajije (K33:36), kandi uwugamburukiye intumwa, aba agamburukiye Allah (K4:80).

Ukwo kwiganzira imitima kwazanywe na Muhamadi mu kiringo c'i Medina, kurabandanya guhahamura imitima   ku ba isilamu benshi bo muri kino gihe, biciye ku mategeko ya *sharia*.. Akarorero kamwe, ni itegeko rimwe ryo muri *sharia*, ryazanywe na Muhamadi, rivuga ko igihe umugabo yahukanye n'umugore wiwe akarinda avuga gatatu ngo "Ndakwirukanye, turavanye", hanyuma yaho bagashaka

138

gusubirana, uwo mugore ategerezwa kubanza kurongorwa n'uwundi mugabo, bakagira imibonano mpuzabitsina nuyo mugabo mushasha, hanyuma bakahukana nuyo mugabo agira kabiri imbere yuko ashobora gusubira kwabirana na wa mugabo wa mbere. Iri tegeko ryaratunguye riratuntuza abakenyezi benshi b'aba isilamu.

Korowani iratwereka ingene Muhamadi yagiye aratera imbere mu buzima bwiwe bw'intumwa. Ni igitabu ciwe bwite ku mwihariko, urwandiko rwerekana ingene ivyiyumviro vyo kurwanya ikumirwa n'ukutemerwa biciye ku kurwana, hamwe n'ugushaka kwiganzira ubuzima bw'abandi bantu, vyagiye birakura muri we. Ibiranga ivyahavuye bitegekwa abatari aba isilamu—nk'agacerere, ukwiyumvamwo icaha, n'ubukengurutsi—vyandurutse ku buryo inyishu za Muhamadi ku gukumirwa n'ukutemerwa zagiye zirahinduka, nkukwemeza ku nguvu abo bose banka kuvuga ngo "Ndemera ko atayindi mana iriho atari Allah, Muhamadi nawe ni intumwa yiwe" yuko bazohomba, ata ntsinzi bazoshikira.

Aha niho dusozerereye umwihwezo wacu w'ubuzima Muhamadi yaciyemwo burangwa n'ugukumirwa, n'inyishu yahaye uko gukumirwa, ivyo bibiri rero akaba yarabibayemwo, ariko nawe agahava biba ari vyo ashira abandi ku gahato, hamwe n'uburyo yarondeye ku buryo bwose intsinzi ku bansi biwe, kugira ngo yumve mu mutima wiwe yuko afise agaciro kandi yemewe.

Akarorero "nyako" (ntagereranywa)

Muri kino cirwa, twabonye bimwe mu bikuru bikuru biranga Muhamadi. Naho muri isilamu bamufata nk'akarorero ntagereranywa ko gukurikira ku bantu b'isi yose, twabonye yuko yari yaraseserejwe, kandi yarasinzikajwe rwose n'ugukumirwa . Mu nyishu ziwe, harimwo ukwikumira n'ukutiha agaciro, uguhava arondera kwiha agaciro no kwemerwa, ukuganza abandi, n'ukurondera gusotora abandi n'ingwano. Izi nyishu ku gukumirwa n'ukutemerwa vyaragize ingaruka mbi kuri we, kandi bibandanya kugeramira n'abandi bantu benshi gushika kuri uno musi.

Ubuzima bwa Muhamadi, ni ikintu gikomeye, kuko ingorane ziwe zahavuye zihinduka ingorane z'isi yose, biciye kuri *sharia* n'uburyo ayo mategeko atuma isi ibonwa. Ku bijanye n'ubuzima bw'umutima, u wese arabohewe ku kwisunga akamere n'akarorero vya Muhamadi. Izi ngoyi ziremezwa mu mugirwa wo kuvuga igisabisho ca *shahada*, kandi zirakomezwa biciye mu migirwa y'idini rya isilamu igihe cose havurwa igisabisho ca *shahada*. Amajambo ya mbere uruyoya rw'u rwumva rukivuka, ni arya majambo ya *shahada* avugirwa mu gutwi kwarwo.

Igisabisho ca *shahada* kivuga ko Muhamadi ari intumwa ya Allah, navyo bikaba ari ukwemeza ko Korowani ari ijambo rya Allah ryarungikiwe Muhamadi ka ntumwa ya Allah. Kuvuga *shahada* ni ukwemeza ivyo Korowani ivuga kuri Muhamadi, harimwo n'ibwirizwa ryo gukurikiza akarorero kiwe, ukwemera uguhigirwa n'imivumo Muhamadi yageneye abatamuyoboka, n'itegeko ryo kurwanya, mu mvugo no mu ngiro harimwo no gukoresha ibirwanisho abatemera ubutumwa bwiwe bakanka kumuyoboka.

Nkako, *shahada* ni ibibwirwa isi y'impwemu—"abafise ububasha n'abaganza iyi si y'umuzimagiza" (Efeso 6:12)—yuko umuyoboke azirikiwe akazigitirirwa n'isezerano ku gukurikiza akarorero ka Muhamadi: si kubw'umubiri, "umutima wiwe niwo uziritse", uboheye kuri Muhamadi, ni "ingoyi z'umutima" (raba icirwa ca 7). Ibi, bica bihoma uyo muntu kuri Muhamadi kubw'impwemu (kubijanye n'umutima). Izi ngoyi zifatiye kw'isezerano ziha uburenganzira bene ububasha no kuganza (ya si y'umwijima) bwo gushira ku bayoboke b'idini rya isilamu ingorane zimwe nk'izahanamiye Muhamadi kandi nawe zamuboshe mu bijanye n'ubuzima bw'umutima n'imibereho, kandi bikaba ari vyo vyashizwe imbere bikanakomezwa mu mategeko ya *sharia* agenga aba isilamu, bikaba vyaciye biba navyo vyahavuye bihinduka intimatima y'imico n'imigenzo vy'ibihugu n'amahanga vy'aba isilamu.

Twavuze bimwe mu bintu atari vyiza namba mu biranga *Sunna* ya Muhamadi bisubira bikibonekeza mu buzima bw'aba isilamu bivuye ku bitegekanijwe bisabwa muri *shahada* na *sharia*. Nguru urutonde rw'ibintu atari vyiza namba mu vyaranze akarorero n'inyigisho vya Muhamadi:

- Uguhohotera abantu n'ingwano
- Ukugandagura abantu
- Ubuhake/ubuja
- Ukwihora n'ingere kuyindi
- Urwanko

- Urwanko rw'abakenyezi (uburyo bafatwa nabi)
- Urwanko rw'abayuda
- Uguhohotera abantu
- Ugutera isoni (ugutetagiza) no kurega (gushengeza) abandi ubashirako icaha
- Iterabwoba (ugukoresha igitugu n'igitsure)
- Ububeshi
- Ugushavuzwa n'ibidafashe
- Kwishiramwo yuko uhahazwa, uhamwa
- Kwisigura no kwihora
- Kwiyumva yuko uri hejuru y'abandi, ubarengeye
- Kwerekana no kuvuga Imana ukutari ko
- Kuganza abandi
- Uguhohotera no gufata ku nguvu (abakenyezi).

Iyo aba isilamu bavuze ya *shahada,* mu vy'ukuri baba bariko bemeza bakemanga ibivurwa na Korowani na *Sunna* kuri Kristo na Bibiliya. Na vyo ni ibi bikurikira:

- Guhakana urupfu rwa Kristo ku musaraba
- Urwanko rw'umusaraba
- Uguhakana ko Yesu ari Umwana w'Imana (n'imivumo kubavyemera)
- Ikirego ko abayuda n'abakristo bahinduye bagartyoza inyandiko (nyeranda)
- Icemezo cuko Yesu azogaruka gusambura idini ry'abakristo no guhindura ku nguvu isi yose ikayoboka amabwirizwa ya *sharia* ya Muhamadi.

Muvy'ukuri, ivyo bintu ni umutwaro ukomeye, uremereye. Kimwe mu bibangamira abavuye mw'idini rya isilamu bagakurikira Yesu Kristo, igihe bidatorewe umuti ngo babihebe ubudakebuka, uzosanga bigumana ikibanza mu mitima y'abantu. Ni na kimwe mu bituma aba isilamu bahindutse bagakurikira Kristo bashobora gusanga ibifashi

141

n'amahwa (ingorane n'ibindi bintu vyo kurwanya) mu nzira yabo yo kugendanira Kristo (mu buzima bwabo bw'ubukristo).

Igihe hatabaye ukwihakana ata gukebaguzwa Muhamadi nk'intumwa, muri ico gihe, imivumo n'imihigo biri muri Korowani, n'uburyo Muhamadi atemera canke ah'ubwo arwanya urupfu rwa Kristo nuko Kristo ari Umukama/Umwami, birashobora gutuma uwo yahindutse umukristo ahungabana mu mutima, bigatuma ashobora guterwa ubwoba mu buryo bworoshe, bikamuzanira ukuba magara make no kujogajoga akumva adahagaze neza mu gukurikira Yesu. Ibi birashobora kuzingamika rwose uburyo umuntu aba umugendanyi n'umwigishwa wa Kristo.

Kubera ivyo, iyo umuntu avuye muri isilamu, birakwiye yuko yihakana ido n'ido akarorero n'inyigisho vya Muhamadi akavavanura navyo, hamwe mbere na Korowani, n'iragi n'imivumo yose ivurwa muri ca gisabisho ca *shahada*. Tuzokwiga ingene vyokorwa mu cirwa gikurikira, igihe tuzoba turiko twihweza ubuzima bwa Yesu Kristo n'umusaraba wiwe, twongere dutange ivyokorwa kugira ngo umuntu yigobotore ingoyi z'akarorero ka Muhamadi.

Urwandiko ndongoranyigisho

Icirwa ca 4

Amajambo mashasha

Imirongo ya Satani – (versets sataniques)	Amasezerano y'i Hudabiya (Hudaybiyyah)
Ugufuta	*zakat*
jinn	*aslim taslam*
qarin	*Khaybar*
ukwimuka	*dhimmi*
fitna	Abahawe igitabu

Inyishu zifatiye ku gukumirwa, ukwikumira (kutiyumva yuko hari ico umaze), ukwiyemera/ukwiyemeza, ugusotorana n'ingwano

Amazina mashasha

- Kurayishi, igisata c'umuryango wa Muhamadi i Maka
- Abdullah bin Abd al-Muttalib: umwarabu se wa Muhamadi (yapfuye mu mwaka wa 570)
- Abu Talib: se wabo wa Muhamadi akaba n'umurezi wiwe (yapfuye mu mwaka wa 620)
- Abu Lahab: se wabo wa Muhamadi, akaba yaranamurwanije (yapfuye mu mwaka wa 624)
- Kadija (Khadija): Umugore wa Muhamadi i Maka (yapfuye mu mwaka wa 620)

- Ibn Kathir: Umunye Siriya w'umuhinga n'umwanditsi w'ivyabaye (1301-1373)
- Ibn Ishaq: Umunye Siriya yanditse ubuzima bwa Muhamadi (704-768). Ivyo yanditse vyateguwe —nk'igitabu casohowe—na Ibn Hisham (umwaka wa 833).
- Gabriyeri (Jibril): bivurwa ko ari umumarayika yarungikiye ubutumwa Muhamadi
- Waraqa: umukristo yari muvyara wa Kadija, umugore wa mbere wa Muhamadi
- Ali bin Abu Talib: Muvyara wa Muhamadi (Muhamadi yaramukurira), umuhumgu wa Talib, akaba ari we yabaye umuyoboke agira kabiri wa Muhamadi (601-661)
- Al-Tabari: umwanditsi w'umuhinga muvya kahise yemewe cane yanditse agatanga n'ivyiyumviro vyiwe kuri Korowani (839-923)
- Al-Lat, al-Uzza, na Manat: ibimanakazi vy'abanya Maka, ngo bari abakobwa batatu ba Allah
- Aba Hashemite: abamuka kuri sekuruza wa Muhamadi yitwa Hashim
- Yathrib: izina rya kera rya Medina
- "Abafasha" (abayoboke) b'aba Ansar: Abanya Medina bakurikiye bakayoboka Muhamadi
- Dr Wafa Sultan: Umunyamerika aturuka muri Siriya w'umuhinga w'ingwara zo mu mutwe akaba yandika n'ibintu binegura idini rya isilamu (yavutse mu mwaka wa 1958)
- Ahmad bin Muhamadi: Umwigisha wo muri Aljeriya yatanga icirwa ca politike igenga inyigisho ndoramana
- Uqba: umwarabu w'i Maka yarwanya Muhamadi
- Bahira: uwihebeye Imana w'umukristo yahuye na Muhamadi mu ngendo ziwe yagize
- Banu Kenuka (Qaynuqa)ʻ, Banu Nadir na Banu Qurayza: ibisata vy'imiryango y'abayuda b'i Medina

144

Bibiliya muri iki cirwa

Efeso 6:12

Korowani muri iki cirwa

K111	K46:29-32	K36:76	K2:27
K93	K71:1-15	K2:77	K5:15
K109:6	K83:29-36	K2:75	K2:62
K53	K2:190-93	K4:46	K3:85
K22:52	K2:217	K2:65	K9:14-15
K53:1-3	K8:39	K5:60	K33:36
K68:1-4	K2:193	K7:166	K4:80
K20:64, 69	K60:10	K4:155	
K26:40-44	K9:3-5, 7-8	K5:70	
K10:95	K98:1-8	K5:13	

Ibibazo ku cirwa ca 4

- Guhanahana ivyiyumviro ku karorero **ntanganyigisho**.

Intango mu muryango

1. Ni ibihe bintu bitatu bibabaje vyashitse mu myaka ya mbere y'ubuzima bwa Muhamadi?

2. Ni ibiki bizwi ku nyifato Muhamadi yeretswe na se wabo yitwa Abu Lahab?

3. Ni ibihe bintu bitandatu ubugeni bwa Muhamadi na **Kadija** bwisangije?

4. Ni igiki cababaje Muhamadi na **Kadija** mu bijanye n'ukuronka ibibondo?

5. Ni abahe bantu babiri bafashe neza cane Muhamadi?

Ishingwa ry'idini rishasha (i Maka)

6. Muhamadi yari afise imyaka ingahe aho yatangura kubonekerwa n'umumarayika" **Gabriyeli,** hanyuma yakiriye gute ayo mabonekerwa, yavyifashemwo gute?

7. Igihe **Waraqa** yumva ibijanye n'amabonekerwa ya Muhamadi, yamenyesheje iki?

8. Muhamadi yaguma atinya iki, Allah akaba yaguma amuhumuriza ko uko yiyumvira abitari vyo?

9. Ni ba nde babaye abayoboke ba mbere b'idini rya isilamu?

Igisata c'umuryango wa Muhamadi

10. Ni igiki catumye umurwi muto w'aba isilamu wa Muhamadi uhinduka "inkehwa zigayitse"?

11. Ni igiki gikomeye **Abu Talib,** se wabo wa Muhamadi yakoze, naho atari u?

146

12. Igisata c'umuryango w'aba **Kurayishi** bahavuye bakorera iki Muhamadi n'abayoboke biwe?

13. Aba isilamu benshi bahungiye mu gihugu ikihe c'abakristo, kandi ni abagabo bangahe bahunganye n'imiryango yabo?

⚛

Ukwibaza ko hari ico yoba amaze no guhava yiyemera akiyemeza

14. Ni uwuhe mwumvikano abanye Maka basavye Muhamadi kwemera hanyuma akaba yahavuye abaha inyishu iri mu karongo ka K109:6?

15. Ni igiki Muhamadi yemeye , kandi kigahimbara abanya Maka , ariko akaba yahavuye agihindukiza akakivamwo, ubu kikaba citwa **uturongo twa Satani**?

16. Hanyuma yaho Muhamadi ahinduriye (ntabe acemera gusenga imana z'abanye Maka), insiguro yo kwihohora atanga ni iyihe mu karongo ka K22:52?

17. Ni ibiki Muhamadi yavuga vyo kwishima yishira hejuru y'abandi?

18. Iciyumviro ca Muhamadi ku migisha n'intsinzi cahavuye kiba ikihe mu mpera z'igihe c'i Maka?

Abamurwanya biyongera, co kimwe n'abayoboke biwe

19. Ni ibihe vyago bibiri vyashikiye Muhamadi, hanyuma yasubiye kuronka hehe abamukingira?

20. Igihe Muhamadi yari mu nzira avuye i Ta'if, ni bande bahindutse aba isilamu bamwumvise ariko arasenga?

21. Ni ibihe bituma bibiri Durie atanga ku guha aba isilamu benshi inzira yo kwugurukira umurwi w'impwemu?

22. Aba Ansar baturuka i Medina bemereye Muhamadi gukora iki?

23. Mu mwaka wa mbere yamaze i Medina, Muhamadi yashoboye gukora iki atari yashoboye gukora i Maka?

None igihe yaba i Maka, Muhamadi vyukuri yari umunyamahoro?

24. Ni ibiki biteye ubwoba biburwa mu masurati (ibigabane) ya Korowani y'i Maka?

25. **Ibn Ishaq**, avuga ko Muhamadi yahigiye abo mu gisata c'umuryango w'aba **Kurayishi** b'i Maka yuko ari ibiki bizobashikira?

Hanyuma y'uruhamo, hakurikira ukwica

26. Muhamadi yagiriza aba **Kurayishi** gukoresha iki mu kumurwanya, kikaba ari naco cahavuye kivamwo inyendamuvano y'umugambi wose wo kurwana (gusota intambara)?

27. Kubwa Muhamadi, ni igiki ari icaha kibi kurusha ukwica abantu n'ukutubahiriza ukwezi kweranda?

28. Ni igiki gituma ingwano nyeranda (*jihad*) iba ngombwa?

29. Abahinga b'aba isilamu n'umuhinga w'umu Persi wo muri Siriya **Ibn Kathir** bavuga yuko utari umuyoboke wa isilamu (umuhakanyi atemera ubutumwa bwa Muhamadi) uba ukwiye iki?

"Ehe ni twebwe duhahazwa ! (Nitwe turenganywa)

30. Ni kuki aba isilamu babona ko umubabaro wabo (amabi bagirirwa) uturuka ku kurenganywa no guhahazwa ari mubi kurusha ukwica abansi babo?

31. Niigiki Umwigisha **Ahmad bin Muhamadi** yashingiyeko mu kwerekana yuko aba isilamu barenganywa igihe yariko araharira na **Wafa Sultan**?

Ibihano (vy'akihoro k'akazikira)

32. Ivyo Muhamadi yagiriye Uqba n'uburyo yigenza vyerekana iki?

33. Urutonde rw'abategerzwa kwicwa na Muhamadi mu banya Maka bari bafashwe rugaragaza iki?

Ingaruka ku batari aba isilamu

34. **Abahawe igitabu** bashikiwe niki igihe na bo nyene bihakanye isilamu?

35. Durie avuga yuko ari igiki cahavuye ciganza mu buzima bwa Muhamadi?

36. Ni kuki Muhamadi yummvise yuko yashobora kudakurikiza **amasezerano y'i Hudabiya** (ko yashobora kuyahonyanga)?

37. Uturongo twa K9:3-5 dutegeka aba isilamu gukorera iki abasenga ibigirwamana?

☙

Uko Muhamadi yabona abayuda mu bihe vya mbere

38. Korowani ivuga gute abayuda mu masurati yandikiwe i Maka no mw'isurati ya 98?

39. Ni igiki cerekana yuko Muhamadi yari yarizigiye ko abayuda bazokwakira neza ubutumwa bwiwe bakabuyoboka?

Ukurwanywa i Medina

40. Ni kuki Muhamadi yagiye ararushirizaho kwisunga ibishasha yahishuriwe mu biganiro yagiriranira n'abigisha b'abayuda (aba rabbi) b'i Medina?

41. Ni mu buhe buryo bubiri Muhamadi yishuye ku caha ca *fitna* c'abayuda?

Inyigisho ndoramana zirwanya abahakanyi

42. 42.Durie aravuga ubutumwa bushasha bwa Muhamadi burwanya abayuda: Korowani ivuga ko abayuda bari ibiki, bashikiwe n'ibiki?

   1) K4:46 …

   2) K7:166, etc …

   3) K5:70 …

   4) K5:13 …

5) Q2:27 …

43. Muhamadi yiyumvira yuko ubutumwa bwiwe **bwafuse** canke **bwakomboye** iki?

Ukutemerwa bihinduka ugusota intambara

44. Muhamadi yakoreye iki igisata ca mbere c'abayuda b'aba **Kanuka** b'i Medina?

45. Ni kuki abayuda basigaye muri Medina, Muhamadi yabigishije *aslim taslam* Medina?

46. Muhamadi yakoreye iki igisata ca kabiri c'abayuda b'aba **Nadir** bo muri Medina?

47. Muhamadi yakoreye iki igisata ca gatatu c'abayuda b'aba **Kurayiza** bo muri Medina?

48. Muhamadi yakoreye iki igisata c'abayuda b'aba **Khaybar**?

49. Ni ba nde mw'idini rya isilamu bafatwa nk'**Abahawe Igitabu**?

Inyishu zitatu Muhamadi yatoreye ikibazo co kutemerwa

50. Hafatiwe ku buryo bwinshi yaciyemwo bwo gukumirwa no kutemerwa, Muhamadi ubwoko butatu bw'inyishu yabitoreye ni ubuhe (inyishu ziwe zaciye ku ntambwe izihe zitatu)?

51. Uturongo twa K9:14-15, tuvuga yuko ari ibiki vyovura intuntu mu mutima wa Muhamadi n'iy'abayoboke, bikongera bigahumuriza ibikiriza vyabo (ishavu ryabo)?

52. Muhamadi yakoze iki kugira ngo arandurane n'imizi ugukumirwa n'ukutemerwa uko ari ko kwose vyogirirwa we nyene ubwiwe n'ihanga ryiwe?

53. Hanyuma yo kwimukira I Medina, hahindutse iki mu vyo Muhamadi yari ajejwe (amabanga yiwe)?

54. Mu bihe vyakurikiye, Korowani yahavuye ishinga yuko ukugamburukira Allah ari ugukora iki? (Ko ari ubuhe buryo bwo kugamburukira Allah?

55. Ivyahavuye bitegekwa abatari aba isilamu—nk'agacere, ukwiyumvamwo icaha, n'ubukengurutsi—vyandurutse kuki, bishingiye kuki?

Akarorero "nyako" (ntagereranywa)"

56. Ni mu buhe buryo ingorane za Muhamadi zahavuye zihinduka ingorane z'isi yose?

57. Ni ayahe majambo ya mbere uruyoya rw'u rwumva rukivuka, avugirwa mu gutwi kwarwo?

58. Ni ibihe bintu bibiri aba isilamu bemeza iyo bavuze igisabisho ca *shahada?*

59. Durie avuga yuko ari ubuhe burenganzira ukuvuga igisabisho ca shahada guha bene ububasha bwo kuganza imitima?

60. Niwaba wewe nyene ubwawe umaze guhura n'aba isilamu, woba warabonye mu migenzo yabo bimwe mu bintu 18 biranga akarorero ka Muhamadi bidondaguwe ngaha hepfo (ca akazingi kuri kimwe canke ibirenga.)

- Uguhohotera abantu n'ingwano
- Ukugandagura abantu
- Ubuhake/ubuja
- Ukwihora n'ingere kuyindi
- urwanko
- Urwanko rw'abakenyezi (uburyo bafatwa nabi)
- Urwanko rw'abayuda
- Uguhohotera abantu
- Ugutera isoni (ugutetagiza) no

- Ububeshi
- ugushavuzwa n'ibidafashe
- Kwishiramwo yuko uhahazwa, uhamwa
- Kwisigura no kwihora
- Kwiyumva yuko uri hejuru y'abandi, ubarengeye
- Kwerekana no kuvuga Imana ukutari ko
- Kuganza abandi
- Uguhohotera no gufata ku nguvu (abakenyezi).

154

kurega (gushengeza)
abandi ubashirako
icaha
- iterabwoba
(ugukoresha igitugu
n'igitsure)

- Nta na kimwe muri
ivyo biri hejuru

61. Korowani na *Sunna* bivuga iki ku bijanye nuko Yesu ari Umwana w'Imana?

62. Korowani na *Sunna* bivuga iki kuri Bibiliya (inyandiko nyeranda)?

63. Korowani na *Sunna* bivuga ko Yesu azokora iki ku bakristo niyagaruka mw'isi?

64. Igihe duhakanye tugaheba burundu akarorero ka Muhamadi n'imivumo bijana, ni ikihe kindi kintu tuba duhevye burundu?

65. Mu buzima bw'umutima, ni ibihe bintu bine bishobora guterwa n'ukudashobora guhakana burundu Muhamadi?

5

Umwidegemvyo kuri

Shahada

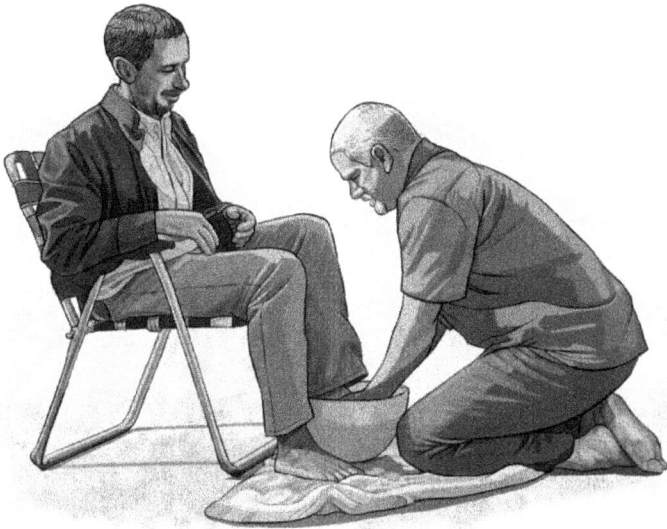

"Nuko rero, umuntu wese iyo ari muri Kristo, aba ari
icaremwe gishasha."
2 Korinto 5:17

Ibigize ihangiro ry'icirwa

a. Gutandukanya no gutegera aho Yesu na Muhamadi bari bataniye ku nyishu batoreye ingorane yo gukumirwa.

b. Kwihweza uburyo bunyuranye Yesu yihakanywe, yakumiriwe, yakengerewe.

c. Gutegera ingene Yesu yemeye ugukumirwa akamirira kure uguhohotera abandi n'ingwano.

d. Kwihweza ingaruka nziza inyigisho za Kristo zishingiye ku gukunda abansi bacu zagize.

e. Kwemera yuko Yesu yateguriye abigishwa biwe n'abakristo bose kwakira uruhamo rushobora kwaduka.

f. Gutegera inyishu Imana iha ugukumirwa kw'Imana n'abantu mu rupfu rwo ku musaraba rwa Yesu Kristo.

g. Gutegera ingene izuka n'ukwurira mw'ijuru vyerekana bikagaragaza urupfu rwa Yesu Kristo.

h. Kubona no kuzirikana ingene Muhamadi yanka urunuka umusaraba wa Yesu.

i. Ukwiyegurira Kristo mu kuvuga igisabisho co kumukurikira.

j. Kwihweza ibice vy'ivyanditswe vyera bivuga ibintu vy'ukuri 15 vyo kwisunga igihe witegurira ukwihakana burundu *shahada*.

k. Kwemeza umwidegemvyo w'umutima kuri *shahada* mu kuvuga igisabisho co kuyihakana.

Akarorero ntanganyigisho: Wokora iki?

Watumiwe i Jos muri Nijeriya, mu nama kubijanye "n'Ukwizera n'Ubutungane". Urafise uburyo bwose bwo kuyijamwo ku bijanye n'amikoro, kandi ugiye ku bushake bwawe nk'umufasha w'igisata gishinzwe kumenyesha amakuru. Wasanze ibivurwa biryoshe cane, bikwubaka, abarongoye ibikorwa baragutera intege ngo wicare ukurikire utunama two guhanahana ivyiyumviro mu mirwi mito mito. Uvyemeranye akamwemwe.

Ku musi ugira kabiri, umurwi muto urimwo wasanze uja guhanahana ivyiyumviro kuri iki gikurikira: abakristo, botegerejwe gutanga itama rigira gatatu[10] (rigakubitwa)" Hari abantu babiri mu murwi wawe bashigikiye batiziganya ko hatokwigera havurwa uguhohotera uwundi, ko hokwama higanje amahoro, ari ukuvyubahiriza, kandi ko ari uguhunga ico cose codukwegera mu bintu bidatekanye (mu muhungabano). Mu murwi wawe, amajwi menshi kurusha ararwanya ico ciyumviro, avuga ati: " Ukugira ubwoba ntiturwanye ihohoterwa bizotera intege aba isilamu gukuzako bakamara abatayoboka idini ryabo muri Nijeriya". Bati "Aba isilamu ico bubaha, ni ukurwanywa ata bwoba, ingingo zikomeye zo kwikingira, n'ihanga ry'idini ryacu ryama ryarikanuye. Abakristo b'ukuri bararwanira ingo zabo, imisozi n'ibirwati vyabo, kandi ntibigera bahunga".

Izo mpande zibiri zose zikoresha ivyo zakuye mu nzandiko nyeranda kugira ngo zerekane ko ivyo zivuga ari vyo bibereye. Impera n'imperuka, bahindukirira wewe, bavuga bati: Wovuga iki? Yesu avuga ngo "bereke irindi tama": none twobereka n'itama rya gatatu?"

Uzovuga iki?

Muri utu duce dukurikira, turaraba ingene Yesu yagiye aratorera inyishu ivyamushikiye vyo gukumirwa no kutemerwa. Ubuzima bwa Yesu, co kimwe nubwa Muhamadi, bwaranzwe n'ugukumirwa, ari nakwo kwamushikanye kw'iherezo ryo ku musaraba. Inyishu ya

---

[10] Mu yandi majambo, abakristo ga, boguma batanga irindi tama, atari rimwe gusa, ahubwo kabiri n'akarenga?

Muhamadi kuri ukwo gukumirwa, vyabaye ibihano n'ukwihora; inyishu ya Yesu ntaho yari ihuriye namba n'iyo yo kwa Muhamadi, ibi bikaba ari na vyo bisigura igituma ari nkenerwa kwigobotora idini rya isilamu.

Intango y'ubuzima itoroshe na mba

Nka kurya vyagenze kuri Muhamadi, ibijanye n'umuryango ntivyari vyoroshe kuri Yesu. Igihe c'amavuka, hashobora kuba isoni zuko yoba ari umwana w'ishushu (Matayo 1:18-25). Yavukiye mu bworo ntangere, mu bwato bw'inka (Luka 2:7). Hanyuma yaho avukiye, umwami Herodi yararondeye kumwica. Yaciye aba impunzi, ahungira muri Egiputa (Matayo 2:13-18).

Yesu abazwa ibibazo

Igihe Yesu yatangura ubutumwa bwo kwigisha, afise hafi imyaka mirongo itatu, yararwanijwe cane. Nkuko vyagendeye Muhamadi, abakuru b'idini ry'abayuda barabajije Yesu ibibazo vyari bigamije kwiyamiriza no kurwanya ubukuru bwiwe:

> … abanyabwenge b'ivyanditswe n'abafarisayo batangura kumusungereza no kumwiyandagazako ngo bamuvugishe vyinshi, bamutega ngo bafate ijambo bokwumva avuga ngo bamurege. (Luka 11:53-54)

Ivyo bibazo vyari vyerekeye ibi bikurikira:

- Igituma Yesu yafasha (yakiza) abantu kw'isabato: iki kibazo cari kigamije kwerekana yuko yariko ararenga amategeko (Mariko 3:2; Matayo 12:10)

- Ububasha yari afise bwamutuma akora ivyo yakora (Mariko 11:28; Matayo 21:23; Luka 20:2)

- Niba birekuwe ko umuntu yirukana umugore wiwe (Mariko 10:2; Matayo 19:3)

- Ko vyemewe gutanga ikori rya Kayisari (Mariko 12:15; Matayo 22:17; Luka 20:22)

- Ibwirizwa risumba ayandi mabwirizwa yose (Matayo 22:36)

- Uwo Mesiya akomokako (umuhungu wa nde?) (Matayo 22:42)

- Se wa Yesu (Yohana 8:19)
- Izuka (Matayo 22:23-28; Luka 20:27-33)
- kumusaba kwerekana ibimenyetso (Mariko 8:11; Matayo 12:38; 16:1).

Hejuru y'ivyo bibazo, Yesu yagirijwe ibi bikurikira:

- kuba arimwo abadayimoni, "kubamwo Satani", no gokora ibimenyetso (ibitangaro) ku bubasha bwa Satani (Mariko 3:22; Matayo 12:24; Yohana 8:52; 10:20)
- kugira abigishwa batubaha isabato (Matayo 12:2) canke umugirwa wo gukaraba (imbere yo gufungura) (Mariko 7:2; Matayo 15:1-2; Luka 11:38)
- gushinga intahe itari iy'ukuri (Yohana 8:13).

Bene kumukumira

Iyo turavye ubuzima n'inyigisho vya Yesu, dusanga yakumiriwe n'abantu benshi banyuranye, n'imirwi myinshi inyuranye:

- Umwami Herodi yaragerageje kumwicisha igihe yari akiri uruhinja (Matayo 2:16).
- Abantu bo mu ntara yiwe y'i Nazareti baramurakariye (Mariko 6:3; Matayo 13:53-58) baragerageza kumutembagariza mu manga y'umusozi ngo bamwice (Luka 4:28-30).
- Abantu bo mu muryango wiwe bamwagirije ko yasaze (Mariko 3:21).
- Benshi mu bigishwa biwe baramuvuye inyuma (Yohana 6:66).
- Isinzi ry'abayuda baragerageje kumutera amabuye (Yohana 10:31).
- Abatware b'abayuda bagize inama yo kumwica (Yohana 11:50).
- Yahemukiwe agurishwa na Yuda, umwe wo mu bagendanyi biwe (Mariko 14:43-45; Matayo 26:14-16; Luka 22:1-6; Yohana 18:2-3).

- Yarihakanywe gatatu kose na Petero, umwigishwa wiwe mukuru (Mariko 14:66-72; Matayo 26:69-75; Luka 22:54-62; Yohana 18).

- Ukubambwa kwiwe kwasabwe n'isinzi ry'abantu i Yerusalemu, igisagara ata misi yari ihaciye kimwakiranye akamwemwe kenshi nka Mesiya bari biteze (Mariko 15:12-15; Luka 23:18-23; Yohana 19:15).

- Yarakubiswe, aracirwako amate kandi aratwengwa n'abakuru b'idini ry'abayuda (Mariko 14:65; Matayo 26:67-68).

- Yaratwenzwe arakubagurwa n'abari bamucunze, n'abasirikare b'abaroma (Mariko 15:16-20; Matayo 27:27-31; Luka 22:63-65, 23:11).

- Yagirijwe ibirego vy'ibinyoma imbere y'amasentare y'abayuda n'ay'abaroma, acirwa urubanza rwo gupfa (Mariko 14:53-65; Matayo 26:57-67; Yohana 18:28ff).

- Yarabambwe, uburyo bwo kwicwa butesha agaciro kurusha ubundi bwose mu migenzo y'abaroma, bwabonwa n'abayuda nk'igihano cazana imivumo y'Imana kuri nyene kubambwa (Gusubira mu vyagezwe 21:23).

- Yesu yabambwe hagati y'ibisuma bibiri, kandi aratukwa aratwengwa igihe yariko arababara agira acikane ku musaraba (Mariko 15:21-32; Matayo 27:32-44; Luka 23:32-36; Yohana 19:23-30).

Inyishu za Yesu kuri uko gukumirwa

Turavye ibi bihe vyose Yesu yakumiriwe akihakanwa, nta nahamwe tubona mu nyishu ziwe ko Yesu yarakaye canke ngo yikore ku nguvu. Nta na hamwe arondera kwihora.

Rimwe na rimwe, Yesu ntiyishura abariko baramurega, akarorero gakuru rurangiranwa hakaba igihe bamwagiriza imbere yuko abambwa (Matayo 27:14). Mu bihe vya mbere vy'Ishengero, ibi vyabonwa nk'iranguka ry'ivyavuzwe n'abahanuzi (abavugishijwe n'Imana) kubijanye na Mesiya.

Yaracurangizwa, yamara akarendeka, ntiyakurako umunwa; nk'umwagazi w'intama ujanwa mw'ibagiro, canke nkuko intama itekerereza imbere y'abayikata ubwoya, niko atakuyeko umunwa. (Yesaya 53:7)

Igihe bamusaba kwisigura, hari aho Yesu yiyankira kubigira, agashima kubaza ikibazo aho kwishura (akarorero, Matayo 21:24; 22:15-20).

Yesu ntavyo gutongana vyamurangwako, naho kenshi abantu bagerageza kumusotora:

Ntazoharira ntazoyogora, kandi ntawuzokwumva ijwi ryiwe mu nzira; ntazohohosha irenga rivunitse, nurumuri ruyengera ntazoruzimya, gushika ashikanye ubutungane ku ntsinzi. (Matayo 12:19-20, yasubiyemwo ivyanditswe muri Yesaya 42:1-4)

Igihe vyashitse bagashaka kumutera amabuye no kumwica, yaca ababisira akigira ahandi hantu (Luka 4:30), kiretse ivyabaye vyamushikanye ku musaraba, kuko hoho Yesu yagiye abizi yuko afashe inzira imushikana ku rupfu.

Ico twovuga kuri izo nyishu, ni uko igihe cose Yesu yashikirwa n'ikigeragezo co gukumirwa, yararengera ico kigeragezo, akaboneraho kutaneshwa n'iryo kumirwa. Ikete ryandikiwe abaheburayo rivuga mu mpfunyapfunyo inyishu ziwe nkuku gukurikira:

… nuko umuherezi mukuru dufise atari uwudashobora kubabarana natwe mu ntege nke zacu, ariko ni uwagerageejwe uburyo bwose nkatwe—yamara we nta caha yakoze. (Heburayo 4:15)

Ishusho dufise ya Yesu mu Butumwa Bwiza ni iy'umuntu yari atekanye cane kandi yiyumva ameze neza muri we, yiyumvamwo amahoro. Nta gatima ko kwihora kamurangwako: ntiyigera yumva yuko bikenewe namba gutera canke gusambura abamurwanya. Yesu, ntikwabaye gusa ugutorera inyishu ibereye igihe cose yakumiriwe: yaranahaye abagendanyi biwe inyigisho zirimwo ifatiro ndoramana ryo kwisunga mu gutorera inyishu ugukumirwa, ku mvo zo kugwanya ivyotuma haba ikumirwa. Ibikuru bikuru bigize iri fatiro ndoramana turabigarukako imbere muri kino cirwa.

Ubuzima bubiri burangwa n'ikumirwa

Ni ikintu gihambaye cane kubona Yesu na Muhamadi ari bo batanguje amadini abiri manini kurusha ayandi yose yo kw'isi, kandi bikaba bivurwa yuko bose uko ari babiri bashikiwe n'ikumirwa rikomeye. Iryo kumirwa ryatanguranye n'ingene bavutse n'ubwana bwabo, hanyuma kubandanya mu buryo babanye n'imiryango yabo n'abarongoye amadini. Bompi baragirijwe kuba abasazi no kuba bakoreshwa n'ububasha bw'umabadayimoni. Bompi baratwenzwe barartyertyezwa. Bompi barahemukiwe baragurishwa. Bompi ubuzima bwabo bwarageramiwe.

Ariko rero. Ivyo bintu bisa vyibonekeza kandi bikomeye ntivyitiranwa n'intete n'ibigize ubudasa bukomeye kurusha, bikaba ari navyo vyabaye ishingiro n'inzira ku buryo ayo madini abiri yashinzwe. Aho ubuzima bwa Muhamadi bwaranzwe n'urukurikirane rw'inyishu mbi ku gukumirwa kandi zisa n'izisanzwe zirangwa muri kamere k'abantu, harimwo ukwikumira, n'ukutiha agaciro, ukwiha agaciro no kwiyemeza, hamwe no gusotora abandi, ubuzima bwa Yesu bwafashe inzira ataho ihuriye na mba niyo. Yararengeye ugukumirwa, adaciye ku gukumira abandi nawe, ahubwo mukukwakira, hanyuma, muri ubwo buryo, turavye ivyo abakristo bizera, mu gutsinda ububasha bwakwo, no kuvura ububabare buterwa n'uko gukumirwa. Niba ubuzima bwa Muhamadi burimwo ibifasha gutegera iragi ry'ingoyi z'umutima zigizwe n'amategeko ya *sharia*, ni ku rugero uruhe, mu buryo burushirije, ubuzima bwa Kristo butanga inzira igeza ku mwidegemvyo n'ubugingo butekanye mu buryo bwose, bironka aba isilamu bahevye iryo dini, n'abakristo baba mu turere tuganzwa tukagengwa n'amategeko ya *sharia*.

☙

Mu duce tw'icirwa dukurikira, turihweza ingene Yesu yategereye ugukumirwa afatiye ku butumwa bwiwe nka Mesiya n'Umukiza, n'uburyo ubuzima bwiwe n'umusaraba bishobora kudukiza inkurikizi zibishe z'ugukumirwa.

Kwakira ugukumirwa

Yesu yaratomoye yuko gukumirwa cari kimwe mu bikuru bikuru vyari bigize ubutumwa bwiwe nka Mesiya w'Imana. Imana yari yategekanije gukoresha ibuye ryari ryatawe nk'irigumya imfuruka z'inyubakwa yose:

> Ibuye abubatsi bagaye, niryo ryahindutse irigumya imfuruka … (Mariko 12:10, amajambo yakuye muri Zaburi 118:22-23; raba kandi Matayo 21:42)

Yesu yashushanijwe (akarorero: 1 Petero 2:21ff n'Ivyakozwe n'intumwa 8:32-35) na wa musuku wo muri Yesaya yakumiriwe, yahebewe mu bubabare, kandi muri bwa bubabare bwiwe, hakaba ari ho abantu bazokura amahoro n'urukiza rw'ivyaha vyabo:

> Yarakengerwa agahebwa n'abantu; yari umunyamibabaro ,
> yari azi intimba ico ari co.
> …
> Yamara yacumitiwe ibicumuri vyacu, yajanjaguriwe
> ibigabitanyo vyacu;
> igihano kituronkesha amahoro cabaye kuri we ,
> kandi imishishagu yiwe niyo idukiza. (Yesaya 53:3-5)

Umusaraba ni wo wari igice gikuru c'umugambi wiwe, kandi Yesu yaramenyesheje kenshi yuko azokwicwa:

> Atangura kubigisha ati: "Umwana w'umuntu akwiye kuzobabazwa uburyo bwinshi, no kuzokwankwa n'abashingantahe, abakuru b'abaherezi, abanyabwenge b'ivyanditswe, no kuzokwicwa; maze ku musi ugira gatatu, akazuka." Avuga iryo jambo ataco ahinyitse … (Mariko 8:31-32; raba na Mariko 10:32-34; Matayo 16:21; 20:17-19; 26:2; Luka18:31; Yohana 12:23)

Ukwanka ugukoresha inguvu n'uguhohotera abandi

Yesu yaranenze icese kandi kenshi ugukoresha inguvu ku nyungu ziwe, n'igihe ubuzima bwiwe bwari bugeramiwe:

> "Subiza inkota ahayo," Yesu amubwira ati, "kuko ababanguye inkota bose bazokwicwa n'inkota." (Matayo 26:52)

Igihe Yesu ariko aja kubambwa ku musaraba, aranse ko hakoreshwa inguvu, aha kukaba ari ukugira ngo agaragaze ubutumwa bwiwe, naho ubuzima bwiwe bwari bugeramiwe agira yicwe:

Yesu avuga ati: "Ubwami bwanje si ubwo muri iyi si: iyaba ubwami bwanje bwari ubwo muri iyisi, abagendanyi banje baba barwanye ngo simpabwe abayuda. Ariko noneho, ubwami bwanje si ubwino." (Yohana 18:36)

Igihe Yesu yariko aravuga imibabaro yo muri kazoza y'ishengero , yaravuze neza ko yazanye "inkota" aho yavuga ibikurikira:

Ntimwiyumvire ngo naje kuzana amahoro mw'isi, sinaje kuzana amahoro, atari inkota. (Matayo 10:34)

Aka kantu, hari aho hamwe hamwe gafatwa nk'akerekana yuko Yesu yatanze uburenganzira bwo gukoresha inguvu; ariko rero, ibi bivuga amacakubiri ashobora kwaduka mu miryango, igihe abakristo bakumiriwe kubera ko ari abayoboke ba Kristo: mu Butumwa Bwiza bwa Luka, hakoreshwa ijambo "amacakubiri" aho kuvuga "inkota" (Luka 12:51). Hano, inkota ni ikimenyetso, cerekana igitera amacakubiri, kigateranya umunyamuryango n'uwundi munyamuryango wiwe. Iyindi nsiguro ishoboka, muri rusangi iyi mpanuro Yesu yariko atanga kubijanye n'uruhamo, ni uko ijambo "inkota" rikoreshwa ku mvo zo kumenyesha uruhamo rw'abakristo. Muri ico gihe, ni inkota igeramiye abakristo kubera ubutumwa n'intahe vyabo, si iyo bo bafata ngo baje kurwanya abandi bantu.

Uburyo Yesu yanse ugukoresha inguvu , ntibujanye n'ivyo abantu bari biteze ko Mesiya azokora igihe yari kuza gukiza igihugu c'Imana. Abantu bari bizeye yuko uru rukiza rwari kuba urw'igisirikare, urwa politike (amatwaragihugu), n'urw'ubuzima bw'umutima. Yesu yaranse ivyo guca mu nzira ya gisirikare. Yarongeye aramenyesha yuko ubwami bwiwe butari ubwa politike , igihe yavuga yuko "butari ubwo ngaha mw'isi". Yarigishije ko abantu bategerezwa guha Kayisari ivya Kayisari, ivy'Imana navyo bakabiha Imana (Matayo 22:21). Yarahakanye yuko ubwami bw'Imana ushobora kuvuga ngo buri mu kibanza iki canke kiriya mw'isi tubamwo, kuko yavuga ati ubwami bw'Imana buri muri mwebwe, mu bantu (Luka 17:21).

Igihe yabazwa n'abigishwa biwe bariko baraharira kuwuzoronka ikibanza kinini c'ubutware mu Bwami bw'Imana—cogaragazwa n'aho icicaro cabo, intebe yabo, coba giherereye—Yesu yababwiye ko Ubwami bw'Imana atari nk'ubutware bwo ngaha mw'isi bamenyereye, aho usanga abantu baganza abandi. Yavuze ati ushaka kuba uwa mbere, ni abe uwa nyuma (Matayo 20:16, 27), kandi abagendanyi biwe, bategerezwa kurondera kuba abakozi (abasuku) b'abandi, aho kurondera gukorerwa (Mariko 10:43; Matayo 20:26-27).

Ishengero ryo mu ntango, abantu barashize ku muzirikanyi inyigisho za Yesu kubijanye n'ukudakoresha inguvu. Nk'akarorero, abayoboke b'ishengero ryo mu bihe vya mbere, mu kinjana ca mbere c'ishengero, ntibari barekuriwe kuja mu myuga imwe imwe, nk'igisirikare, bishitse umukristo akaba umusirikare, ntiyari arekuriwe kwica.

Kunda abansi banyu

Kimwe mu buryo bwo kwitwara mu gihe habaye ugukumirwa, ni ugushavura no gukoresha inguvu. Ibi biterwa n'urwanko ruturuka ku gukumirwa. Ariko rero Yesu yigishije ko:

- Ukwihora ntikucemewe—ibikorwa bibi bitegerezwa kwiturwa ivyiza: inyishu yavyo, ntibikabe ibikorwa bibi (Matayo 5:38-42)
- Ni bibi gucira imanza (kunegura) abandi (Matayo 7:1-5)
- Ni ugukunda abansi, si abo kwanka (Matayo 5:44)
- Abitonda (abatekereza) bazotorana isi (Matayo 5:5)
- Abaremesha amahoro bazokwitwa abana b'Imana (Matayo 5:9).

Izi nyigisho, ntiyari amajambo gusa abigishwa bumviriza hanyuma bakibagira. Intumwa za Yesu zaragaragaje mu makete yazo ari mw'Isezerano Rishasha yuko ivyo vyiyumviro arivyo bisunga , no mu bihe vy'amakuba no kurwanywa:

Gushitsa n'ubu twishwe n'inzara n'inyota, twambaye ubusa, dukubitwa ibipfunsi, tubura uburaro… Iyo badutuka, turabahezagira, iyo baduhama, turihangana, iyo batwambika ibara, turabahoyahoya. (1 Korinto 4:11-13; raba kandi 1 Petero 3:10; Tito 3:1-2; Roma 12:14-21)

Intumwa zareretse abizera akarorero ka Yesu we nyene (1 Petero 2:21-25). Ibi vyarisunzwe, gushika aho mu nyandiko z'ishengero ryo mu bihe vya mbere, aka karongo kavuga ngo "Kunda abansi banyu" ko muri Matayo 5:44 ari ko kaguma gasubirwamwo cane kurusha ibindi bice vyose vya Bibiliya.

Muritegurira uruhamo

Yesu yarigishije abagendanyi biwe yuko bategerezwa kuzohamwa: bazokubitwa, bazokwankwa, bazoshengezwa, n'ukwicwa bazokwicwa (Mariko 13:9-13; Luka 21:12-19; Matayo 10:17-23).

Yaragabishije abagendanyi biwe, igihe yariko abigisha uburyo bwo gushikiriza ubutumwa bwiwe abandi, yuko bazokumirwa ntibemerwe. Mu nyigisho ataho zitiranwa na mba n'inyigisho n'akarorero vya Muhamadi bitera intege aba isilamu kwishura umubabaro batewe bakoresha inguvu, mbere no kwica bakica, Yesu yabwiye abigishwa biwe yuko ata kindi bogira atari ugukunkumura "umukungugu uri ku birenge vyabo" mu kuva aho hantu banse kubakira canke kubumviriza. Mu yandi majambo, ico bogira ni ukuhava bakibandaniriza, ata kintu kibi canke gihumanye bakuye aho hantu bavuye (Mariko 6:11; Matayo10:14). Aha, nticari ikimenyetso cuko bagiye bashavuye mukuva aho hantu, kuko yababbwiye ati mubigize nkuko, amahoro yanyu "azobagarukako"(Matayo 10:13-14).

Yesu we nyene yarabitangiye akarorero igihe imihana imwe y'abasamariya yanka kumwakira. Abigishwa biwe bamubajije yuko yashaka ko babarira umuriro ngo utibuke uva mw'ijuru uyogeze ba basamariya, ariko Yesu yarakankamiye abo bigishwa biwe, hanyuma aca aribandaniriza, arirenganira (Luka 9:54-56).

Yesu yigishije abigishwa biwe yuko babahamye mu gisagara kimwe, boca bahungira mu kindi (Matayo 10:23). Ntibohagarika umutima, kuko Mpwemu Yera azobafasha kumenya ivyo bavuga (Matayo 10:19-20; Luka 12:11-12, 21:14-15), kandi ko batotinya (Matayo10:26, 31).

Ikindi kiranga inyigisho za Yesu kandi zisangije, nuko yasavye abigishwa biwe yuko bohimbarwa bishitse bagahamwa, kuko bizobashushanisha n'abavugishijwe n'Imana (abahanuzi):

> Muzoba muhiriwe abantu nibabanka bakabaca, bakabatuka, bakanegura izina ryanyu nkaho ari ribi, babahoye Umwana w'umuntu. Uwo musi muze munezerwe mwiterere hejuru, kuko impera yanyu ari nini mw'ijuru. Kuko ariko ba sekuruza babo bagize abavugishwa n'Imana. (Luka 6:22-23; raba kandi Matayo 5:11-12)

Hari vyinshi cane vyerekana yuko ubu butumwa bwakurikijwe n'umwete n'umwihariko mwinshi n'ishengero ryo mu ntango, bigirwa nk'uburyo bwo kuyoboka Kristo:

… yamara naho mwobabazwa muhowe ukugororoka, mwoba muhiriwe. (1 Petero 3:14; raba na 2 Korinto 1:5; Filipi 2:17-18; 1 Petero 4:12-14)

Yesu yaranateye intege abagendanyi biwe abasaba kwizigira yuko bazohabwa ingabirano y'ubugingo budashira; ariko rero kugira ngo baronke ibi basezeraniwe, bategerezwa kuguma bizera kandi bayoboka Imana muri ubu bugingo bw'ubu (Mariko 10:29-30, 13:13).

Kurekuriranira no gusubiza hamwe

Uko abakristo bategera ibintu, nuko ingorane nkuru ku bantu ari igicumuro kibigiza kure y'Imana, kikongera no hagati yabo kikabateranya ntibabe bacuzura. Ingorane y'igicumuro, nuko igicumuro atari gusa ubugaba bwo kugambarara. Ni nk'imanga yimburuka mu bucuti dufitaniye n'Imana. Igihe Adamu na Eva bagambararira Imana, barayivuyeko. Bahisemwo kutizigira Imana, ahubwo kwumviriza inzoka. Barahindukiye baraheba Imana, barayihakana, bava mubucuti no mu migenderanire nayo. Inkurikizi, ni uko Imana nayo yabakumiriye, ikabakura mu maso yayo ntibaba bakiri kumwe, Baciye bagirwa n'imivumo yo gucibwa kubera icaha.

Muri kahise k'igihugu ca Isirayeli, Imana yaratanze isezerano iciye kuri Mose kugira ngo isubizeho ubucuti n'imigenderanire hagati yayo n'abantu, ariko ihanga ryiwe ryaragambarariye amabwirizwa yayo, rirayoba. Mu bugambarazi bwabo, barihakanye ubucuti n'Imana, baca basanga ni abo gucirwa urubanza. Ariko Imana ntiyabahevye rwose: yari ifise umugambi wo kubagarura. Yari ifise umugambi wo kubacungura, no gucungura isi yose iyo iva ikagera.

Naho abantu bahevye Imana, impera n'imperuka yoyo ntiyabahevye. Umutima wayo wagumye unyotewe abantu yaremye, kandi yari ifise umugambi wo gusubira kwuzura na bo Ukwigira umuntu n'umusaraba vya Yesu Kristo nivyo bigize iranguka ry'uwo mugambi wo gusubiza abantu bose mu migenderanire yartyorowe hagati yabo n'Imana.

169

Umusaraba ni wo nzira ishikana ku kurengera ya ngorane itagira ntangere yuko abantu bikuye ku Mana bakayiheba, n'ugucirwa urubanza kugendana n'ico caha, kugikomokako. Yesu mu kwemera gukumirwa biciye ku musaraba, aratanga inzira yo kurengera uguhebwa no gukumirwa kwo nyene. Ubukomezi bwo gukumirwa bwibonekereza mu vyo hose abantu baca bumva mu mitima yabo bituruka kuri uko gukumirwa. Mu kurengera urwanko rw'abamurwanya no mu gutanga ubuzima bwiwe bukaba iciru c'ivyaha vy'isi, Yesu yaratsinze ububasha bw'ugukumirwa kwo nyene, mu kukurengera akoresheje urukundo. Uru rukundo Yesu yerekanye, si n'urundi, ni urukundo rw'Imana ifitiye isi yiremeye yo nyene:

> Kuko urukundo Imana yakunze abari mw'isi, arirwo rwatumye atanga Umwana wayo w'ikinege ngo umwizera wese ntazopfe rubi, ariko ahabwe ubugingo budashira. (Yohana 3:16)

Mu gupfa kwiwe ku musaraba, Yesu yafashe we nyene igihano isi yari ikwiye kuronka kubera ukwikura ku Mana. Iki gihano, rwabaye urupfu, kandi Kristo yararurinze kugira ngo abantu bose bamwizera bahabwe ikigongwe n'ubugingo bwamaho. Gurtyo, Yesu na we nyene yararengeye uko gukumirwa n'ukwihakanwa, abicishije ku kwemera igihano kiguturukako.

Mu mategeko ya Mose (Tora) yagenga abayuda, ugusesa amaraso y'igikoko catanzweko ikimazi kwaratuma ivyaha birekurwa. Iki kimenyetso kirakoreshwa n'abakristo kugira ngo bategere ico urupfu rwa Yesu rwo ku musaraba rusigura . Ibi biravurwa mu ruririmbo rwa Yesaya ruvuga umusuku ababazwa:

> … igihano kituronkesha amahoro cabaye kuri we, kandi imishishagu yiwe niyo idukiza…Yamara Uhoraho yashimye kumujanjagura, yaramubabaje; aho azotanga ubugingo bwiwe kw'ikimazi co gukuraho ivyaha, azobona uruvyaro rwiwe, azoramba… kuko yasutse ubugingo bwiwe, akagezwa gupfa, agaharuranwa n'abanyabicumuro. Yamara ubwiwe yishizeko icaha ca benshi, kandi asabira abanyabicumuro. (Yesaya 53:5, 10, 12)

Mu gice gikomeye cane co mw'ikete yandikiye abaroma, Paulo yarasiguye ingene ikimazi ca Kristo gihagarika ugukumirwa n'ugucibwa mu kutuzanira igihushanye cakwo, ni ukuvuga ukwuzurizwa n'Imana:

Ko twujujwe n'Imana n'urupfu rw'Umwana wayo, tukiri abansi bayo, none tumaze kwuzura nayo, ubugingo bwiwe buzorushiriza kudukiza! Kandi si vyo vyonyene, ariko ikindi, tunezererwa Imana kubw'Umwami wacu Yesu Kristo, yaduhesheje kwuzura na yo. (Roma 5:10-11)

Uku kwuzuzwa kurasubira kukarengera uburenganzira bwose bwo kuturega no kudushengeza bushobora kugirwa n'abandi bose, ari abantu, abamarayika canke abadayimoni (Roma 8:38):

Ni nde azorega abo Imana yatoranije? Imana niyo ibatsindanishiriza … [Ntakizoshobora] kudutandukanya n'urukundo rw'Imana ruri muri KristoYesu, Umwami wacu. (Roma 8:33, 39)

Si ibi gusa: ahubwo abakristo bashinzwe ubutumwa bwo kwuzuriza, mu kuja kwuzuriza abandi no mu gutangaza icese ubutumwa bw'umusaraba n'ububasha bwawo bwo gusambura ugukumirwa:

Ariko ivyo vyose biva ku Mana, yatwiyujujeko kubwa Kristo, ikaduha igikorwa c'umwuzuzo, ni kwo kuvuga yuko Imana yari muri Kristo, yiyuzuza n'abari mw'isi, ntiyabaharurako ibicumuro vyabo, kandi yatubikije ijambo ry'umwuzuzo. Nico gituma turi intumwa mu gishingo ca Kristo, Imana isa n'iyibingingira muri twebwe. (2 Korinto 5:18-20)

Ukuzuka

Kimwe mu vyiyumviro bikuru biguma bigaruka rw'"ivyahishuriwe" Muhamadi n'ivyo yavuze vyinshi, ni ukurondera kwerekana ko ivyo yakoze ari ivy'ukuri n'ukwiyemeza we nyene. Ivyo yabishikiriye mu gukoresha inguvu akazigitirira abansi biwe ku kwemera no kuyoboka ubutumwa bwiwe (guhinduka aba isilamu), kugira ngo bemere abe ari we abaganza akabayobora, bitagenze uko, bakemera kubaho nk'aba *dhimmi*. Ahandi ho, ica gatatu bashobora guhitamwo, rwari urupfu.

Mu buryo abakristo bategera ubutumwa bwa Kristo, ukurondera kwemeza ubutumwa, kubuvugira, biriho, ariko ntibikorwa na Kristo we nyene ubwiwe. Igikorwa ca Mesiya yababaye, kwari ukwicisha bugufi, akemera gukumirwa n'ukwihakanwa. Ukwemezwa vyaciye mu kuzuka kwa Kristo n'ukwurira mw'ijuru kwiwe, bikaba ari vyo vyanesheje urupfu n'ububasha bwarwo bwose:

... yuko atarekewe mu kuzimu, kandi n'umubiri wiwe ata ho wigeze ubora. Uwo Yesu Imana yaramuzuye, natwe twese turi ivyabona vyo gushingira intahe ivyo. Nuko amaze gushirwa hejuru n'ukuboko kw'iburyo kw'Imana, kandi ashikirijwe na Se isezerano, ari ryo Mpwemu Yera, none asutse ico muriko murabona kandi mwumva... ... Umwe Yesu...Imana yamugize Umwami na Kristo. (Ivyakozwe n'intumwa 2:31-36)

Hari igice rurangiranwa c'ikete Paulo yandikiye abafilipi kirangura ingene Yesu "yicishije bugufi", kubushake bwiwe yafashe ishusho y'umushumba. Yaragamburutse gushika no ku rupfu. Ariko Imana yaramushize hejuru mu bukuru bw'impwemu, ubukuru bw'ikirenga. Iyi ntsinzi, ntiyavuye kuri Kristo ngo yariyamamaje arayirwanira kugira ngo ayishikeko , ariko Imana niyo yerekanye ikimazi ntangere ca Kristo ku musaraba:

... mugire wa mutima muri mwebwe wari muri Kristo Yesu: we, naho yari asanganywe ishusho ry'Imana, ntiyiyumviriye yuko kuringanira n'Imana ari ikintu co kwumirako; ariko yisiga ubusa, yakira ishusho y'umushumba, acika uwusa n'abantu.

Kandi abonetse afise ishusho nk'iy'umuntu, yicisha bugufi, aragamburuka no gushika ku rupfu— kandi urupfu rwo ku musaraba!

Nico catumye Imana imushira hejuru cane, ikamuha rya zina rirengeye ayandi mazina yose, kugira ngo amavi yose azopfukame mw'izina rya Yesu. (Filipi 2:4-10)

Ubugendanyi bw'umusaraba

Ku bakristo, gukurikira Kristo ni ukwishushanya n'urupfu rwiwe n'izuka ryiwe. Yesu, co kimwe n'intumwa ziwe, baravuga kenshi ko ari nkenerwa "gupfa" hamwe na Kristo—ni ukuvuga kwica uburyo bwa kera bwo kubaho— n'ugusubira kuvuka (kuvuka ubugira kabiri), kuzukira ubuzima bushasha bujanye n'uburyo bwa Kristo bwo gukunda no gusubira kwuzurizwa, ntitube tukibayeho ku nyungu zacu, ariko tubereyeho Imana. Abakristo babona ububabare nk'uburyo bwo gusangira ububabare na Kristo. Ibi, bica biha insiguro amageragezwa n'amakuba bacamwo, ababera inzira ijana mu bugingo bwamaho, bikongera bikaba ikimenyetso c'intsinzi izoza, aho kuba ikimenyetso c'ukuneshwa. Imana niyo izo kwemeza

172

igaha agaciro abizera, abayoboke bayo, aho kotanzwe n'ububasha bwo muri iyi si bushingiye ku nguvu:

> Umuntu niyagomba kunkurikira, niyiyanke, yikorere umusaraba wiwe, ankurikire. Kuko uwugomba gukiza ubugingo bwiwe, azobubura, ariko uwuzoheba ubugingo bwiwe kubwanje no kubw'ubutumwa bwiza, azobukiza. (Mariko 8:34-35; raba kandi 1 Yohana 3:14, 16; 2Korinto 5:14-15; Heburayo 12:1-2)

Muhamadi arwanya umusaraba

Turavye ivyo twize, tukaba tuzi yuko tuba mw'isi y'impwemu, ntitwotangazwa n'ukwumva ko Muhamadi yazira imisaraba akayanka urunuka.. Hari *Ihadisi (hadith)* imwe ivuga yuko bishitse Muhamadi agasanga mu nzu iwe igikoresho gishushanijeko umusaraba , yaca agisambura canke akakimena[11].

Nkuko twabibonye mu cirwa ca 3, urwanko Muhamadi yari afitiye umusaraba rwamushikanye aho yigisha ko Isa, Yesu w'aba isilamu, azogaruka mw'isi ari intumwa ya isilamu izanywe no gusambura umusaraba, kugira ngo akureho burundu idini ry'abakristo muri iyi si, ntirisubire no kuvurwa.

Muri bino bihe tugezemwo, urwanko Muhamadi yari afitiye umusaraba, arusangiye n'aba isilamu benshi. Mu bice vyinshi vyo mw'isi y'iki gihe, imisaraba y'abakristo irankwa, ikabuzwa (yaraciwe), igasamburwa n'aba isilamu.

Kubera ivyo, Musenyeri Mukuru w'i Canterbury George Carey yarategetswe kwemera gukura umusaraba yari yambaye mw'izosi igihe indege yarimwo yasanga itegerezwa kurwa ikaruhukira muri Arabiya Sawuditi bitari vyateguwe muri 1995. Ibi vyamenyeshejwe na David Skidmore mu Kigo kijejwe kumenyesha amakuru c'ishengero ry'aba Anglikani (Eglise Episcopale):

> Indege Carey yarimwo yava i Kayiro ija muri Sudani yategerejwe kuruhukira akanya muri Arabiya Sawuditi. Bagira bashikire igisagara ca Jedda kiri ku nkombe y'Ikiyaga Gitukura,

---

[11] W. Muir, *Ubuzima bwa Muhamadi*, igitabu ca 3, p. 61, Insiguro ya (note) 47.

mu gihugu ca Arabiya Sawuditi, Carey yasabwe gukura ibimenyetso vyose vy'idini, harimwo na kamwe abakozi b'Imana bambara mw'izosi mu kibanza c'ikaruvati kerekana amabanga bajejwe, mbere n'umusaraba werekana ko ari umwungere w'ishengero.

Ariko rero, naho umusaraba wankwa ukankirizwa n'aba isilamu, ku bakristo ho, ni ikimenyetso c'umwidegemvyo wacu.

⁂

Muri utu duce tw'icirwa, turihweza igisabisho co kwiyemeza gukurikira Yesu Kristo, intahe zimwe zimwe z'umwidegemvyo, n'igisabisho co gusaba kubohorwa tukavanwa mu bubasha bw'idini rya isilamu n'ubw'isezerano rya *shahada*. Ibi bisabisho bigenewe neza neza abantu bahisemwo kuva mw'idini rya isilamu bagakurikira Yesu w'i Nazareti, n'abantu bamaze guhitamwo gukurikira Yesu, bakaba bashaka kwemeza umwidegemyo wabo ku vyiyumviro vyose n'ububasha bwose vya isilamu.

Kurikira Yesu

Utumiriwe kwemeza yuko wishinze gukurikira Kristo, mugusoma uvuga cane iki gisabisho. Banza ukirabe ugisubiremwo neza imbere yuko ugisoma (ukivuga), kugira ngo utegere neza ivyo uriko uravuga.

Igihe uriko uraraba neza iki gisabisho, urabona yuko kigizwe n'ibintu bikurikira:

1. Ivyirego (ivyo gutura) bibiri:

   - Ndi umunyavyaha, kandi sinshobora kwicungura jewe nyene ubwanje.

   - Hari Imana imwe rudende, Umuremyi, yarungitse Umwana wiwe gupfa ngo ankize ivyaha vyanje.

2. *Guheba* (kugaya) ivyaha vyanje n'ibibi vyose.

3. *Ugusaba imbabazi,* umwidegemvyo, ubugingo bwamaho, na Mpwemu Yera

4. *Ukwishikana no kwiyegurira* Kristo, Umwami w'ubugingo bwanje.

174

5. *Gusezerana no kwegurira ubugingo bwanje ukuyoboka no gukorera Kristo .*

6. *Ukwemeza yuko ushaka gushusha na Kristo*

Icemezo n'igisabisho vyo kwiyemeza gukurikira Yesu Kristo

Ndizera Imana imwe rudende, Umuremvyi wa vyose, Data mushobora vyose.

Ndahakanye ibindi vyose vyitwa "imana:"

Ndemeje yuko nacumuye ku Mana no ku bandi bantu. Muri ubwo buryo, naragambarariye Imana, ndayigarariza ngarariza n'amabwirizwa yayo.

Sinshobora kwicungura ivyaha vyanje.

Ndemera ko Yesu ari Kristo, Umwana w'Imana yazutse mu bapfuye. Yarampfiriye ku musaraba yikorera urubanza nari gucirwa ku bicumuro vyanje. Yarazuwe mu bapfuye kubwanje.

Ndavavanuye n'ivyaha vyanje.

Ndasavye ingabire y'imbabazi za Kristo, yaturonkeye ku musaraba.

Ndakiriye iyo ngabire muri kino gihe.

Ndahisemwo kwakira Imana nka Data , kandi nshaka koko kuba umwana wayo.

Ndasavye ingabire y'ubugingo bwamaho.

Uburenganzira ku bugingo bwanje ndabuhebeye Kristo, kandi nkamutumirira kunyiganzira nk'Umwami w'ubugingo bwanje kuva kuri uyu musi.

Ndahakanye kandi ndahevye ubundi bubasha bwose bw'impwemu. Na cane cane ndahakanye isezerano rya shahada n'ivyo vyose ryoba rintegeka.

Ndahakanye Satani n'ikibi cose. Ndasambuye amasezerano ateye kubiri n'Imana nagize n'impwemu z'ikibi canke ivyiyumviro vyose bifatiye ku kibi,

Ndahakanye imigenderanire yose iteye kubiri n'Imana mfise n'abandi bangizeko ububasha buteye kubiri n'Imana yacu.

Ndahakanye amasezerano yose ateye kubiri n'Imana yakozwe n'abo nkomokako mw'izina ryanje , yangizeko inkurikizi mu buryo ubwo ari bwo bwose.

Ndahevye kandi ndahakanye ubushobozi bwose bwo mu mutwe no mu mpwemu butava ku Mana muri Yesu Kristo.

Ndasavye ingabire ya Mpwemu Yera twasezeraniwe.

Mana Data, nunkize umpindure, kugira ngo nshobore gukora ndondera ubuninahazwa bwawe, wewe musa.

Rekura muri jewe icamwa ca Mpwemu Yera kugira ngo nshobore kuguha icubahiro no gukunda bagenzanje.

Ndemeje icese imbere y'ivyabona vy'abantu bagenzanje n'imbere y'abafise ubukuru mu mpwemu yuko niyeguriye kandi nishikanye burundu ku Mana muri Yesu Kristo.

Ndemeje yuko ndi uw'ijuru. Imana niyo inkingira. Mfashijwe na Mpwemu Yera, mpisemwo gukurikira ntakebaguzwa Yesu Kristo we musa, abe Umwami wanje mu bugingo bwanje bwose.

Amina.

Intahe ku mwidegemvyo

Ngizi intahe zimwe zimwe z'abantu babohowe bakoresheje amasengesho ari muri kino cirwa.

Icirwa c'ubugendanyi

Nkuko yari asanzwe abigira, umuvugabutumwa wo muri Amerika ya Ruguru yariko ararongora ivyirwa ku bantu bahora ari aba isilamu bemeye Kristo nk'Umwami wabo n'Umukiza wabo. Abari bashinzwe gutunganya ivyirwa basanga abavyitavye bafise ingorane nyinshi ku bijanye n'ubugendanyi. Baciye bibuka ibisabisho vyo muri kino gitabu bijanye no guhakana no guheba isezerano rya *shahada*, hanyuma baca bafata ingingo yo gusaba abitavye inyigisho bose gukoresha aya masengesho kugira ngo bihakanire hamwe idini rya isilamu. Bavyumvise bariruhukije, barahimbarwa. Barabaza bati: "Ni kuki ata n'umwe yigeze adusigurira yuko vyari ngombwa yuko twihakana icese idini rya isilamu? Ibi twari gutegerezwa kuba twabigize kuva kera!" Hanyuma y'aho, uguhakana idini rya isilamu n'ukuvavanura na ryo nivyo vyahindutse igice gikuru c'inyigisho zabo.

Abakristo bo mu Burengerazuba bwo Hagati bihakanye bagaheba isezerano rya shahada

Ngizi intahe z'abantu babiri bo mu *Burengerazuba bwo Hagati* bahindutse bahora ari aba isilamu, hanyuma yaho bihakaniye isezerano rya *shahada* bakavavanura na ryo:

> Numva ni ukuri ndi mu mwidegemvyo, nkuko umengo umugozi wari umboshe mw'izosi watezuwe ugacagagurwa. Iki gisabisho ni agatangaza, ntaco nokigereranya. Niyumva nk'igikoko cahora cugaraniwe ahantu gipfungiwe, hanyuma bakacugururira . Numva ndi mu mwidegemvyo ntangere…

> Nari ndabikeneye cane, mbere ni nkuko umengo mwari muzi ibiriko biraba mu mutima wanje…igihe nariko ndavuga igisabisho nguma ndagisubiramwo, numvise merewe neza muri jewe mu buryo ntashobora gusigura, numva ntoronka amajambo ndabivugamwo; ni nkuko noba naremuruwe umuzigo uremereye cane, nkaba ubu numva nabohowe, ndi mu mwidegemvyo utagabanije. Sinobayagira uko numva ndemurutswe!

Uguhura n'ukuri

Intambwe ya mbere mu kwitegura kuvavanura n'isezerano rya *shahada* (canke rya *dhimma*) ni ukuzirikana uturongo tumwe tumwe tw'ivyanditse vyeranda. Tubigira kugira ngo twemeze ukuri guhambaye, ibisabisho vyacu bishingirako. Nivyo rero bishobora kwitwa "uguhura n'ukuri".

Ni ukuhe kuri kwo mu vyanditse vyeranda utu turongo two muri 1 Yohana n'Ubutumwa Bwiza bwa Yohana nyene tutwigisha kwizigira no gusengera (gusaba Imana)?

> Natwe twamenye kandi twizeye urukundo Imana idufitiye. Imana ni urukunfo, kandi uwuguma mu rukundo aguma mu Mana, Imana ikaguma muri we. (1 Yohana 4:16)

> [Yesu avuga ati:] Kuko urukundo Imana yakunze abari mw'isi, ari rwo rwatumye itanga Umwana wayo w'ikinege, ngo

uwumwizera wese ntazopfe rubi, ariko ahabwe ubugingo budashira. (Yohana 3:16)

Tutwigisha yuko urukundo rw'Imana rurengera rugatsinda ugukumirwa.

Utu turongo tubiri, tutwigisha kuyoboka no gusaba ukuhe kuri kw'Imanar?

Kuko Imana itaduhaye umutima w'ugutinya, ariko yaduhaye uw'ubushobozi, urukundo n'ukwirinda. (2 Timoteyo 1:7)

Kuko mutahawe impwemu y'ubuja ngo mwongere gutinya; ariko mwahawe Mpwemu wo kubahindura abana b'Imana. Ni we atuma dutaka tuti "Abba, Data". Mpwemu ubwiwe abwiririkanya n'impwemu yacu, ari icabona ko turi abana b'Imana. Ariko ko turi abana bayo, turi abararwa—turi abaragwa b'Imana, turi abaraganwa na Kristo, namba tubabazanywa na we ngo tubone guhanwa ubwiza na we. (Roma 8:15-17)

Tutwigisha yuko iragi ryacu atari uguterwa ubwoba: iragi ryacu riri mu Mana.

Utu turongo tubiri, tutwigisha kwizera (kwemera) no gusaba iki?

[Yesu yavuze ati:] Kandi muzomenya ukuri, kandi ukuri kuzobaha kwidegemvya. (Yohana 8:32)

Kristo yatugobotoye ngo tube mu mwidegemvyo. Nuko, muhagarare mushikamye, ntimukongere kuzingirwa n'ukwikorezwa umutwaro uremereye w'ubuja. (Galatiya 5:1)

Tutwigisha ko duhamagariwe kubaho mu mwidegemvyo.

Ni ukuhe kuri utu turongo tubiri tutwigisha kwizigira no gusengera (gusaba Imana)?

Ntimuzi yuko imibiri yanyu ari insengero za Mpwemu Yera ari muri mwebwe, uwo mufise avuye ku Mana? Kandi si mwe mwiganza, kuko mwaguzwe igiciro. Nuko rero, mushimishe Imana mu mibiri yanyu. (1 Korinto 6:19-20)

Nabo bamuneshesheje amaraso y'Umwagazi ... (Ivyahishuwe 12:11)

Tutwigisha yuko imibiri yacu yegukira Imana, atari iyagenewe gukandamizwa: igiciro c'amaraso yacu caramaze kurihwa.

Aka karongo katwigisha kwemeza no gusaba ukuhe kuri kwo muri Bibiliya?

> … ntihashobora kuba Umuyuda canke Umugiriki, ntihashobora kuba umushumba canke uwidegemvya, ntihashobora kuba umugabo canke umugore, kuko mwese muri umwe muri Kristo Yesu. (Galatiya 3:28)

Katwigisha yuko abagabo n'abagore bangana imbere y'Imana, kandi ko ata murwi urengeye uwundi murwi.

Utu turongo tutwigisha kwizera no gusaba iki?

> Ariko Imana ishimwe, yama itujana mu ntsinzi yayo muri Kristo, idutera kwerekana ubumote bwo kumumenyekanisha ahantu hose. Kuko turi ubumote bwiza bwa Kristo ku Mana, hagati y'abariko barakira n'abariko barahona. (2 Korinto 2:14-15)

> Nanje nabahaye ubwiza wampaye, ngo babe umwe, nkuko natwe turi umwe—Jewe mbe muri bo, nawe ube muri jewe— ngo bahingurwe babe umwe, kugira ngo isi imenye ko ari wewe wantumye, ukabakunda nkuko wankunze. (Yohana 17:22-23)

> [Yesu avuga ati:] Umuntu niyagomba kunkurikira, niyiyanke, yikorere umusaraba wiwe uko bukeye, ankurikire. (Luka 9:23)

Tutwigisha yuko ibituranga atari uguteterezwa no kuba abantu bo hasi bagayitse, ariko ah'ubwo intsinzi ya Kristo, ubumwe mu rukundo rwa Kristo, n'umusaraba.

Utu turongo tutwigisha kuyoboka no gusaba ukuri ukuhe kwo mu vyanditse vyeranda?

> [Yesu avuga ati:] Ikizogira ico kibamarira, ni uko jewe ngenda; kuko nintagenda, Umwitsa ntazoza kuri mwebwe: ariko ninagenda nzomubarungikira. Uwo niyaza azohinyuza ab'isi abemeze ivy'icaha, ivyo kugororoka n'ivy'urubanza … (Yohana 16:7-8)

> [Yesu avuga ati:] Ariko uwo Mpwemu niyaza, azobarongora, abashitse ku kuri kwose. (Yohana 16:13)

179

Tutwigisha yuko dufise ububasha bwa Mpwemu Yera bwo kumenyesha ukuri.

Aka karongo katwigisha kwizera no gusaba ukuhe kuri?

> … dutumbereye Yesu we nyene, ni we nyanduruko yo kwizera, kandi ni we yagusozereye. Uwo, kubwo umunezero yashizwe imbere, yihanganiye umusaraba, abona ko isoni zawo ari ubusa, avyagira iburyo bw'intebe y'Imana. (Heburayo 12:2)

Katwigisha yuko dufise ububasha bwo gukurikira Kristo mu kurengera no gutsinda isoni.

Aka karongo katwigisha kwizigira no gusaba ukuhe kuri kw'Imana?

> Ariko kimwe gusa, mwirinde, mugire umwete wo kwirinda mu mitima, ntimuzokwibagire ivyo amaso yanyu yiboneye, ntibizove mu mitima yanyu imisi yose muzoba mukiriho; ariko muzobimenyeshe abana banyu n'abuzukuru banyu. (Gusubira mu vyagezwe 4:9)

Katwigisha yuko dufise uburenganzira n'igikorwa tujejwe vyo kwiga no kwigisha abana bacu ibijanye n'ubugingo bw'impwemu.

Utu turongo tutwigisha kuyoboka no gusaba ukuhe kuri kuri mu vyanditswe vyeranda?

> Urupfu n'ubugingo biri mu bubasha bw'ururimi, kandi abarukunda bazorya ivyo rwamye. (Imigani 18:21)

> Kandi none, Mwami, raba imihigo yabo, uhe abasavyi bawe kuvuga ijambo ryawe bashize amazinda rwose. (Ivyakozwe n'intumwa 4:29)

> (Urukundo) ntirunezererwa ukugabitanya kw'abandi, ariko runezererwa ukuri. (1 Korinto 13:6)

> Uwatura yuko Yesu ari Umwana w'Imana, Imana iguma muri we, na we akaguma mu Mana. (1 Yohana 4:15)

> Nuko, ntimute ubushizi bw'ubwoba bwanyu, buri n'impera ikomeye. (Heburayo 10:35)

Tutwigisha yuko muri Kristo dufise ububasha bwo kuvuga ukuri mu rukundo, ata gutinya.

Utu turongo tutwigisha kwizera no gusaba ukuhe kuri kwo mu nzandiko nyeranda?

180

… (Ko twemera intahe ishinzwe n'abantu,) intahe y'Imana yo irarushirije, kuko intahe y'Imana ari iyi: ari uko yashingiye intahe ivy'Umwana wayo. (1 Yohana 5:9)

Nabo bamunesheseje … ijambo ryo gushinga intahe kwabo. (Ivyahishuwe 12:11)

Tutwigisha yuko dushobora kugirira umwizero wuzuye ijambo ry'ukuri.

Utu turongo, tutwigisha kwemeza no gusaba ukuhe kuri kw'Imana?

Ibisigaye, muremesherezwe mu Mwami wacu no mu bushobozi bwiwe bwinshi. Mwambare ibirwanisho vyose vy'Imana, kugira ngo mushobore guhagarara mudatsinzwe n'ubugunge bwa Satani. (Efeso 6:10-11)

Naho dufise umubiri, ntiturwana mu buryo bw'umubiri, kuko ibirwanisho vy'intambara yacu atari ivyo mu buryo bw'umubiri, ariko imbere y'Imana bifise ubushobozi bwo gusenyura inzitiro zikomeye, nugusambura impari n'igishizwe hejuru cose kihashiriwe kurwanya ukumenya Imana, dufata mpiri ivyiyumvirwa mu mitima vyose ngo bigamburukire Kristo. (2 Korinto 10:3-5)

Tutwigisha yuko tutari abantu batagira ikibarwanira canke batagira ibirwanisho, ariko yuko muri Kristo dufise ibirwanisho vyo mu mpwemu.

Aka karongo katwigisha kwizigira no gusaba iki?

Mwiyumvire ko ari ivyo kunezererwa rwose, bene Data, nimwarwa mu bibagerageza bitandukanye … (Yakobo 1:2; raba kandi Filipi 1:29)

Katwigisha yuko kubabara mw'izina rya Kristo twotegerejwe kukubona nk'umunezero.

Utu turongo, tutwigisha kuyoboka no gusaba ukuhe kuri kuri mu vyanditswe vyeranda?

[Yesu yavuze ati:] … none ubu, umwami w'iyi si agira ahindirwe hanze. Nanje, ninamanikwa hejuru y'isi, nzokwikwegerako abantu. (Yohana 12:31-32)

Tutwigisha yuko umusaraba usambura ububasha bwa Satani ukadukwegera ku mwidegemvyo muri Kristo.

181

Utu turongo, tutwigisha kwemeza no gusaba ukuhe kuri kuri mu vyanditswe vyeranda?

Kandi, hamwe mwari mugipfuye mwishwe n'ibicumuro vyanyu n'ukudakebwa kw'umubiri wanyu, (Imana) yabagiranye bazima na we, imaze kuduharira ibicumuro vyacu vyose, ihanaguye n'ikete ritwagiriza, ririmwo amabwirizwa ryaduhama, irikura hagati yacu na yo, iribamba ku musaraba. Kandi yambuye abakuru n'abafise ububasha, ibatetererreza mu maso ya bose, ibashorera bafashwe mpiri kubw'uwo musaraba. (Kolosayi 2:13-15)

Tutwigisha ko umusaraba ufuta amasezerano ateye kubiri n'Imana ugasambura n'ububasha bwayo bwose.

Imbere yo gusenga, ni ngombwa ko tumenya yuko ibisabisho vyacu n'ivyo tuvuga bifise ubukomezi bwinshi, kandi ko ari kirumara. Hitamwo kwemera hamwe n'Imana yuko ugushaka kwiwe ari kwo kuzokuzanira umwidegemvyo wuzuye. Emera mu mutima wawe ko wakiriye uku kuvuga ko Yesu yakwemeye, kandi ashaka kukubohora akagukura mu mitego yose ya sekibi. Fata ingingo yo kurwanya no kwihakana ibinyoma vyo mu masezerano y'idini rya isilamu.

Ngiki igisabisho co kwihakana isezerano rya *shahada.* Vyiza wogisoma uhagaze.

Icemezo n'igisabisho co kwihakana *Shahada* no gusambura ububasha bwayo

Ndahakanye ukwemera ubuja bufatiye ku kinyoma nkuko bwigishwa kandi bukerekanwa na Muhamadi.

Ndahakanye ivyizerwa ko Muhamadi ari intumwa y'Imana, kandi ndemeje icese ko ari ikinyoma.

Ndahakanye ibivurwa ko Korowani ari ijambo ry'Imana.

Ndahakanye isezerano rya shahada n'ivyo vyose bijanye no kurisubiramwo, kandi ndavavanuye naryo, nuko kurivuga.

Ndahakanye kandi ndasezereye ukuvuga igisabisho ca al-Fatihah. Ndahakanye ivyo kivuga yuko abayuda bagendera mw'ishavu ry'Imana, kandi yuko abakristo na bo bazimiye, bataye inzira.

182

Ndahakanye urwanko rw'abayuda. Ndahakanye ibivurwa yuko bahinduye bakonona Bibiliya.

Ndahakanye ibivurwa ko Imana yaciye abayuda, kandi ndemeje ko ico ari ikinyoma.

Ndavavanuye no kuvuga amajambo ya Korowani, kandi ndahakanye ububasha bwayo ku bugingo bwanje.

Ndavavanuye n'ibisengwa vyose vy'ibinyoma bishingiye ku karorero ka Muhamadi.

Ndahakanye inyigisho zose z'ibinyoma ku Mana zazanywe na Muhamadi, hamwe na Allah, uko avurwa muri Korowani, ko Allah ari Imana.

[Ku bantu bahora ari abashiyite: Ndahakanye kandi ndahevye ubuyoboke ubwo ari bwo bwose kuri Ali n'abasubirizi b'intumwa (Kalife) icumi na babiri. Ndahakanye ibivurwa vyose kuri Huseni (umwuzukuru wa Muhamadi) n'abamaratiri b'idini rya isilamu.]

Ndahakanye aho bampereje isilamu igihe navuka, hamwe naho hose noba nashikanywe n'abo namukako.

Kuvy'umwihariko, ndahakanye akarorero ka Muhamadi kandi ndavavanuye na ko. Ndahakanye ugukoresha inguvu, ugutera ubwoba, urwanko, agatima ko gushavuzwa n'ibidafashe, ububeshi, ukwiyumva ko uri hejuru y'abandi ubarengeye, ugufata abagore ku nguvu, uguhohotera no kuboreza igufa abagore, ubusuma, n'ibindi bigabitanyo vyose Muhamadi yakoze.

Ndahakanye isoni kandi ndavavanuye na ryo. Ndemeje icese ko ata gushengezwa muri Kristo Yesu, kandi amaraso ya Kristo aranyoza akantyorora isoni zose.

Ndahakanye ubwoba bwose buterwa n'idini rya isilamu kandi ndavavanuye na bwo. Ndasavye imbabazi z'Imana ku kubona naramaze igihe ngendana ubwoba buturuka kuri iryo dini, kandi mpisemwo kwizigira Imana Se w'Umwami wanje Yesu Kristo muri vyose.

Ndahakanye imivumo ku bandi, kandi ndavavanuye na yo. Mpisemwo kuba umuntu arangwa no guhezagira abandi.

Ndahakanye ubuyoboke bwose n'imigenderanire n'abajini, kandi ndavavanuye na vyo. Ndahakanye inyigisho za isilamu ku bijanye na qarin (abagenzi mu mpwemu), kandi ndavavanuye muri vyose n'abadayimoni.

Mpisemwo kugenzwa na Mpwemu, murikiwe mu nzira zanje zose n'Ijambo ry'Imana.

Ndasaba imbabazi z'Imana kuri ico cose giteye kubiri nayo nakoze kubera ugukurikira Muhamadi nk'intumwa ya Allah.

Ndahakanye ibintu birtyoza Imana bivuga ngo Yesu niyagaruka, azobwiriza ku nguvu abantu bose bo mw'isi gukurikira amabwirizwa ya sharia ya Muhamadi, kandi ndavavanuye n'iyo mvugo ntyozamana.

Mpisemwo gukurirkira Yesu, kandi We musa.

Ndemeje icese yuko Kristo ari umwana w'Imana, ko yapfuye ku musaraba kubera ivyaha vyanje, hanyuma akazurwa mu bapfuye kugira ngo ndonke urukiza. Ndaninahaza Imana kubera umusaraba wa Kristo, kandi mpisemwo guhitana umusaraba wanje kugira ngo ndamukurikire.

Ndemeje icese ko Kristo ari Umwami wa bose. Aganza ijuru n'isi. Ni Umwami w'umutima wanje. Ndemeje icese ko azogaruka gucira urubanza abazima n'abapfuye. Ndiyegetse kuri Kristo kandi ndemeje ko mw'ijuru no mw'isi, ata rindi zina nshobora kuronkamwo urukiza.

Ndasavye Imana Data kumpa umutima mushasha, umutima wa Kristo, kunyobora no kumpezagira mu vyo nkora n'ivyo mvuga vyose.

Ndahakanye ibisengwa vy'ibinyoma vyose, kandi neguriye umubiri wanje kugusenga Imana nzima, Data, Mwana, na Mpwemu Yera.

Amina.

Urwandiko ndongoranyigisho

Icirwa ca 5

Kubera ko inyigisho muri kino cirwa zishingiye kuri Yesu na Bibiliya, ntabivurwamwo vyavuye muri Korowani, nta majambo mashasha, kandi nta mazina mashasha.

Imirongo ya Bibiliya tuyisanga mu bibazo bikurikira.

Ibibazo bijanye n'icirwa ca 5

- Hanahane ivyiyumviro ku karorero ntanganyigisho.

Intango y'ubuzima itoroshe na mba

1. Ubuzima bwa Yesu n'ubwa Muhamadi, ni igiki bihuriyeko (ivyo baciyemwo bisa)?

2. Ni mu buhe buryo bune intango z'ubuzima bwa Yesu zitari zoroshe na mba?

    1)

    2)

    3)

    4)

Yesu abazwa ibibazo

3. Abafarisayo basagirije Kristo n'ibihe bibazo?

- Mariko 3:2, etc : ibibazo vyerekeye …
- Mariko 11:28, etc. ibibazo vyerekeye …
- Mariko 10:2, etc. ibibazo vyerekeye …
- Mariko 12:15, etc. ibibazo vyerekeye …
- Matayo 22:36, ibibazo vyerekeye …
- Matayo 22:42, ibibazo vyerekeye …
- Yohana 8:19, ibibazo vyerekeye …
- Matayo 22:23-28, etc. ibibazo vyerekeye …
- Mariko 8:11, etc. ibibazo vyerekeye …
- Mariko 3:22, etc. ibibazo vyerekeye …
- Matayo 12:2, etc. ibibazo vyerekeye …
- Yohana 8:13, ibibazo vyerekeye …

Bene kumukumira

4. Yesu yaciye mu kuhe gukumirwa, guhebwa no kwihakanwa?

- Matayo 2:16 …
- Mariko 6:3, etc. …
- Mariko 3:21 …
- Yohana 6:66 …
- Yohana 10:31 …
- Yohana 11:50 …
- Mariko 14:43-45, etc. …

- Mariko 14:66-72, etc. ...
- Mariko 15:12-15, etc. ...
- Mariko 14:65, etc. ...
- Mariko 15:16-20, etc. ...
- Mariko 14:53-65, etc. ...
- Gusubira mu vyagezwe 21:23 ...
- Mariko 15:21-32, etc. ...

Inyishu za Yesu kuri uko gukumirwa

5. Ni ibihe bintu bitandatu Durie avuga bitangaje mu nyishu Yesu yahaye ugukumirwa n'ukwihakanwa? (Dufatiye kuri Matayo 27:14; Yesaya 53:7; Matayo 21:24; Matayo 22:15-20; Matayo 12:19-20; Yesaya 42:1-4; Luka 4:30.)

1)

2)

3)

4)

5)

6)

6. Ni mu buhe buryo Yesu yishura (yitwara) iyo ahuye n'ikigeragezo co gukumirwa? (Dufatiye kuri Heburayo 4:15.)

7. Ni kuki Yesu atumva yuko bikenewe gutera canke gusambura abamurwanya?

Kwakira ugukumirwa

8. Mu mugambi w'Imana, ni igiki cari gikuru mu vyari bigize ubutumwa bwa Yesu nka Mesiya w'Imana? (Dufatiye kuri Mariko 12:10, etc. na Yesaya 52:3-5.)

9. Ni igiki cari ishingiro ry'umugambi w'Imana (icari gikuru)? (Dufatiye kuri Mariko 8:31-32, etc.)

Ukwanka ugukoresha inguvu n'uguhohotera abandi

10. Ni igiki Yesu adashaka gukoresha turavye ibivurwa muri Matayo 26:52 na Yohana 18:36?

11. Durie ategera gute irya mvugo ngo "kuzana inkota" yo muri Matayo 10:34?

12. Ni ibihe vyiyumviro Yesu yahakanye ku bijanye na Mesiya, mbere bigatangaza bikanabakira bamwe mu bagendanyi biwe? (Dufatiye kuri Matayo 22:21; Luka 17:21; Matayo 20:16; Mariko 10:43; Matayo 20:26-27.)

13. Iyi nyigisho, abo mw'ishengero ryo mu bihe vya mbere bayikurikije gute ku bakristo baba abasirikare?

Kunda abansi banyu

14. Yesu yigishije iki kubijanye nuko twofata abandi (ivyo twobagirira)?

    1) Matayo 5:38-42, kuvyerekeye ikibi, ico twokwishura abadukoreye inabi…

    2) Matayo 7:1-5, kuvyerekeye ugucira imanza abandi…

    3) Matayo 5:44, kuvyerekeye abansi…

    4) Matayo 5:5, kuvyerekeye ukwitonda, ubwitonzi…

    5) Matayo 5:9, kuvyerekeye abaremesha amahoro…

    6) 1 Korinto 4:11ff, etc. kuvyerekeye uruhamo…

    7) 1 Petero 2:21-25, kuvyerekeye akarorero kacu…

Muritegurira uruhamo

15. Yesu yigishije iki abagendanyi biwe kubizotegerezwa kubashikira? (Dufatiye kuri Mariko 13:9-13, etc.)

16. Aho Muhamadi yigishije abayoboke biwe gukoresha inguvu kubabateye ububabare, Yesu we yigishije iki abagendanyi biwe? (Dufatiye kuri Mariko 6:11; Matayo 10:13-14.)

17. Ni ryari Yesu yatanze akarorero kuko ari nkenerwa kwirenganira ata shavu? (Dufatiye kuri Luka 9:54-56.)

18. Ni ibihe bitatu Yesu yigishije abagendanyi biwe gukora bishitse bagahamwa? (Dufatiye kuri Matayo 10:19-20, etc.)

    1)

    2)

    3)

19. Ni ikihe kindi ca kane kiranga inyigisho za Yesu kandi zisangije yahaye abagendanyi biwe kubijanye n'uguhamwa? (Dufatiye kuri Luka 6:22-23, etc.)

20. Ni ukuhe kuri kugira gatanu Yesu yigishije abagendanyi biwe kubijanye n'igihe bohamwa? (Dufatiye kuri 1 Petero 3:14, etc.)

Kurekuriranira no gusubiza hamwe

21. Durie avuga ko igicumuro ca Adamu na Eva cagize ingaruka mbi zitatu ku bantu. Izo ngaruka mbi ni izihe?

22. Ukuranguka kw'umugambi w'Imana wo kugarukira abantu bose no kubasubiza mu migenderanire yartyorowe hagati yabo n'Imana vyaciye kuki?

23. Ni igiki gitanga inzira yo kurengera ugukumirwa?

190

24. Ni mubuhe buryo Yesu yatsinze ububasha bwo gukumirwa? (Dufatiye kuri Yohana 3:16.)

25. Urupfu rwa Yesu rwo ku musaraba, rujanye n'ikimenyetso ikihe co mw'Isezerano rya kera, n'ivyabuwe n'uwavugishijwe ibihe?

26. Mugutsinda ugukumirwa, iciru ca Kristo catuzaniye iki?

27. Muri Roma 8, havurwa yuko ari iki kindi ugusubiza hamwe kurengera kugatsinda?

28. Turavye ibivurwa muri 2 Korinto 5, ni ubuhe butumwa Imana yadushinze kugira ngo dushobore gusambura ububasha bwo gukumirwa?

Ukuzuka

29. Muhamadi yarondeye gukorera iki abansi biwe?

30. Turavye ibivurwa mu Vyakozwe n'intumwa 2:31-36, ukwemeza Yesu vyaciye kuki?

31. Turavye ivyo Durie avuga afatiye kuri Filipi 2:4-10, ni iki Imana yahaye Kristo kubera ukwicisha bugufi kwiwe n'ukwitanga ku musaraba?

Ubugendanyi bw'umusaraba

32. Igihe abagendanyi ba Kristo "bakiriye umusaraba wabo", ububabare bwabo babubobamwo iki? (Dufatiye kuri Mariko 8:34-35, etc.)

Muhamadi arwanya umusaraba

33. Ni ku ruhe rugero Muhamadi yanka imisaraba?

34. Uko vyemerwa n'aba isilamu, ni ikihe muvyo guhitamwo birekuriwe abatari aba isilamu kivurwa ko kizofutswa burundu igihe Isa (Yesu wo muri isilamu) azogarukira mw'isi?

35. Ni igiki kimaramaza casabwe Musenyeri Mukuru w'umwongereza George Carey igihe yari mu rugendo mu ndege yaruhukiye muri Arabiya Sawudite?

Ku gice kirimwo ibisabisho, kurikiza intambwe zikurikira:

1. Mu gihe ca mbere, abitavye inyigisho baravugira hamwe "Icemezo n'igisabisho co kwishinga gukurikira Yesu".
2. Hanyuma, uduce turimwo intahe no "guhura n'ukuri" turasomerwa abitavye inyigisho bose.
3. Hanyuma y'ivyo, abitavye inyigisho bose barahagarara hamwe bakavuga "Icemezo n'igisabisho co kwihakana *Shahada* no gusambura ububasha bwayo".
4. Ushaka kumenya vyinshi kurusha, raba Urwandiko rwo kwisunga ku mboneza.

6

Umwidegemvyo kuri *Dhimma*

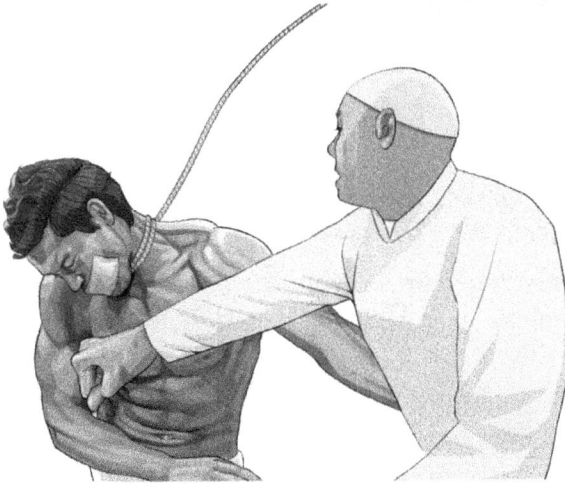

"Amaraso yiwe avuga ivyiza kurusha."
Heburayo 12:24

Ibigize ihangiro ry'icirwa

a. Gutegera neza ishingiro ku bijanye n'Imana y'isezerano rya *dhimma* aba isilamu bazigitirira ku nguvu ku bihugu bigaruriye n'umuheto.

b. Gutegera ivyo guhitamwo bitatu aba isilamu bazigitirirako abo biganziye, n'inkurikizi ku batoye "ikigira gatatu muri vyo".

c. Gusigura ibikwerwa n'isezerano rya *dhimma* ku bantu batari aba isilamu.

d. Kwihweza uturorero tw'ugushirwa mu buja bwa *dhimma* dusanga mu nzandiko z'aba isilamu no ku bantu batwiboneye imbona nkubone.

e. Gutegura ingaruka mbi ku magara yo mu mutwe no ku buzima bw'umutima z'umugirwa ugaruka uko umwaka utashe wo kugerwa inkota kw'izosi (vyerekana gucibwa umutwe).

f. Kwihweza ingene ugukwiza ubuja bwa *dhimma* (ariyo *dhimmitude*) kuriko kuragaruka mu bihugu vyo mu Burengero muri kino gihe.

g. Gutegera igituma abantu bamwe bamwe usanga ari ngombwa ko bihakana isezerano rya *dhimma,* bakavavanura na ryo.

h. Kwihweza mu ncamake uburyo inyishu Yesu yatoreye ugukumirwa ataho buhuriye n'ubwo Muhamadi yakoresheje (budasa namba).

i. Gutegera igituma ibisabisho vyo kwihakana isezerano rya *dhimma* bikenewe ku bakristo bamwe bamwe.

j. Mu majambo make, kugira urutonde rw'inkurikizi mbi za *dhimmitude* mubijanye n'ubuzima bw'umutima.

k. Kwihweza uturongo two mu vyanditse vyeranda tumenyesha ibintu vy'ukuri 15 igihe witegurira kwihakana isezerano rya *shahada* (igihe bitakozwe mu vyirwa vyaheze).

l. Ukwemeza umwidegemvyo w'umutima kw'isezerano rya *dhimma* mukuvuga igisabisho co kuryihakana, harimwo n'igisabisho co kwemeza (kwirega) n'ivyemezo n'intahe 35 vy'abahenye iryo sezerano.

Akarorero ntanganyigisho: Wokora iki?

Mwe n'abagenzi bawe mwatumiwe gukurikira inama y'amasengesho mu kibanza c'umwiherero. Urifuza cane rwose kujayo, kandi uko muhura n'abandi bantu, uranezererewe kubona abakristo benshi gurtyo bo mu bahora ari aba isilamu.

Mu mpera y'igikorane ca mbere co ku mugoroba, murasabwe kuja mu mirwi mito mito y'abantu 10-12 guhanahana ivyiyumviro kuvyo mukeneye, no gusenga mu gihe c'iminota 30. Mu murwi wanyu, harimwo abayoboke benshi bahora ari aba isilamu. Abatari bake muri bo, barabugurukira barababwira ingene banezerewe guhura n'abandi bakristo. Ariko rero, abakristo bakeyi bo mu murwi batangura kuvuga ingene bababajwe, bagaterwa ubwoba, bakamaramamazwa, mbere bakankwa n'aba isilamu babahohoteye nk'abantu bo hasi bagayitse n'abapagani, hanyuma bakaba bari barabakumiriye mu kirwati cabo. Abahora ari aba isilamu barishura bavuga bati: "Turababajwe n'ukwumva ibintu nkivyo ni ukuri, ariko rero bagirire imbabazi; abo ba isilamu hari naho batari bazi ivyo bariko barakora."

Urabona yuko iyi nyishu yababaje abari bahejeje gushikiriza ingene bafashwe nabi.

Baca bahindukirira wewe n'abandi bo mu murwi, bababaza bati: "None ubwo nyene, sivyo ko hadakwiye gusa kuvuga ngo "Ndaguhariye"? Twarabahariye, ariko tuguma twumva tumerewe nabi, dufise n'ubwoba, iyo tubonye u wese n'aho tumubonye hose" Hanyuma urabona yuko aya majambo yanyuma ahagaritse cane imitima y'abahora ari aba isilamu.

Wovuga iki ugakora iki?

———

Muri iki cirwa, turaja kwihweza ipolitike y'idini rya isilamu kubatari aba isilamu bigaruriwe n'intwaro ya ki isilamu, n'ingene bafatwa. Aba bantu (batari aba isilamu) bagizwe n'abakristo n'abayuda, bazwi mw'idini rya isilamu kw'izina rya *dhimmi*.

Isezerano rya *dhimma*

Mu mwaka wa 2006, igihe Papa Benedikto yatanga ikiganiro rurangiranwa i Regensburg, yarakoresheje amajambo y'umwami wa Byzance Manuel II Paleologue, yavuga itegeko rya Muhamadi ryo gukwiza hose idini yigisha hakoreshejwe inkota."

Amajambo ya Papa yararakaje aba isilamu. Hanyuma y'iryo jambo rya Papa, abantu bashika hafi 100 barishwe mu migumuko yabaye kw'isi nzima. Imwe mu nyishu nkuru zibonekeje, yabaye iya Sheikh Abdul Aziz al-Sheikh, Umukuru w'aba isilamu (Grand Mufti) bo mu gihugu ca Arabiya Sawudite, yatanze ikiganiro mu bamenyeshamakuru yemeza yuko isilamu idakwiragizwa hakoreshejwe inguvu. Yavuze yuko bitari vyo kwagiriza idini rya isilamu ibintu nkivyo, kuko abapagani bari bafise ica gatatu bashobora guhitamwo. Ica mbere kwari uguhitamwo isilamu, ica kabiri yari inkota, hanyuma ica gatatu kwari "ukwemera kuganzwa hanyuma bagatanga ikori, bagaca bemererwa kuguma mu matongo yabo, bayoboka idini ryabo, bakingiwe n'aba isilamu".

Uyo Grand Mufti yasavye abasoma ivyo yanditse kuraba akarorero ka Muhamadi. Yavuze ati: Abasoma Korowani na *Sunna* barashobora gutegera ivyo bintu."

Ivyo bintu bitatu uyo mukuru w'idini (Mufti) yavuga ni ibi bikurikira:

1. Guhinduka ukaba u;

2. Inkota—kwica canke kwicwa; canke

3. Kwemera kuganzwa n'inguvu za isilamu.

Ivyo bibiri vya mbere vyo guhitamwo, bituruka kuri Muhamadi, yavuze ati:

Naronse itegeko (rya Allah) yambwirije kurwanya abantu gushika bemeze ko ata n'umwe afise uburenganzira bwo gusengwa atari Allah, nuko Muhamadi ari intumwa ya Allah…. Nico gituma bakoze ivyo vyose, bazoba barokoye ubugingo bwabo n'amatungo yabo, sinzobikorako …

Ariko rero, ivyo vyahavuye vyoroshwa n'ibindi vyavuzwe, muri vyo Muhamadi akaba yaratanze ikindi ca gatatu co guhitamwo, ukuye idini rya isilamu n'inkota, ico ca gatatu naco, ni ukwemera kuganzwa na isilamu, hanyuma ugatanga ikori rizwi kw'izina rya *jizya*:

Rwana mw'izina rya Allah, kandi mu buryo bwa Allah. Rwanya abahakana Allah. Gira ingwano nyeranda …

Muhuye n'abansi banyu ari abanyeshirahamwe (babangikanya Allah), batumirire guhitamwo hagati y'ibintu biatatu.

Bishuye kuri kimwe ico arico cose muri ivyo bitatu, navyo muzovyemere, maze ntihagire ikintu kibi mubakorera.

Batumirire kwemera isilamu; babishuye, bibemerere, muce mureka kubarwanya…

Banse kwemera isilamu, batangishe kw'itegeko ikori rya *jizya*. Bemeye kuritanga, ribemerere, ntihagire ico mubakorako. Baramutse banse kuriha iryo kori, saba Allah abafate mu mugongo, maze mubarwanye.

Itegeko ryo kuriha *jizya* rifatiye kandi ku karongo ka Korowani:

Nimurwanye abahawe igitabu—gushika aho baza gutanga ikori (*jizya)* ku gushaka kwabo, kandi bicisha bugufi ("bagizwe bato bagayitse"). (K9:29)

Ibibano vy'abantu bemeye kuganzwa n'intwaro ya ki isilamu bafatwa n'amategeko ya isilamu nk'abemeye isezerano rya *dhimma*, naryo rikaba ari isezerano ryo kwishikana rituma abantu batari aba isilamu bishinga kwemera ibintu bibiri:

1) kuriha uko umwaka utashe ikori rya *jizya* rihabwa aba isilamu, no 2) kuba abantu bacuvye, "bagizwe bato" bagayitse, barangwa n'ingendo yo kwicisha bugufi kw'abaneshejwe baganzwa.

Umwanditsi w'u Ibn Kathir niwe yagize ico avuga ku gace K9:29 ka Korowani: yavuze ati "Aba isilamu ntibemerewe kwubaha abantu bagengwa na *dhimma* canke kubaduza hejuru y'aba isilamu, kuko ni abantu bagowe, bagayitse, kandi bamaramajwe." Aka kamere karangwa n'ugusubizwa hasi, nkuko yabivuze, gategerezwa kwubahirizwa n'amategeko ya *sharia* , atuma "babandanya guteterezwa, gusubizwa hasi, no gusuzugurwa."

Kubera ko bemeye isezerano rya *dhimma*, amategeko ya *sharia* ararekurira abatari aba isilamu uburenganzira bwo kugumya idini bari bafise imbere yuko batsindwa (akarere kabo kigarurirwa n'aba isilamu). Abatari aba isilamu babayeho muri ubwo buryo nibo bazwi kw'izina rya *dhimmi*.

Intunganyo ya *dhimma,* ni ishirwa mu ngiro muvya politike ry'ivyiyumviro bibiri ngenderwako mu bijanye n'ukwemera ibiri muri Korowani:

1. Isilamu ritegerezwa gutsinda no kuganza ayandi madini yose:

   Niwe yarungikanye intumwa yiwe ubugororotsi n'idini ry'ukuri kugira ngo ribe hejuru y'ayandi madini yose. (K48:28)

2. Aba isilamu ni ngombwa ko baba ari bo batwara kugira ngo bashobore gutuma inyigisho za isilamu ku kumenya iciza n'ikibi zikurikizwe ku murongo:

   Mwebwe muri ihanga ryiza ryagaragajwe mu bantu, kuko mutegeka gukora ivyiza, mukanabuza gukora ibibi, kandi mukaba mwemera Allah. (K3:110)

Jizya

Mu mategeko ya *sharia* y'iki isilamu, isezerano rya *dhimma* rifata abatari aba isilamu nk'abo ubuzima bwabo buba bwaratakaye (baba barapfuye) iyo aba isilamu batabirekera kubica. Ibi bifatira ku ciyumviro cariho imbere yuko idini rya isilamu ritangura, cavuga ko unesheje abantu (mu ngwano), hanyuma ukabarekera ubuzima ntubice, agatwe kabo kaguma ari ideni bagufitiye. Kubera ivyo, ikori ry'umutwe rya *jizya* ritangwa n'aba *dhimmi* bose b'igitsina gabo bakuze bakariha Reta y'iki isilamu, risigurwa muri iryo dini nk'iciru gitangwa n'aba *dhimmi* co gucungura amaraso yabo (kugira ngo babandanye babaho). Ijambo *jizya* risigura "ugutanga indishi" (réparation), "ugushumbusha" (compensation), canke "ikori". Abahinga mu majambo akoreshwa n'aba isilamu baha iryo jambo insiguro y'indangurakintu ikurikira:

… ikori ryakwa abatari aba isilamu baba ahatwarwa na Reta y'iki isilamu ryerekana ko bemeye isezerano rya *dhimma* rituma bakingirwa, rimeze nk'iryo kuriha kubera ko batishwe.[12]

---

[12] Edward W. Lane, *Kazinduzi y'icarabu n'icongereza* (*Arabic-English Lexicon*).

Muhamadi ibn Yusuf Atfayyish, umwanditsi m'umunya Aljeria wo mu kinjana ca cumi n'icenda, yarasiguye ico ciyumviro muvyo yavuze kuri surati ya K9:29:

Havugwa ngo: [*jizya*] ni iyo gukenguruka ku maraso yabo. Bivurwa ko rikwiye … kugira ngo barihe ikiguzi co kubona batishwe. Ritangwa ku mvo zo gusubirira amabanga (*wajib*) yo kwica no gushira abantu mu buja (kubona batishwe canke ngo bagirwe abaja)… Ritangwa rihabwa aba isilamu.

Canke, nkuko vyasiguwe na William Eton mu myaka irenga ijana y'imbere y'uwo wa mbere, mu gitabu ciwe citwa *Survey of the Turkish Empire (Umwihwezo w'ubwami bw'abanye Turukiya)*, casohowe muri 1798:

Amajambo ari ku rwandiko ruhabwa abakristo iyo barishe ikori ryabo ry'umutwe [*jizya*], rwerekana ko amahera yakiriwe yatanzwe nk'ayo kuriha kugira ngo baronke uburenganzira bwo kugumana agatwe kabo (ntigacibwe) mu kiringo kingana n'uyo mwaka yarihiwe.

Igihano gihabwa abadakurikije isezerano

Mu mategeko ya isilamu, hategekanijwe ibihano bikomeye cane kubadakurikije isezerano rya *dhimma*. Bishitse umu *dhimmi* ntarihe ikori rya *jizya*, canke ntakurikize amategeko yagenewe aba *dhimmi,* igihano cari uko ingwano nyeranda (*jihad*) yaca isubira kwaduka kuri we . Ni ukuvuga ibikorwa nk'ivyo mu gihe c'intambara vyaca bikorwa kuri we: amatungo y'aba *dhimmi* yarasagatwa bakayasabana, abagore bagirwa abaja bagasambanywa ku nguvu, abagabo na bo bagaca bicwa (canke bagahinduka aba isilamu ku nkoni, icumu riri kw'izosi).

Akarorero rurangiranwa k'isezerano rya *dhimma* rifise ico ryiharije, rizwi kw'izina rya "Isezerano rya Umar", ryarimwo ingingo yategeka ko abakristo bo muri Siriya bemanga iki gihano ca *jihad* bakacihamagarira bo nyene:

Ngibi ivyo twishingiye biduhana twebwe nyene ubwacu n'abayoboke b'idini ryacu, kugira ngo dukingirwe kandi turonke umutekano. Bishitse tukarenga kuri ibi twemeye bifata twebwe nyene ku nyungu zanyu, muri ico gihe isezerano ryacu rya *dhimma* rizoba rifuswe, kandi muzoca mugira uburenganzira bwo kutugirira ivyo murekuriwe kugirira abantu b'akankanze n'ubugumutsi.

Birongera bikavurwa na Ibn Qudama, yuko bishitse umuntu w'umu *dhimmi* atari u ntakurikize ibitegekanijwe n'isezerano rya *dhimma*, aba ahevye (asezeye) amatungo yiwe n'ubuzima bwiwe:

Umuntu akingiwe, iyo arenze kw'isezerano ryo gukingirwa ryiwe, ari mu kwanka kuriha ikori ry'umutwe [*jizya*] canke gukurikiza amategeko agenga ikibano…we nyene ubwiwe n'amatungo yiwe baca baba *halal* ['ntagifashi'—nta na kimwe kibuza ko yicwa canke afatwa mpiri n'aba isilamu uko bashaka kwose].

Kahise k'ibibano vyinshi vy'aba *dhimmi* karanzwe n'ibintu vyabaye bihahamura, nk'ukugandagurwa, ugusambanywa ku nguvu, no gusagatwa kw'amatungo yabo. Ibi vyose bigirwa ku mvo zo kugumiza abatari aba isilamu mu cuka c'ubwoba butagira iherezo no kugumizaho no gukomeza ubuja bwa *dhimma* mu bijanye n'ubuzima bwo mu mutwe n'ubw'umutima mu kibano cose (muri bose). Hariho uburorero bubiri:

- Mu mwaka wa 1066, abayuda b'i Grenade bashika hafi 3 000 barishwe n'aba isilamu. Ico vyavuyeko, ni uko Samuel ha-Nagid, umuntu w'umuyuda yari yarabaye umushikiranganji wa mbere (Grand Vizir) wa Grenade, akorera umukuru w'aba isilamu (Sultan) . Yasubiriwe muri ayo mabanga n'umuhungu wiwe, Joseph ha-Nagid. Uburyo aba bayuda bateye imbere, vyabonywe nko guhonyanga ibitegekanijwe mu mw'isezerano rya *dhimma*, ribuza yuko hagira utari u atwara canke aha amategeko aba isilamu. Harabaye isekeza ryo kugumura bifatiye kw'idini ryo kurwanya abayuda. Iryo sekeza ryari ryitwaje amategeko ya *dhimma*, rikaba ryatumye haba ubwicanyi. Umuhinga muvy'amategeko wo muri Afrika ya ruguru yitwa al-Maghili yahavuye yandika hanyuma yuko igihe cose abayuda baronse akazi ko hejuru cane bakorera umukuru wa isilamu (Sultan), baba bari "mu bugarariji bwamaho kw'isezerano rya *dhimma* ribagenge, muri ico gihe rero, bakaba batagikingiwe na ryo". Mu yandi majambo, amaraso yabo yari *halal* [ni ukuvuga 'ntagifashi'—nta na kimwe kibuza ko bicwa].

- Mu mwaka wa 1860 abakristo barenga 5 000 bo mu gisagara ca Damas baragandaguwe. Ico vyaturutseko, ni uko aba Ottoman bari barafuse icese amategeko ya *dhimma*. Ibi vyari vyagizwe ku gitsure ca politike c'ibihugu bikomeye vy'i Buraya. Abigisha b'ivy'Idini b'i Damas barashavujwe naka koyoko katanzwe, hanyuma baca batangaza yuko, kubera ko abakristo batari bagikora mu bugamburutsi bw'abaganzwa nk'aba *dhimmi*, ugukingirwa bahorana kwari kwahebwe, kwafuswe. Ubu bwicanyi bwakurikiye bwakurikije imigirwa yo kuva kera y'ingwano nyeranda (*jihad*): abagabo barishwe, abagore n'abana bagizwe abaja, abagore bafashwe mpiri barasambanijwe ku nguvu, amatungo yabo nayo yarasagaswe arasahurwa. Bamwe baracunguye agahanga kabo mu buryo bwo guhinduka bakaba aba isilamu.

Umugirwa uteye agahinda

Ikori rya *jizya* ryategerezwa kurihwa uko umwaka utashe n'umuntu wese w'igitsina gabo akuze, kandi hari umugirwa vyisangije wategerezwa gukurikizwa. Abagabo b'aba *dhimmi* bategerezwa guca muri uyu mugirwa mu turere twose tuganzwa n'aba isilamu two kw'isi nzima, gushika mu kinjana ca mirongo ibiri.

Umugirwa wo kuriha ikori rya *jizya* wajana n'ikimenyetso gikomeye cane , aho umuntu w'u yakubita umu *dhimmi* ku gikanu (inkota), hakaba hari n'ahandi hamwe hamwe bavuga yuko umu *dhimmi* yambikwa ikiziriko mw'izosi hanyuma bakagifata, bakamara umwanya bariko baramukwega bamushumitse. Iyi migirwa yasigura ko umu *dhimmi* yaba ariko aratanga iryo kori kugira ngo arokore ubuzima bwiwe, ntiyicwe canke ngo agirwe umuja. Uwo mugirwa kwari nkukwerekana mu gakino ukwicwa uciwe umutwe, bikaba ari vyo ikori rya *jizya* ryaba rikijije uwo muntu mu kiringo c'umwaka.

Amasoko y'amakuru yo mu ba isilamu n'ay'abatari aba isilamu aravuga henshi hibonekeje uwo mugirwa, kuva muri Maroc gushika i Bakhara, kuva mu kinjana c'icenda gushika muc'icumi na kabiri. Uwo mugirwa warabandanije mu bihugu bimwe bimwe vy'aba isilamu nka Yemen na Afghanistan, gushika muri ca gihe co kwimuka ku bwinshi kw'abayuda baja muri Isirayeli mu mpera z'imyaka ya 1940 no mu ntango z'imyaka ya 1950, mbere no mu myaka ya vuba , harabaye intagondwa z'aba isilamu zasavye yuko uyo mugirwa wosubizwaho.

Nk'ikimenyetso co gucibwa umutwe, umugirwa ujanye no kuriha ikori rya *jizya* ushobora gufatwa nk'*isezerano rifatiye ku maraso* , canke nk'*indahiro ifatiye ku maraso* (twabonye mu cirwa ca 2), mu bintu nkivyo bene gutanga ikori n'ukugirirwa uwo mugirwa, bihamagarira urupfu bo nyene mu kwerekana nko mu gakino uburyo bwo kwicwa kwabo,   igihe batokurikiza ibitegekanijwe mu masezerano. Indahiro nkizo zaramaze ibinjana vyinshi zikoreshwa mu birori n'imigirwa vyo kwakira abashasha mu mashirahamwe akorera   mu   kinyegero   (sociétiés   secrètes)no   mu   turwi tw'amangetengete (groups occultes), kandi zifise ububasha bwo mu mutwe, no ku buzima bw'impwemu, bwo kubohera abagiriwe iyo migirwa kw'itegeko ryo kuganzwa no kugamburuka.

Umugirwa wa *jizya ubwa kimenyetso risaba umu dhimmi* awugiyemwo yiyemeje guheba agatwe kiwe bishitse akarenga iyo ari yo yose mu ngingo   z'isezerano rya *dhimma*, ryarokoye ubuzima bwiwe. Aho ni ukwivuma, muvy'ukuri, nko kuvuga ngo "Murafise uburenganzira bwuzuye bwo ku gatwe kanje ndamutse ndenze kuco arico cose mu bitegekanijwe   mu masezerano yanje". Mu bihe bikurikira, iyo umu *dhimmi* arenze amasezerano yiwe, aba yamaze kwicira no kwisomera urubanza rwo gupfa mu kwemera guca muri uyu mugirwa w'icese, kandi aramutse yishwe, biba bigizwe ku ruhusha we nyene aba yaramaze gutanga.

☙❧

Muri utu duce, turihweza ingaruka z'indinganizo ya *dhimma* ku buzima bwo mu mutwe bw'abantu batari aba isilamu.

Ubukengurutsi bujanye no guca bugufi

Uko bisanzwe bimeze, mu mategeko akurikizwa kuva kera muri isilamu, abantu batari aba isilamu bafatwa nk'abantu bakesha ubuzima bwabo aba isilamu babigaruriye mu ngwano. Basabwa kwerekana ingendo n'inyifato birangwa n'ubukengurutsi n'ukuba hasi cane bigereranije n'aba isilamu, kandi bakarangwa no guca bugufi. Ibi, abanditsi kw'idini rya isilamu barabivuga mu buryo butomoye.

Amategeko menshi ya *sharia* yarashinzwe kugira ngo ategereze abatari aba isilamu kwiyumva ko ari bato cane (bagayitse), kandi bama bageramiwe. Nk'akarorero:

- Intahe y'aba *dhimmi* nk'ivyabona ntiyari yemewe muri za sentare za *sharia*: ibi vyatuma bageramirwa n'ubwoko bwose bwo gukandamizwa.

- *Inzu z'aba dhimmi* zategerezwa kuba ngufi kurusha iz'aba isilamu.

- *Aba dhimmi* ntibari barekuriwe kugira ku mafarasi canke gukiriza umutwe ngo bawushire hejuru y'uw'u (itegeko ryo kugenda bunamye).

- *Aba dhimmi* bategerezwa kubisira aba isilamu mu nzira icamwo bose, bagakebereza ku nkombe y'ibarabara canke ku ruhande rw'inzira kugira bababisire barengane.

- *Aba dhimmi* nta burenganzira canke n'uburyo bari bafise bwo kwivuna, bikaba vyatuma bashobora guhohoterwa n'aba isilamu bitagoranye.

- Ntivyari birekuwe kweekana ahabona ibimenyetso vy'amadini atari isilamu, kandi n'imigirwa yayo madini yandi ntiyashobora gukorerwa ahabona.

- Nta mashengero (ingoro z'Imana) mashasha yashobora kwubakwa, kandi n'ayononekaye ntivyari birekuwe kuyasanura.

- Ntivyari birekuwe na mba kunegura idini rya isilamu.

- *Aba dhimmi* bategerezwa kwambara ukwabo bisangije, bakambara impuzu zibaranga canke ziriko ikimenyetso (ibara) kibaranga.

- Abagabo b'aba isilamu barashobora kurongora abagore b'aba *dhimmi*, ariko abana bavyara bategerezwa kurerwa nk'aba isilamu; ariko rero, nta kazi yashobora kwubakana n'umugabo w'umu *dhimmi,* carazira.

- Hariho kandi amategeko yandi menshi yatuma abantu batari aba isilamu n'ibibano vyabo basubizwa hasi bakabaho nk'ibimaramare, bakongera bagakumirwa.

Ayo mategeko yafatwa nko kugaragaza mubijanye n'imibano n'amategeko ukugirwa muto (n'ukwicisha bugufi ku gikenye), nkuko bitegekwa na Korowani (K9:29).

Indinganizo ya *dhimma* yari yagenewe gucuvya, gucinyiza no gutesha agaciro abatari aba isilamu baganzwa nayo. Umwanditsi w'umunya Maroc wo mu kinjana ca cumi n'umunani yitwa Ibn Ajibah ariko arasigura ico iyo ndinganizo yari igamije, yavuze yuko yari iyo kwica umutima:

> [*Dhimmi*] igamije kwica umutima, amatungo n'ivyifuzo vyiwe. Ubwa mbere ho, yategerezwa kwica ugukunda no guhahamira ubuzima, no kwifuza ubutware n'icubahiro. [Umu *dhimmi*] yategerezwa guhindura ivyo umutima wiwe yifuza, akawupakiramwo ibintu vyinshi birengeye umutwaro ushobora kwikorera, gushika aho usigara urangwa no kwisemba no gukenguruka ubuja. Hanyuma y'ivyo, azosigara ata na kimwe adashobora kurinda, aba "rwemeramivumo". Uzosanga ugucinyizwa canke ukuganzwa ataco bikimubwira. Ubwinazi n'itunga bizosigara ari co kimwe kuri we; ukwikingira, ukwihagararako n'ubuhakwa azosanga ataho bitaniye., ugutakaza n'ugutora/gutombora bizosigara ari co kimwe. Impera n'imperuka, igihe ibintu vyose bisigaye ari co kimwe, umutima wiwe uzorangwa no kwemera ubuhakwa / ubuja no gutanga ataguhigimanga ico ategerezwa gutanga.

Kamere yo mu mutwe irangwa n'ukwikengera (kwishira hasi)

Ijambo '*dhimmitude*' rikoreshwa mu kwerekana ivyo vyose bigize ibiranga ubuzima bizanwa n'isezerano rya *dhimma*. Nka kurya bavuga akarenganyo gafatiye ku bitsina (sexisme) canke ku moko (racisme), *dhimmitude* ntiyigaragaza mu bisata vy'imibano n'ivy'amategeko (vy'ubutungane), ariko ni no mu karangamutima ko gukenguruka ukwicinyiza no kwicisha bugufi, n'ishaka ryo gukorera abandi nk'umuhakwa (umuja), usanga gakurikizwa n'abantu baganjijwe (bo "mu ngoma iganjijwe n'iyindi"), kugira ngo bikingire (kwemera kuba abaja kugira ngo baramuke).

Nkuko umuhinga w'umuyuda wo muri Iberiya yabivuze mu myaka y'imbere cane y'ibi bihe tugezemwo (Moyen âge), "Twaremeye twese, abasaza n'abakiri bato, kwakira no kumenyera ugucinyizwa no kuba abantu bagayitse ..."; hanyuma mu ntango z'ikinjana ca mirongo ibiri, umuhinga muvy'indondabihugu w'umunya Serbiya yitwa Jovan Cvijic yaradondoye ingene ubwoba bwo guhohoterwa n'aba isilamu b'abanya Albaniya bakomoka muri Turukiya buhererekanywa uko imvyaro zikurikirana, ubwo bwoba bwarahinduye uko abakristo bo mu karere ka Balkans babona kandi biyumvira ibintu mu mitwe yabo:

[Aba *dhimmi*] baramenyereye kuba mu murwi wo hasi, ukenguruka ubuja, urajwe ishinga no kurondera kwemerwa na ba shebuja, kwicisha bugufi bakigira ubusa imbere yabo ba shebuja, no kubanezereza. Aba bantu usanga bahindutse intavuga, agatinyashengero, n'abanyarwenge (amayeri yo kwikingira); usanga ata muntu numwe bagifitiye icizere; usanga bahava bamenyera kwiyorobeka, kugira inyifato igayitse yo kwitonesha, kuko ivyo vyose birakenewe kugira ngo bashobore kubaho no kwikingira ibihano vyobaboreza igufa.

Ingaruka mbi zo gukandamizwa n'uguhohoterwa ziribonekeza mu bakristo nka bose nko kwama biyumvamwo akoba n'umutima uri mu mutwe uva ku kwiyagiriza... Muri Masedoniya, narumvise abantu bivugira ngo "No mu ndoto, twama turiko turahunga abanye Turukiya n'abanye Albaniya."

Ukwo gushirwa hasi kw'aba *dhimmi,* ico vyogereranywa, ni ugushirwa hejuru kw'aba isilamu, bemerwa ko barangwa n'ubuntu n'umutima wagutse utanga utitangiriy'itama, bashoboye kwemerera aba *dhimmi* kubaho bakanigumya ntibabatware utwo batunze. Nkuko nabibwiwe n'umunya Irani umwe yahevye isilamu agahinduka umukristo, "Idini ry'abakristo riracabonwa nk'idini ry'abantu bari mu murwi wo hasi w'ingayiranwa. Isilamu nayo ni idini ry'abakama, abakuru b'abategetsi, nayo idini ry'abakristo rikaba iry'abaja."

Ivyiyumviro bishingiye kuri *dhimmitude* bigirira nabi aba isilamu nkuko bimaramaza abatari aba isilamu bikabagira ubusa. Harya aba isilamu barigirira nabi igihe bashizeho indinganizo ituma batagira akaryo n'ibakwe vyo kwiga guhiganwa ku rugero rumwe n'abandi, ata wandya wangura. Impinyanyuro ngengantwaro na ngengabutunzi ifatiye ku gukingira bamwe no gukumira abandi, ishobora gutuma ubutunzi bw'igihugu kanaka buyongobera bugasubira inyuma; muri ubwo buryo nyene ukwo gukingirwa mu bijanye n'idini bishingwa n'indinganizo ya *dhimma*, kwatuma aba isilamu bishimikiza ukwiyumvamwo ku buryo ataho buhagaze ko bari hejuru kwabasubije inyuma kukonona ubushobozi bwabo bwo gutegera neza uko bari, aho bahagaze n'isi ibakikije uko bimeze koko ata gufatira ku bihendo canke ku bitagira mvura.

Kuri izo mpande zibiri, indinganizo ya *dhimmitude* izana inyifato n'ingendo bifise imizi kure, kandi z'uruhererekane uko imvyaro zikurikirana. Nka kurya amacakubiri afatiye ku moko ashobora kubandanya mu bihugu mu myaka myinshi ikurikira igihe ubuja bufatiye ku moko bumaze bwarafuswe n'amategeko, niko n'indinganizo ya *dhimmitude* ibandanya kugira ingaruka ku migenderanire hagati y'aba isilamu n'abandi bantu, mbere ugasanga ari yo yiganje muri iyo migenderanire, naho ikori rya jizya risigaye riri inyuma kure cane mu vyo abantu bibuka, ryasa n'irya maze kwibagirwa.

Ingengavyiyumviro ya *dhimmitude* iranashobora no gusanga yarashikiriye n'ibihugu bitigeze bigengwa n'amategeko ya *sharia*. Ibi birashobora kuzingamika ubushakashatsi bw'incabwenge no guharabika imvugo n'ingendo mu bijanye n'amatwaragihugu (politike). Nk'akarorero, harabaye urukurikirane rurerure rw'abanyepolitike bo mu bihugu vyo mu Burengero bahayagije idini rya isilamu, bavuga icese ko ari idini ry'amahoro, bongera mbere bavuga yuko barikengurukira. Imvugo nkizo zo guhayagiza no gukenguruka, ntaho zitaniye na bimwe mu biranga za nyishu z'aba *dhimmi* bagengwa/baganzwa n'intwaro y'aba isilamu.

Uruhamo rufatiye ku madini no gusubira kugaruka kwa *dhimma*

Mu kinjana ca cumi n'icenda no muca mirongo ibiri, ibihugu bikomeye vy'i Bulaya vyararemereye uturere tw'aba isilamu bidutuma tugabanya canke dukuraho indinganizo ya *dhimma*. Ariko rero, mu kinjana giheze, haribonekeje kw'isi yose ko *sharia* yasubiye kuvyuka. Mu bigize uko kuvyuka kwa sharia, amategeko n'ivyiyumviro vya *dhimma* wasanga biriko biragaruka mu turere tw'aba isilamu, bikazanana n'icuka co gutunga agatoke no gushira abantu mu mirwi ata kiboneka gifatiweko (ku mwikeko), iterabwoba n'ikumirwa vyagiriwe abakristu n'abandi bantu batari aba isilamu.

206

Akarorero, ni igihugu ca Pakistani, cari cashinzwe mu ntango nk'igihugu c'intwaro ata dini na rimwe ishingiyeko, ariko cahavuye gitangaza yuko ari igihugu gishingiye kw'idini rya isilamu, gisubira gushinga za sentare zigengwa n'amategeko ya *sharia*, kirongera gishinga itegeko ribuza gurtoza idini rigira ivangura n'ikumirwa ry'abatari aba isilamu. Iyi ngendo yo kuvyura *sharia* yatumye haza hararushirizaho kuba uruhamo rw'abakristo b'abanye Pakistani.

Mw'isi ya kino gihe, aho hose hasubiye kuvyuka amategeko ya *sharia*, imibereho y'abakristo n'abandi bantu batari aba isilamu ica yunyuka. Muri iki gihe, ivya bitanu bine vy'ibihugu birangwa n'uruhamo rw'abakristo, ni ivy'aba isilamu, kandi uburyo urwo ruhamo rw'abakristo rugirwa muri utwo turere, nko kubabuza kwubaka aho bagirira amasengesho, usanga bushigikiwe n'ukuvyura amategeko ya *dhimma*, bukaba nabwo ari bumwe mu buryo bukoreshwa mu kuvyura amabwirizwa ya *sharia*.

⁂

Muri utu duce tw'icirwa, turihweza ibituma vyo guheba isezerano rya *dhimma*, n'ingaruka mbi rigira ku buzima bw'umutima.

Inyishu ijanye n'ubuzima bw'umutima

Ubuzima bwa Muhamadi bwubakiye kuvyo yabayemwo vyo gukumirwa, vyatumye agira ibikomere vyo ku mutima, agatima ko kwikeka no gushavuzwa n'ubusa, ukwishira mu mutwe yuko yama ahamwa, agatima ko gukoresha inguvu, n'ishaka ryo kuganza abandi. Uguhamagarira abayoboke ingwano nyeranda (*jihad*) kwaturutse kuri ako gatima yari afise ko kwumva yaracinyijwe, kamutuma arondera kwiganzura abicishije ku gucuvya no gutesha agaciro abandi. Niho havuye indinganizo ya *dhimma* igamije gucuvya no gutesha agaciro abantu.

Aho bitaniye n'ingendo ya Kristo, ni uko Kristo yakumiriwe, ariko akanka gushavura, akanka gukoresha inguvu, akanka kuganza abandi, kandi akongera akanka kugira ibikomere vyo ku mutima. Umusaraba wiwe n'izuka ryiwe vyaratsinze ugukumirwa n'ububasha bw'umuzimagiza. Abakristo bashobora kwitura umusaraba kugira ngo baronke umwidegemvyo kw'iragi rya *dhimma*.

207

Intahe z'umwidegemvyo kuri *dhimma*

Ngizi intahe zimwe zimwe z'abantu bavuze amasengesho yo guheba isezerano rya *dhimma* bakaba bararonse umwidegemvyo.

Ubwoba bw'uruhererekane hagati y'imvyaro zija zirakurikirana

Umugore umwe twasangiye igisabisho yari abangamiwe no kuguma afise ubwoba mu bice binyuranye vy'ubugingo bwiwe. Abo yamukako bari barabaye mu buzima bw'aba *dhimmi* mu gisagara ca Damasi muri Siriya, hari haciye imyaka ijana, aho habaye ihonyabwoko rizwi cane ry'abakristo ryakozwe mu mwaka wa 1860. Naramuteye intege ngo avuge ibisabisho vyo kuvavanura n'isezerano rya *dhimma*, aho abivugiye ububasha bw'ubwoba buca burasambuka, akaba yaciye aremuruka bwa bwoba bwahora bumukitse mu buzima bwiwe bwa misi yose.

Umwidegemvyo kw'iragi ry'ihonyabwoko

Hari umugabo umwe aturuka muri Arumeniya yamuka ku bantu bacitse kw'icumu mw'ihonyabwoko, mukwiha amazina y'ikigiriki bagahungira muri Egiputa baciye i Smyrna. Mu gice kinini c'ikinjana cakurikiye, uwo mwana w'impunzi yaragumye atekewe n'ubwoba bwamurya umutima imisi yose. Ntiyashobora kuva imuhira adafise umutima uri mu mutwe, yibaza ko atoba yibagiye kwugara imyango n'amadirisha. Ariko rero, igihe yaheba ubwoba bw'uruhererekane hagati y'imvyaro buturuka kw'ihahamuka rijanye n'ihonyabwoko ryo muri kahise, hanyuma akavuga n'amasengesho yo gusaba kubohorwa, yarumvise koko yuko yakize ku mutima, yumva afise n'umwidegemvyo utagabanije.

Ukurushirizaho kuba kirumara mu gukora ubutumwa mu ba isilamu

Umugore umwe wo muri Nouvelle Zélande yaranyagiye ingene ubutumwa bwiwe mu ba isilamu bwahindutse bugatera imbere hanyuma yaho yihakaniye *dhimmitude* na *dhimma* akavavanura na vyo:

> Narabohowe mu buryo bukomeye ku bijanye n'iterabwoba n'ubwoba nyene niyumvamwo jewe nyene ubwanje, kandi naciye ndushirizaho rwose kuba kirumara mu kwigisha

208

Ubutumwa bwiza aba isilamu kuva aho mvugiye igisabisho co kuvavanura na *dhimmitude* muri iri koraniro ry'inyigisho mwadutumiyemwo. Nigisha Ubutumwa bwiza kuva mu mwaka wa 1989… Uwundi muntu wo mu murwi na we nyene yaje mu makoraniro yanyu na we nyene yarungutse kurushirizaho kuba kirumara mubutumwa bwiwe mu bakenyezi bo mu Burengerazuba bwo hagati kuva aho avavanuriye na *dhimmitude*.

Kuva ku bwoba ukaja ku kwubahuka: inyigisho ku buryo bwo kwigisha Ubutumwa bwiza

Umurwi w'abakristo bavuga ururimi rw'icarabu warakoresheje ibisabisho vyo muri kino gitabu mu kwitegurira kuja kurangura ubutumwa mu ba isilamu bariko bagendera igihugu kimwe c'i Buraya ka bukerarugendo. Naho abo bakristo bari mu gihugu kirangwamwo umwidegemvyo, baravuze yuko biyumvamwo akoba ko gusangiza abandi ukwizera kwabo. Uguhanahana ivyiyumviro kuri *dhimmitude* kwaruguruye imitima yabo, barabona yuko bakeneye kuzira ubwoba. Indongozi imwe yatanze insiguro ikurikira: "Ubwoba ukugumamwo kubera isezerano ryagizwe mw'izina ryawe." Hanyuma yo guhanahana ivyiyumviro ku nsiguro z'isezerano rya *dhimma*, abantu baravuze ibisabisho vyo gusaba umwidegemvyo, hanyuma bihakanira hamwe isezerano rya *dhimma*. Ku musi wa nyuma w'ihuriro, umwe muri bo mu kurimbura (évaluation) ivyavuye mu bikorwa vy'ihuriro, yanditse ati:

> Ivyo twashitseko, ni akaroruhore. Abaje muri iri huriro ata numwe avuyemwo baremeje bivuye inyuma yuko inyigisho zatanzwe ku gice gihambaye c'ubutumwa, kandi zatuzaniye imihezagiro itagabanije n'umwidegemvyo w'ukuri, na cane cane kubona bose bararonkejwe akaryo ko kuvavanura n'isezerano rya *dhimma*, bakemeza isezerano ryabo na Yesu riciye mu maraso. Imana ishimwe cane ko hari umwidegemvyo uturuka kuri iri sezerano ryo mu maraso ya Yesu, biciye ku masengesho.

Umukristo w'umukopte (copte) yaharonkeye umwidegemvyo, hamwe n'ubushobozi bwo kwigisha Ubutumwa Bwiza aba isilamu

Umuhinga muvy'amategeko w'umukristo mw'ishengero ry'aba Kopte yashinze intahe ikurikira:

Nize amategeko ya sharia mu kiringo c'imyaka ine, nkorera urupapuro rw'umutsindo mu bijanye n'amategeko, mu gihugu c'aba isilamu, ayo mategeko ya *sharia* ni co cari icirwa gikuru. Narize ido n'ido ndanonosora uburyo abakristo bacinyizwa bagateshwa agaciro n'amategeko ya *sharia*, harimwo nayagenga *dhimma*, ariko hariho ikintu cambuza gutegera ingaruka mbi z'ivyo vyirwa kuri jewe nyene. Nari umukristo yizera rwose kandi asenga cane. Kandi narakunda cane Umwami Yesu Kristo, ariko nama nsanga binanira (ntashobora) kwemeza ko ari Umwami wanje imbere y'abagenzi banje b'aba isilamu, nanka kubashavuza.

Igihe nakurikira ikiganiro kuri *dhimmitude*, numvise ndiko ndaronka umuco mu mutima, maze ivyo nahora numva mu mutima nafunitsweko vyose numva nivyo biriko birashirwa ahabona. Nariko nibuka ibihe vyinshi nari nemeye n'akamwemwe, hamwe ahubwo nkanashigikira iciyumviro cuko aba isilamu bari hejuru y'abandi bose mu turere bigaruriye, ari co gihugu c'abo namukako. Naciye njijuka ko namaze imyaka myinshi nemera uguteshwa agaciro kubu *dhimm*i, kandi mbaho mu gacinyizo karanga imibereho y'aba *dhimmi*. Narasavye amasengesho, hanyuma nja numva ndonse umwidegemvyo ntangere muri Kristo.

Muri iryo joro nyene, narasubiye imuhira , nca ndahamagara umugenzi pfampfe nari mfise w'u. Naramubwiye yuko Yesu Kristo amukunda, kandi ko yamupfiriye ku musaraba. Kuva ico gihe, ubutumwa bwanje mu ba isilamu bwaciye buba kirumara cane, kandi maze kubona benshi bamaze kwemeza ko Kristo ari Umwami wabo n'Umukiza wabo.

Imvo zo kwihakana isezerano rya *dhimma*

Ushobora kwifuza kuvuga ivyemezo n'ibisabisho bikurikira muri iki cirwa ku mvo nyinshi zinyuranye:

- Wewe canke abo wamukako bashobora kuba barabayeho nk'abatari aba isilamu baganzwa n'amategeko y'iki isilamu, ukaba waremeye canke bakaba baremeye isezerano rya *dhimma*, canke ushobora kuba warabaye/bashobora kuba barabaye mu buzima buganzwa n'ivyiyumviro vya *jihad* na dhimmitude.

- Wewe canke umuryango wawe ushobora kuba warasinzikajwe cane n'ivyashitse bihahamura, nk'uguhohoterwa kujanye na *jihad*, canke ukundi guhohoterwa gushobora gushika mu buzima bugengwa na *dhimma*. Nivyo vyashitse urashobora kuba atanivyo wigeze wumva, ariko ushobora kwicura yuko vyabaye muri kahise k'umuryango wawe.

- Wewe canke abo wamukako ushobora/bashobora kuba warahanamiwe (barahanamiwe) na *jihad* y'iki isilamu, hanyuma, naho umuryango utigeze vy'ukuri ubaho ugengwa n'amategeko ya isilamu, wifuza kwikuramwo ubwo bwoba n'uko kwicura igitugu n'agacinyizo.

- Wewe canke abo wamukako mushobora kuba mwarabayeho nk'aba isilamu, ukaba ushaka kuvavanura no kugengwa n'isezerano rya *dhimma* n'ingaruka zaryo zose.

Ibi bisabisho bigenewe gufuta isezerano rya *dhimma,* hamwe n'ingaruka mbi zaryo ku buzima bw'impwemu/bw'umutima, kuburyo ata bubasha rizoba rigifise ku bugingo bwawe. Bigenewe kandi kurwanya no gusambura imivumo yose yagizwe kuri wewe canke abo wamukako kubera ukuba umu *dhimmi* aba mu gihugu gitwarwa n'aba isilamu. Uranashobora no kuvuga ivyo bisabisho wigaya kubona utazi ivyabaye muri kahise, ukaba ushaka guhagarara ushikamye mu kuri kw'ijambo ry'Imana. Bigenewe kwemeza umwidegemvyo ku ngaruka mbi ku buzima bw'impwemu za *dhimmitude,* nkizi zikurikira:

- Ububabare

- Ubwoba

- Uguterwa ubwoba

- Isoni

- Kwiyagiriza icaha

- Kwiyumva yuko uri musi y'abandi (kwikengera)

- Ukwiyanka no kwikumira

- Ukwanka abandi

- uguhahamuka

211

- ububeshi
- Ukumaramazwa ugashirwa mu busa
- Ukwikumira ukikura mu bandi ugasigara uri nyamwigendako
- Agacerere

Reka ubu naho turabe igisabisho kivurwa ku mvo zo kuvavanura n'isezerano rya *dhimma*. Iki gisabisho kigenewe kugobotora mu buja abakristo baba ahantu baganzwa n'aba isilamu muri kino gihe. Canke bafise abo bamukako babaye aho baganzwa n'amategeko ya isilamu.

Uguhura n'ukuri

Niba utabigize mu cirwa giheruka, imbere yo kuvuga igisabisho co kuvavanura na *dhimma*, soma uvuga cane uturongo twerekeye "Uguhura n'ukuri" two mu cirwa ca 5.

Iki gisabisho co kuvavanura n'isezerano rya *dhimma* kivugirwa hamwe n'abitavye inyigisho bose, babanje guhaguruka (Bakivuga bahagaze).

Icemezo n'igisabisho co kuvavanura na *Dhimma* no gusambura ububasha bwayo

Igisabisho co kwirega (gutura, confession)

Mana Nyene urukundo, ndemeye ko nacumuye nkakwikurako. Ndigaye nerekeza Kristo, Umukiza wanje n'Umwami wanje. Ndagutakambiye ungirire imbabazi, na cane cane kuri aho hose nateye ubwoba abandi, nkarondera gucuvya no gutetereza abandi ndabagira abantu bato bagayitse. Nsavye imbabazi kukwishira hejuru kwanje. Ngirira imbabazi kuri aho hose nahohoteye canke naganje abandi. Ndavavanuye nivyo vyose, mw'izina rya Yesu.

Mana nzima ukaba na Se w'Umwami wacu Yesu Kristo, ndakuninahaza ku ngabirano wampaye y'imbabazi zazanywe na Kristo ku musaraba. Ndemeye yuko wanyakiriye. Ndagukengurukiye ko mu musaraba, twujurijwe nawe no hagati yacu. Uyu musi ndemeje

212

icese yuko ndi umwana wawe nkaba kandi na samurarwa w'Ubwami bw'Imana.

Ivyemezo n'ukwihakana (isezerano rya dhimma: kuvavanura na ryo)

Data, ndemeye hamwe nawe ko ntakigendera mu bwoba, ahubwo ko ndi umwana w'urukundo rwawe. Ndahakanye ivyo isilamu isaba vyigishijwe na Muhamadi kandi ndavavanuye na vyo. Ndavavanuye n'ivyo vyose bijanye no kwiyegurira no kuyoboka "Allah wo muri Korowani" kandi ndemeje icese yuko nsenga Imana y'Umwami wacu Yesu Kristo yo nsa.

Ndasavye imbabazi ku vyaha vy'abo namukako bakoze mu kuyoboka isezerano rya dhimma n'ivyiyumviro ngenderwako vyaryo, ndasavye imbabazi ku vyaha vyabo.

Ndahakanye kandi ndafuse ivyo nakoze vyose jewe nyene canke abo namukako vyo kuyoboka aba isilamu no kuganzwa nabo n'ivyiyumviro ngenderwako vy'idini ryabo.

Ndahakanye nivuye inyuma isezerano rya dhimma n'ivyo risaba vyose. Ndavavanuye no kugerwa imbugita ku gakanu biherekeza umugirwa wo kuriha ikori rya jizya, hamwe nivyo ukwo kugerwa imbugita bisigura, Kuvy'umwihariko, ndihakanye umuvumo wo gucibwa umutwe n'urupfu vyerekanwa n'uyo mugirwa.

Ndemeje icese yuko isezerano rya dhimma ribambwe ku musaraba wa Kristo. Dhimma, yagizwe igikino bereka ikoraniro ry'abantu, kandi nta bushobozi canke uburenganzira na bumwe ikimfiseko. Ndemeje icese yuko ivyiyumviro vy'isezerano rya dhimma ku buzima bw'impwemu vyashizwe ahagaragara, vyatswe ibirwanisho bisigaye ari imbokoboko, vyaneshejwe, kandi vyamaramajwe bigasigara bigayitse, mu musaraba wa Kristo.

Ndavavanuye n'ukwiyumvamwo ataho bifatiye ubukengurutsi kw'idini rya isilamu.

Ndavavanuye n'ukwiyagiriza icaha ataho bifatiye.

Ndavavanuye n'ububeshi n'ibinyoma.

Ndavavanuye naho hose nemeye kugumya agacerere kubijanye n'ukwizera Kristo kwanje.

Ndavavanuye naho hose nemeye kugumya agacerere kubijanye na dhimma n'idini rya isilamu.

Kuva ubu nzovuga, sinkiguma mu gacerere.

Ndemeje icese yuko "ukuri kuzongira uwidegemvya"[13] kandi mpisemwo kubaho nk'uwidegemvya muri Kristo Yesu.

Ndahakanye kandi ndafuse imivumo yose yavuzwe yerekezwa jewe n'umuryango wanje mw'izina ry'idini rya isilamu. Ndahakanye kandi ndafuse imivumo yose yavuzwe yerekezwa kubo namukako.

Kubw'umwihariko, ndahakanye kandi ndafuse umuvumo w'urupfu/Rupfu we, nta bubasha ukimfiseko!

Ndemeje icese yuko iyo mivumo ata bubasha ifise kuri jewe.

Ndasavye kandi ndemeje imihezagiro ya Kristo nk'iragi ryanje ryo mu mpwemu.

Ndahakanye iterabwoba. Mpisemwo ubutwari bwo kwubahuka muri Kristo Yesu.

Ndahakanye kuba igikoresho c'abandi no kuganzwa na bo.

Ndahakanye uguhohotera abandi no kuvugisha inguvu.

Ndahakanye ubwoba. Mpakanye ubwoba bwo gukumirwa. Mpakanye ubwoba bwo gutakaza itongo ryanje n'ayandi matungo yanje. Ndahakanye ubwoba bwo kuba mu bworo. Ndahakanye ubwoba bwo kugirwa umuja. Ndahakanye ubwoba bwo gusambanywa ku nguvu. Ndahakanye ubwoba bwo gukumirwa ngakurwa mu bandi. Mpakanye ubwoba bwo gutakaza umuryango wanje. Ndahakanye ubwoba bwo kwicwa n'ubwoba bw'urupfu.

Ndavavanuye n'ubwoba bwa isilamu. Ndavavanuye n'ubwoba bw'aba isilamu.

Ndahakanye ubwoba bwo kugira uruhara mu bikorwa ngirakamaro kuri bose no mu bikorwa vya politike.

Ndemeje icese yuko Yesu Kristo ari Umwami wa bose.

---

[13] Yohana 8:32.

Ndishikanye kuri Yesu nk'Umwami w'ibice vyose vy'ubugingo bwanje. Yesu Kristo ni Umwami w'aho mba (umuryango wanje). Yesu Kristo ni Umwami w'igisagara canje. Yesu Kristo ni Umwami w'igihugu canje. Yesu Kristo ni umwami w'amahanga yose muri iyi si. Ndishikanye kuri Yesu Kristo nk'Umwami wanje.

Ndahakanye ukumaramazwa no guteshwa agaciro. Ndemeje icese yuko Yesu Kristo yanyakiriye. Ndamukorera, kandi we musa.

Ndahakanye isoni. Ndemeje icese yuko mu musaraba, ntyorowe ivyaha vyose. Isoni nta burenganzira zikimfiseko, kandi nzoganza hamwe na Kristo mu buninahazwa.

Mwami, tugirire imbabazi, jewe n'abo namukako ku rwanko rwose twagiriye aba isilamu. Ndavavanuye n'urwanko ku ba isilamu n'abandi bose, kandi ndemeje urukundi Kristo afitiye aba isilamu n'abandi bantu bose bo mw'isi.

Ndasavye imbabazi ku vyaha vy'ishengero n'aho abarongoye ishengero bayoboka ibintu bitabereye.

Ndahakanye ukwishira kure y'Imana. Ndemeje icese yuko ngiriwe imbabazi nkakirwa n'Imana muri Kristo. Nuzurijwe n'Imana. Nta bubasha na bumwe mw'ijuru no mw'isi bushobora kugira ico buhinduye kuri jewe ngo bunyagirize imbere y'intebe y'Imana.

Ndemeje icese ko ninahaza nkongera ngakengurukira Imana Data wacu, Kristo ariwe wenyene ari Umukiza wanje, na Mpwemu Yera ari we wenyene ampa ubugingo.

Nishinze kuba icabona kizima ca Yesu Kristo we Mwami. Umusaraba wiwe ntuntera isoni. Sinteterezwa n'ukuzuka kwiwe.

Ndemeje icese yuko ndi umwana w'Imana nzima , Imana ya Aburahamu, Isaka na Yakobo.

Ndemeje icese intsinzi y'Imana n'iya Mesiya wayo. Ndemeje icese yuko ivi ryose zizokubita ibipfukamiro, ururimi rwose narwo rugatangaza yuko Yesu Kristo ari Umwami ku buninahazwa bwa Mana Data.

Ndemeje imbabazi ku ba isilamu ku kubona baragize uruhara mu ndinganizo ya dhimmitude.

Data, Mana nzima, ndokora mu ngoyi za dhimma, iz'intumbero ya dhimmitude, n'ivyiyumviro bindi vyose biteye kubiri n'Imana bijanye n'isezerano rya dhimma.

215

Ubu naho nsavye yuko wonyuzuza Mpwemu Yera yawe, maze uncuncuburireko imihezagiro yose y'Ubwami bwa Yesu Kristo. Ntabaza impano yawe yo gutegera ijambo ryawe mu buryo butomoye, no kurishira mu bikorwa mu bice vyose vy'ubugingo bwanje. Ntabaza amajambo y'umwizero n'ubuzima, nkuko wabidusezeraniye, hanyuma uhezagire umunwa wanje nshobore kuyabwira abandi ndabikorana ubukuru n'ububasha mw'izina rya Yesu. Ntabaza ubutwari bwo kuba icabona c'ukuri cizigirwa ca Kristo. Ntabaza urukundo rushitse ku ba isilamu n'ishaka ritadebukirwa ryo kubasangiza urukundo rwa Kristo.

Ndemeje icese ivyo bintu kandi ndabisavye mw'izina rya Yesu Kristo, Umwami wanje n'Umukiza wanje.

Amina.

Urwandiko ndongoranyigisho

Icirwa ca 6

Amajambo mashasha

Dhimma

dhimmi

Ikiganiro c'i Regensburg

'Ibintu bitatu vyo guhitamwo'

Grand Mufti (Umukuru w'aba isilamu mu gihugu)

Jizya (ikori ry'umutwe)

Wajib ("amabanga")

jihad (ingwano nyeranda)

Isezerano rya Umar

Halal (:gifisweko uburenganzira bwose »

Dhimmitude

Umugirwa wo gucibwa umutwe

Uguhura n'ukuri

Amazina mashasha

- Papa Benedicto XVI (yavutse muri 1927): Umudagi yari azwi kw'izina rya Joseph Ratzinger, Papa kuva muri 2005 gushika muri 2013
- Umwami wa Byzance Manuel II Paléologue (1350-1425; yatwaye mu gihe ca 1395-1425)
- Sheikh Abdul Aziz al-Sheikh: Umukuru w'aba isilamu (Grand Mufti) bo mugihugu ca Arabiya Sawudite kuva muri 1999 (yavutse muri 1943)
- Ibn Kathir: Umwanditsi w'ivyabaye akaba n'incabwenge, w'umunye Siriya (1301-1373)

- Muhamadi ibn Yusuf Atfayyish: U w'incabwenge yaturuka mu gihugu ca Aljeriya (1818-1914)
- William Eton: Umushakashatsi w'umwongereza yakoreye muri Turukiya no mu Burusiya, yasohoye igitabu citwa *Survey of the Turkish Empire (Umwihwezo w'ubwami bw'abanye Turukiya)* muri 1798
- Ibn Qudama: Umuhinga w'umu soufi-sunite wo muri Palestina (1147-1223)
- Samuel ha-Nagid (993-1055/56) na Joseph ha-Nagid (1035-1066): Abashikiranganji ba mbere (Grand Vizirs) b'abayda batwaye muri Grenade.
- Muhamadi al-Maghili: Incabwenge y'umunya Aljeria (1400-1505)
- Ibn Ajibah: Incabwenge y'u w'umu soufi-sunite wo muri Maroc (1747-1809)
- Maimonides: Incabwenye y'umuyuda w'umu Sefarade (yahindutse umukatolika) wo muri Iberiya (1138-1204)
- Jovan Cvijic: Umuhinga muvy'indondabihugu no mu bumenyi bw'amoko y'abantu yaturuka mu gihugu ca Serubiya (1865-1927)

Korowani muri kino cirwa

K9:29   K48:28   K3:110

Ibibazo bijanye n'icirwa ca 6

- Hanahana ivyiyumviro ku karorero ntanganyigisho.

᯾

Isezerano rya *dhimma*

1. Ni ayahe majambo rurangiranwa umwami wa Byzance **Manuel II Paléologue** yavuze, yasubiwemwo na **Papa Benedikto** XVI mu kiganiro gikomeye yatangiye i **Regensburg** mu mwaka wa 2006 catumye

aba isilamu kugumuka mw'isi nzima, bikaba vyatumye hicwa abantu bashika 100?

2. Umukuru w'aba isilamu (**Grand Mufti) Sheikh Abdul Aziz al-Sheikh** yavuze iki co gukosora Papa Benedikto?

3. **Ibintu bitatu** idini rya isilamu rirekurira abantu batari aba isilamu baneshejwe mu ngwano **ngo bahitemwo kimwe** ni ibihe?

4. Durie arasubiramwo *ihadisi* yo muri *Sahih al-Bukhari* ("Naronse itegeko ..."). Iryo tegeko rya Allah ni irihe uravye ivyo Durie yavuze?

5. Durie aca avuga ibiri mw'*ihadisi* yo muri *Sahih Muslim*: "Rwana mw'izina rya Allah, kandi mu buryo bwa Allah. Rwanya abahakana Allah ..." Abatemera isilamu batsinzwe mu ngwano ni ibihe bintu bitatu basabwa guhitamwo kimwe?

6. Isurati ya K9:29 itegeka iki ku batari aba isilamu barwanijwe bakaneshwa?

7. Umwumvikano w'isezerano ryo kwishikana no kwemera kuganzwa witwa ngo iki?

8. Abantu batari aba isilamu bemeye kubaho bagengwa n'iryo sezerano bitwa ngo iki?

9. Ni ibihe vyiyumviro bibiri vyo muri Korowani intunganyo ya *dhimma* ishingiyeko?

Jizya

10. Ni ukubera iki ikori rya *jizya* ritangwa uko umwaka utashe ku ba *dhimmi* abahinga b'aba isilamu bavuga yuko ari iryo gucungura amaraso yabo ba *dhimmi?*

11. Uravye ivyo Imam **Atfayyish**, avuga, ikori rya *jizya* risubirira ukwicwa n'ubuja, rihabwa ba nde?

12. **William Eton** avuga ko ikori rya *jizya* ari iryo kuriha iki?

Igihano gihabwa abadakurikije isezerano

13. Ni ibiki vyashikira aba *dhimmis* igihe batakurikije isezerano rya *dhimma*?

14. What did the **Pact of Umar** require *dhimmis* to invoke upon themselves?

15. **Ibn Qudama** yashatse kuvuga iki aho yandika ko umu *dhimmi* atagamburutse we nyene ubwiwe n'amatungo yiwe baca baba *halal* (« ntagifashi »)?

16. Ni ibiki bihahamura vyashitse muri kahise k'ibibano vy'aba *dhimmi*?

17. Ni igiki catumye abayuda b'i Grenade bicwa mu mwaka wa 1066?

18. Ni kuki abakristo bagandaguwe i Damas mu mwaka wa 1860? Bamwe bategerejwe gukora iki kugira ngo ntibicwe?

Umugirwa uteye agahinda

19. Ni uyuhe mugirwa Durie avuga ko wibonekeza henshi, kuva muri Maroc gushika i Bakhara mu gihe c'imyaka irenga igihumbi?

20. Uwo mugirwa wari ugenewe kwerekana iki?

21. Umu *dhimmi* yihamagarira uwuhe muvumo muri uyo mugirwa?

22. Abari muri uyo mugirwa bihamagarira iki igihe batanga ikori rya *jizya* bagaca no muri nya mugirwa?

23. Ni ibiki umu *dhimmi* yivugako we nyene mu kuriya ikori rya *jizya*?

Ubukengurutsi bujanye no guca bugufi

24. Durie avuga ko ari izihe nyifato zibiri abatari aba isilamu bategerezwa kwerekana imbere y'aba isilamu?

25. Tanga uturorero two gushirwa hasi
    kw'abatari aba isilamu gutegekwa
    n'amategeko ya *sharia*:

    - Intahe y'aba *dhimmi*

    - *Inzu z'aba dhimmi*

    - *Amafarasi y'aba dhimmi*

    - *Aba dhimmi no guca mu nzira*

    - *Ukwivuna kw'aba dhimmi*

    - *Aba dhimmi* n'ibimenyetso vy'amadini

    - *Amashengero (inzu z'amasengesho) z'aba dhimmi*

    - *Aba dhimmi* no kunegura idini rya isilamu

    - *Inyambaro y'aba dhimmis*

    - *Ubugeni bw'aba dhimmis (abo
      bashobora kwubakana)*

26. Isurati ya K9:29 itegeka iki abantu batari
    aba isilamu bagengwa n'ubutegetsi bw'ki
    isilamu?

27. **Ibn Ajibah** yise gute "ico guhitamwo
    kigira gatatu'?

Kamere yo mu mutwe irangwa n'ukwikengera (kwishira hasi)

28. Ijambo "**dhimmitude**" risigura (ryerekana) iki?

29. **Dhimmitude** ituma aba *dhimmi* bakora iki, uravye ivyavuzwe
    n'umuhinga w'umuyuda wo muri Iberiya mu myaka y'imbere
    cane y'ibi bihe tugezemwo (Moyen âge) yitwa Maimonides?

30. Turavye ibivurwa n umuhinga muvy'indondabihugu w'umunya Serbiya yitwa **Jovan Cvijic**, indinganizo ya *dhimmitude* ishingiye ku gukoresha inguvu yisunzwe n'abanye Turukiya mu buryo bafashe abanye Balkan, yasize iki mu nyifato y'abo banye Balkan?

31. Turavye ivyo umunye Irani umwe yahindutse akaba umukristo yayagiye Mariko Durie, aba isilamu babona gute idini ryabo barigereranije n'iry'abakristo?

32. Ni kubera iki **dhimmitude** yonona n'aba isilamu ikongera ikabononera?

33. Durie agereranya **dhimmitude** n'ikiringo ikihe co muri kahise ka Reta zunze ubumwe za Amerika?

34. Durie avuga ko ari igiki kizingamika ubushakashatsi bw'incabwenge kikanaharabika imvugo n'ingendo mu bijanye n'amatwaragihugu (politike)?

Uruhamo rufatiye ku madini no gusubira kugaruka kwa *dhimma*

35. Ni igiki catumye uturere tw'aba isilamu dusambura indinganizo ya *dhimma* mu kinjana ca cumi n'icenda n'ica mirongo ibiri?

36. Durie avuga ko ari igiki catumye abakristo baja bararushirizaho guhamwa mu gihugu ca Pakistani kandi kikaba kiriko gituma

abakristo bariko baragenda barushirizaho guhamwa no mu bindi bihugu vyinshi?

Inyishu ijanye n'ubuzima bw'umutima

37. Mu bijanye n'ubuzima bw'umutima, ni izihe nkurikizi zitanu Durie atangaz'ugukumirwa kwa Muhamadi?

38. Ni igiki catumye Muhamadi uguhamagarira abayoboke biwe ingwano nyeranda (*jihad*)?

39. Ni ibihe bintu bine Kristo yanse gukora igihe yakumirwa?

Intahe z'umwidegemvyo kuri *dhimma*

40. Izo ntahe zitanu, ni igiki zihuriyeko?

Imvo zo kwihakana isezerano rya *dhimma*

41. Ibintu bitatu bishobora kuba bihanze umuntu arondera amasengesho kubera ko wewe yaciye mu buzima bugengwa na **dhimmiture,** canke abo yamukako bakaba ari bo babubayemwo?

42. Ni ibihe bintu bibiri amasengesho kuvyerekeye **dhimmitude** agenewe kugira?

43. Raba urutonde rw'inkurikizi mbi 13 ku buzima bw'impwemu ziterwa na **dhimmitude**. Amasengesho ashingiye ku kuri kw'Ijambo ry'Imana agira iki kuri izo nkurikizi?

Ku bijanye n'igice c'amasengesho, kurikira intambwe ziri ngaha hepfo:

1. Uturongo tujanye n'**Uguhura n'ukuri** mu cirwa ca 5 turasomerwa abitavye inyigisho bose, niba tutamaze gusomwa igihe icirwa cariko kiratangwa.

2. Ivyo birangiye, abitavye inyigisho baca bahagarara hamwe bakavuga "Icemezo n'igisabisho co kuvavanura na *Dhimma* no gusambura ububasha bwayo".

3. Ushaka kumenya vyinshi kurusha, raba Urwandiko rwo kwisunga ku mboneza.

7

Ububeshi, ukwishira hejuru y'abandi ataho bifatiye, n'ukuvuma

"Urupfu n'ubugingo biri mu bubasha bw'ururimi, kandi abarukunda bazorya ivyo rwamye."
Imigani 18:21

Ibigize ihangiro ry'icirwa

a. Kwihweza no kwihakana uruhusha isilamu itanga rwo kubesha no guhenda abandi.

b. Kwihweza uduce two mu vyanditse vyeranda tumenyesha ibintu bijanye n'ukuri 20 igihe uriko uritegurira kuvavanura n'ububeshi burangwa mw'idini rya isilamu.

c. Kwemeza umwidegemvyo w'ubuzima bw'impwemu ku caha c'ububeshi mu kuvuga igisabisho co gusubiza hamwe (kwuzurizwa), kirimwo ivyemezo n'ivyo kwihakana umunani.

d. Kwihweza no kwihakana ibishingwa n'idini rya isilamu vyuko hoba abantu bari hejuru y'abandi, umuntu arengeye uwundi.

e. Kwihweza uduce two mu vyanditse vyeranda tumenyesha ibintu bijanye n'ukuri igihe uriko uritegurira kuvavanura n'ivyemerwa ko idini rya isilamu rirengeye ayandi madini yose, riri hejuru yayo.

f. Kwemeza umwidegemvyo utegekanijwe mu vyanditse vyeranda ku kwishira hejuru canke kurengera abandi ataho bifatiye, mukuvuga igisabisho co kuhakana uko kwishira hejuru, kirimwo ivyemezo n'ivyo kwihakana cisangije 11.

g. Kwihweza ibikorwa mu migirwa y'idini rya isilamu vy'aho isinzi ry'abayoboke bavumira hamwe mu musigiti abatemera (idini ryabo).

h. Kuraba inyifato zinyuranye ku bijanye n'ukuvuma mw'idini rya isilamu.

i. Kuraba ingene abari mu mitongero yo kuvuma ishobora kubashikira ikabakorako ku bijanye n'ibishobisho, nuko biyumva.

j. Kwihweza uduce two mu vyanditse vyeranda tumenyesha ibintu bijanye n'ukuri bitandatu igihe uriko uritegurira kuvavanura n'imitongero yo kuvuma.

k. Kwemeza umwidegemvyo utegekanijwe mu vyanditse vyeranda ku mitongero yo kuvuma mukuvuga igisabisho co kwihakana, kirimwo ivyemezo n'ivyo kwihakana cisangije 19,

228

Akarorero ntanganyigisho: Wokora iki?

Uri ku rugendo mu modoka ya minibus hamwe n'abagenzi batatu b'abakristo bitwa Alexandre, Samweli, na Petero. Muriko muja mw'ikoraniro ryerekeye ukuba umugendanyi mu ba isilamu, Mumaze kuyaga kubijanye n'ishengero, umuryango n'amatwaragihugu (politike), Petero arabaza ico abandi biyumvira ku ndoto nyinshi aba isilamu bafise kuri Kristo n'uburyo isilamu iriko iraba idini ry'intagondwa. Ibi vyoba bisigura ko turi mu bihe vya nyuma? None, aba isilamu bahindutse boba bakeneye inzira y'ubutumwa bisangije bwo kubagira koko abagendanyi ba Kristo, nka kurya kw'abayuda bakurikira Yesu nka Mesiya?

Alexandre arabumviriza, aca azana iciyumviro ciwe avuga ati: "Muvy'ukuri ga yemwe, ni kuki aba isilamu bahindutse bohoza bagakenera ubutumwa bisangije bwo kubagira abagendanyi ka Kristo, nk'akarorero budasa n'ubwogenerwa abayuda canke abayoboke ba Bouddha? Hoba harabaye igihe ishengero ryo muri kahise ryoba ryatanga ubutumwa bufise aho butaniye n'ubundi ukurikije idini bene kubuhabwa bahoramwo? None ga, twese ntidukoresha Bibiliya imwe tukavuga n'inama y'idini (credo) imwe? Ni igiki kigaragaza yuko aba isilamu baba "bakijijwe" mu buryo budasa bisangije, bagakenera inyigisho bisangije n'ubutumwa bisangije vyo kubategurira ibatisimu?"

Samweli arishura ati: "Yesu yasezeranye ko amavi yose azokubita ibipfukamiro, kandi ndemera yuko ngaha harimwo amamiliyoni y'aba isilamu bahinduka bagatumbera Kristo, none ni ngombwa ko tubakira mu buryo budasanzwe, mu mashengero ya haziko adasanzwe, nka kurya tubigira ku bayuda. Paulo na Petero, bakoze ukumenyesha Ubutumwa Bwiza abayuda n'abapagani mu buryo budasa kuri iyo mirwi ibiri. Twari dukwiye gukora mu ba isilamu nka "benewabo b'abayuda" tukabaha ubutumwa bisangije bujanye n'ivyo ubuzima bwabo bw'impwemu bukeneye.

Petero arongerako ati: "Ariko rero Samweli, intumwa zose zakoresheje ivyiyumviro bimwe mu gutanga ubutumwa mw'ishingero ryo mw'Isezerano Rishasha. None, amakete yose y'intumwa, ntiyagenewe bose, abayuda n'abapagani? Aba isilamu bahindutse bagatumbera Kristo, usanga bakeneye ivyo abandi bose bakeneye: icirwa co kubategurira ibatisimu, insiguro, inyigisho zo kw'ishule ryo ku musi w'Imana, n'ivyirwa vya Bibiliya. Muvy'ukuri, ukubafata ukwabo bisangije, bishobora kubabuza kwinjira koko mu mashengero yacu ahasanzwe".

Niho Samweli yakubaza ati: "Ubona gute ubutumwa kubahora ari aba isilamu?"

Wokwishura gute?

Umwidegemvyo ku bubeshi

Muri utu duce, turihweza inyigisho za isilamu kuvyerekeye ububeshi, hanyuma turaja guca duhitamwo guhakana ibinyoma.

Ukuri ni intabonwa

Umukozi w'Imana (Pasitori) Damanik, yapfunzwe bidaciye mu kuri mu gihugu ca Endoneziya kubera ko yavuze ibintu binegura ingwano *jihad* y'aba isilamu, yavuze ibikurikira ku kuri:

> … naho ukuri kutoroshe kandi gufise agaciro gahanitse cane, ntakundi twobigenza namba. Dutegerezwa kwemera gutanga ico kiguzi c'ikirenga. Tutabigenjeje uko, ico twoba duhisemwo kwoba ari ugusezera burundu ukuri. Uwukunda ukuri, ategerezwa kurwana intambara ikomeye kurusha abandi kugira ngo abe umuntu arangwa n'ugushaka gukomeye nk'icuma, akongera akaba uwurangwa n'umutima wera utagira agatosi, kandi ubonerana (nka kurya kw'ikiyo). Ugushaka kumeze nk'icuma, gufise inkomezi: ntushobora kukugonda. Ntikujogajoja mu buryo kwishinga gukurikirana ukuri Umutima w'ikiyo ni uwurtyoroye, udacafujwe n'inyungu na gahunda (imigambi) bihishije vya nyenewo. Nka kurya bimeze ku kiyo, umuntu akunda ukuri ni magara make, kandi aroroshe kumeneka, amenwa n'akarenganyo n'ibinyoma vyo muri iyi si. Uko kumeneka kw'umutima, si ikimenyetso c'amagara make: ah'ubwo ni ikimenyetso c'inkomezi n'ububasha. Uwo muntu, afise ugushaka gukomeye, kandi umunwa wiwe udatinya ufise

ubushobozi bwo kwamira ukiyamiriza ibinyoma n'ububeshi birangwa mu micungararo yaho aherereye. Umutima wiwe ntushobora kwijajara ngo wame utekanye. Umutima wiwe wama usazwe n'ukurwanya akarenganyo.

Ukubona Imana irangwa n'ukuri, ni ikintu gihambaye cane kuri twebwe mu kwinjira mu migenderanire nayo. Imana irangwa n'uburwaneza bwuzuye: yiyamiza mu migenderanire n'abantu, irangwa n'ubwo burwaneza nyene.

Imico yubakiye kuri *sharia*

Turavye ibivurwa na Korowani n'inyigisho za isilamu, ububeshi burarekuwe mu bihe bimwe bimwe. Twarabonye mu cirwa ca 3 ingene ububeshi burekuwe, mbere rimwe na rimwe rikaba n'itegeko mw'idini rya isilamu.

Muri Korowani na Allah bivurwa yuko abesha, agashobora no kuyovya abantu:

> Kandi Allah arekera mu muzimiza uwo ashatse agashoboza kuzimuruka uwo ashatse. Ninawe Nyene inguvu, Nyene ubwitonzi. (K14:4)

Ubwoko bw'ibinyoma amategeko ya *sharia* yemera (arekura) ni ubu:

- Kubesha mu gihe c'ingwano
- Abagabo bahesha abagore babo
- Kubesha kugira ngo wikingire
- Kubesha kugira ngo ukingire/urwanire ihanga (ry'abayoboke ba isilamu)
- Ukubesha kugira ngo wikingire (*taqiyya*) igihe aba isilamu biyumvira yuko bageramiwe: mu bihe nkivyo, u ararekuriwe mbere no kwihakana idini ryiwe (K16:106) (igihe agoberewe).

Izo ngengagaciro zubakiweko n'idini zaragize ingaruka ku mico y'aba isilamu mu buryo bukomeye cane.

Uguhura n'ukuri

Ku mukristo ntibimeze nkukwo kwo muri isilamu: hoho, umukristo ntarekuriwe kwihakana idini ryiwe (Imana yiwe):

> Umuntu wese azonyaturira imbere y'abantu, nanje nzomwaturira imbere ya Data wo mw'ijuru. Ariko uzonyihakanira imbere y'abantu, nanje nzomwihakanira imbere ya Data wo mw'ijuru. (Matayo 10:32-33)

Yesu yavuze ngo: "Ariko ijambo ryanyu ribe Ego, ego; canke Oya, oya ..." (Matayo 5:37)

Turavye ivyo dusoma mw'Itanguriro 17, ni igiki Imana ishinga hagati yayo na Aburahamu?

> Kandi nshinze isezerano hagati yawe nanje, no hagati y'uruvyaro rwawe. Iryo sezerano rizohoraho kugira ngo mbe Uhoraho Imana yawe, hamwe n'uruvyaro rwawe ruzovuka hanyuma. Kandi wewe nzoguha iki gihugu wabayemwo uri inyambukira n'uruvyaro rwawe ruzovuka hanyuma, ni co gihugu c'i Kanani ngo kibe itongo ry'ibihe vyose, nanje nzoba Imana yabo. (Itanguriro 17:7-8)

Hanyuma uravye Zaburi 89, ni igiki Imana yashinze hagati yayo na Dawidi?

> Wavuze ngo: "Nasezeranye isezerano nuwo natoranije, narahiye Dawidi umusavyi wanje nti: "Nzoshimangira uruvyaro rwawe gushitsa ibihe bidashira, intebe yawe y'ubwami nzoyikomeza, gushitsa ibihe vyose.'" (Zaburi 89:3-4)

Utwo duce tubiri uhejeje gusoma turerekana yuko Imana ishinga amasezerano n'ihanga ryayo, amasezerano arangwa n'ubudahemuka.

Ni ibihe bintu bibiri biranga imigenderanire n'Imana usanga muri utu dusomwa dukurikira?

> Erega Imana si umuntu ngo ibeshe, kandi si umwana w'umuntu ngo yisubirekp. Ivyo yavuze mbega ntizobikora? Ivyo yashinze ntizobishitsa? (Guharura 23:19)

> Nimushimire Uhoraho yuko ari mwiza; kuko imbabazi ziwe zamaho ibihe bidashira. (Zaburi 136:1)

[ariko avuga Abayuda] … ariko ku kuvy'ugutoranya kw"imana, ni abakundwa kubw'aba sokuruza, kuko ingabire z'Imana no guhamagara kwayo itavyicuza. (Roma 11:28-29)

… ndabiherewe kwizera abo Imana yatoranije no kwigisha kumenya vy'ukukuri gufatanije n'ukwubaha Imana—nkora nizigiye kuzoronka ubugingo budashira, ubwo Imana itazi kubesha yasezeranye kera, ibihe vyose bitarabaho … (Tito 1:1-2)

Nico catumye Imana, kuko igomba kurushiriza kwereka abaragwa b'ivyasezeranywe ingene imigambi yayo idahinduka, ishira hagati indahiro kuba umuhuza, kugira ngo bibiri bidahinduka, ivyo Imana itabasha kubesheramwo, biduheshe kurema cane, twebwe abashitse mu buhungiro, nibwo kugumya rwose ivyizigiro vyashizwe imbere yacu. (Heburayo 6:17-19)

Ariko nkuko Imana ari iyo kwizerwa, ijambo tubabarira ntituvuga ngo "ego", maze ngo "oya". Umwana w'Imana Yesu Kristo… ntiyari ego kandi ngo abe oya: ariko muri we harimwo "Egome."" (2 Korinto 1:18-20)

Imana ntihinduka, kandi ntibesha mu migenderanire yayo. Ntiyigera irenga kuryo yavuze.

Turavye ibiri mu gitabu c'Abalewi, Imana ishaka iki ku bantu?

Uhoraho abarira Mose ati:"Barira ikoraniro ryose ry'Abisirayeri uti: "Mube abera, kuko ndi uwera, jewe Uhoraho Imana yanyu". (Abalewi 19:1-2)

Imana y'ukuri yo muri Bibiliya, ishaka ko tuba abera nkayo.

Uravye ivyanditse muri utu turongo dutatu dukurikira, twerekana gute ukwera kw'Imana mu bugingo bwacu?

… kuko imbabazi zawe ziri mu maso yanje, kandi ngendera mu kuri kwawe.[14] (Zaburi 26:3)

Mu kuboko kwawe niho nshize ubugingo bwanje; warancunguye, Uhoraho, wewe Mana y'ukuri. (Zaburi 31:5)

Nawe ntunyime ukugira neza kwawe; ewe Uhoraho; imbabazi zawe n'ukuri kwawe bizokwame binzigama. (Zaburi 40:11)

---

[14] Ijambo "ukuri" ryahinduwe ngaha rishobora no gusigura "ubudahemuka"

Dushobora kwerekana ubweranda bw'Imana mukuba imvugakuri, no mukubaho mu kuri, kuko Imana ni iy'ukuri, kandi ntitirimuka kw'ijambo ryayo no kuvyo yasezeranye. Naho Satani akunda gushira ibinyoma mu mitima yacu, ukuri kw'Imana kuradukingira.

Ukuri kudukorera iki, turavye ibivurwa muri iyi Zaburi ya Dawidi?

Raba, nabumbanywe ukugabitanya, Mu vyaha ni ho mama yamvyariye. Raba, ugomba ukuri hirya mu mutima, Mubwigobeko bwawo uzomenyesha ubwenge. Unyuhagize ezobu, mbone kwera. Unyuhagire mbone kwera derere kurusha uko shelegi yera. (Zaburi 51:5-7)

Iyi Zaburi yemeza ko ukuri kudurtyorora.

Uravye ibiri muri aka karongo, ni igiki cuzuye ubugingo bwa Yesu?

… twitegereza ubwiza bwiwe, ni ubwiza bumeze nk'ubw'Umwana w'ikinege ava kwa Se, yuzuye Ubuntu n'ukuri. (Yohana 1:14)

Yesu yari yuzuye ukuri.

Duhamagariwe kuba mu ki?

Ariko uwukora ivy'ukuri aza ku muco kugira ngo ibikorwa vyiwe biboneke ko vyakorewe mu Mana. (Yohana 3:21)

Duhamagariwe kuba mu kuri.

Turavye ibiri mu turongo tubiri dukurikira, ni igiki conyene dushobora gucako kugira ngo dushobore kumenya Imana?

Imana ni Mpwemu, kandi abayisenga bakwiye kuyisenga mu mpwemu no mu kuri. (Yohana 4:24)

Yesu aramubwira ati: "Ni jewe nzira, ukuri n'ubugingo; ntawushika kuri Data ntamujanye." (Yohana 14:6)

Yesu atubwira ko kugira dushikire Imana, atahandi twoca atari mu kuri (Mu Butumwa Bwiza, Yesu avuga ngo "Ndababwiye ukuri" agashika 78.)

Ni igiki gihushanye n'ugukurikira Kristo, uravye ibi vyavuye mu vyandzitswe na Paulo?

Turazi yuko ivyagezwe (amategeko) bitashiriweho umugororotsi, ariko vyashiriweho abagarariji n'ibigaba, abatubaha Imana n'abanyavyaha, abanegura ivyayo n'abakora ibizira, abica ba se na ba nyina, abicanyi, abashurashuzi, abagabo basambana n'abandi bagabo, abanyaga abantu bakabashora, ababeshi, abarahira nabi, n'ibindi vyose birwanya ukwigisha kuzima guhuye n'ubutumwa bw'ubwiza bw'Imana ishimagizwa, ubwo najejwe. (1 Timoteyo 1:9-11)

Paulo yerekana yuko ububeshi budahuye na mba no gukurikira Kristo.

Iki gisabisho co gusaba kuvavanura n'ububeshi gitegerezwa gusomwa n'abitavye inyigisho bose, bahagaze hamwe.

Icemezo n'igisabisho vyo kuvavanura n'ububeshi

Ndagukengurukira Data kuko uri Imana y'ukuri, yuko umuco wawe ukayanganira mw'ijoro ry'umuzimagiza ntangere. Uyu musi ndahisemwo kutaba mu muzimagiza, ariko ah'ubwo kuba mu muco wawe.

Ndagusavye imbabazi ku binyoma vyose navuze. Narahisemwo kenshi na kenshi inzira yo kuryoherwa, mpitamwo ivyyoroshe, aho guhitamwo ibibereye biri mu kuri, Ndakwituyeko, Mwami wanje ndagusaba gurtyorora umunwa wanje uwukize kuvuga ibiteye kubiri n'Imana. Umpe umutima uhimbarwa n'ukwumva ukuri, n'umunwa wama witeguriye kumenyesha abandi ukuri.

Mpezagiza ubutwari bwo kurondera ugutekanirwa mu kuri, no kwamirira kure ibinyoma.

Uyu musi, ndahakanye ugukoresha ibinyoma mu bugingo bwanje bwa misi yose, kandi ndavavanuye na kwo.

Ndahakanye inyigisho zose za isilamu zikoreshwa mu kwerekana ko ububeshi burekuwe, harimwo na taqiyya. Mpisemwo kuvavanura n'ibinyoma n'ububeshi muri vyose na hose. Mpisemwo kubaho mu kuri.

Ndemeje yuko Yesu Kristo ari we nzira, ukuri n'ubugingo. Ndahisemwo kubaho nkingiwe n'ukuri kwiwe.

Ndemeje yuko umutekano wanje uri muri wewe, kandi yuko ukuri kuzombohora nkaba uwidegemvya.

Ndakwituyeko unyereke, Data wo mw'ijuru, uburyo bwo kugendera mu muco w'ukuri kwawe. Mpezagiza amajambo yo kuvuga, n'inzira yo gucamwo, ishingiye ku kuri kwawe.

Amina.

⁂

Umwidegemvyo ku kwishira hejuru y'abandi ataho bifatiye

Muri kano gace, twihweza inyigisho za isilamu ku bijanye no gushira abantu bamwe hejuru y'abandi, hanyuma tubigereranye n'inyigisho zo muri Bibiliya. Tuzoboneraho guhakana ukwiyumvamwo ko hari abantu bari hejuru y'abandi bitagira aho bihagaze, maze tuvavanure navyo.

Ukwiyemeza kwa isilamu ko iri hejuru y'ayandi madini

Mw'idini rya isilamu, baremeza cane kukuba hejuru, ku kuvuga uri mwiza cane kurusha abandi. Korowani ivuga ko aba isilamu barengeye abakristo n'abayuda mu bwiza:

> Mwebwe muri ihanga ryiza ryagaragajwe mu bantu, kuko mutegeka gukora ivyiza, mukanabuza gukora ibibi, kandi mukaba mwemera Allah. Nka hamwe abahawe igitabu bari kwemera, vyari kuba vyiza kuri bo. Muri bo harimwo abemera, ariko abenshi muribo ni abanyavyaha. (K3:110)

Kandi bavuga ko isilamu ariyo itegerezwa kuganza ayandi madini yose.

> Ni we yarungikanye intumwa yiwe ubugororotsi n'idini ry'ukuri kugira ngo ribe hejuru y'ayandi madini yose. (K48:28)

Mw'idini rya isilamu, biratera isoni gufatwa nkuwuri musi y'abandi, Hariho ama *hadisi* menshi ya Muhamadi ashimagiza cane ukuba hejuru y'abandi. Nk'akarorero, muri *hadisi* imwe yatanzwe na al-Timirdhi, Muhamadi yemeje ko ari hejuru y'abandi bantu bose bamaze kubaho:

Nzoba umukama w'abana ba Adamu ku Musi w'Urubanza, kandi si ivyo kwishima. Kuri uyo musi, intumwa yose, harimwo na Adamu, bazoba ari abayoboke banje, Mbere ndi uwa mbere azokwugururirwa isi [ni ukuvuga uwa mbere mu kuzurwa mu bapfuye], kandi aha sindiko ndishima.

Idini rya isilamu ryarafatiweko cane rwose n'imico kama y'abarabu, irayibumba igenda ariyo iyiha akaranga n'intumbero mu kiringo kirenga imyaka igihumbi. Mu mico y'abarabu, uko icubahiro n'isoni bibonwa kandi bifatwa kurahambaye cane, izo ngengagaciro zibiri (icubahiro n'uguteterezwa) zigatuma abantu banka cane kubonwa nk'abari musi y'abandi. Iyo abantu bafise amatati canke ico bapfa, bashobora umwe wese kugerageza kumaramaza no gusubiza hasi (mu busa) uwundi, kandi babigira bafatiye ku gutwarwa n'ishavu bakumva bartyojwe vuba na vuba naho hoba ku tuntu duto.

Iyo umuntu avuye muri isilamu agafata ingingo yo gukurikira Kristo, usanga ari ngombwa yuko avavanura n'uburyo bwo kubona ibintu gufatiye ku bishobisho gutuma umuntu ategereza kwiyumva ko ari hejuru y'abandi basangiye akarere canke ikibano, agaca yumva arabinezererewe, hanyuma akama agendana akoba ko yohava amaramazwa canke ashirwa musi y'abandi yohava asanga bamurengeye.

Uguhura n'ukuri

Mw'itongo rya Edeni, inzoka yarahenze Eva mukumubwira ko yashobora guhinduka akamera "nk'Imana", kandi afatiye kuri ivyo, Eva yaciye akora ico ya nzoka yashaka. Ibi vyatumye Adamu na Eva bacumura bakirukanwa muri rya tongo. Aka gace kotwigisha iki ku bijanye n'impengamiro yo kurondera kuba hejuru?

> Umugore yishura iyo nzoka ati: "Ivyama ku biti vyo muri iri tongo turemerewe kubirya; ariko ivyama ku giti kiri hagati mw'itongo, nivyo Imana yatubujije, ngo ntitubiryeko, kugira ngo ntidupfe."

> Iyo nzoka yishura uwo mugore iti: "Haba namba ntimuzopfa. Kuko Imana izi yuko umusi mwabiriyeko, amaso yanyu azokwihweza, mukamera nk'Imana kuvyo kumenya iciza n'ikibi." (Itanguriro 3:2-5)

Ukwifuza canke ukurondera kuba hejuru (y'abandi), ni umutego ku kiremwa muntu: abantu barondera kuba hejuru y'abandi barashobora gutera ingorane nyinshi n'imibabaro ikomeye muri iyi si.

Rimwe na rimwe, haravyuka ikibazo hagati y'abagendanyi ba Yesu, bashaka kumenya uwari, canke uwuzoba uwa mbere muri bo: Yakobo na Yohana bashaka kumenya uwuzoronka ikibanza c'iteka (c'imbere) mu Bwami bwa Yesu. Nka Yakobo na Yohana, abantu mw'isi yose barondera ibibanza vyiza kurusha ibindi, canke ibirimwo icubahiro n'iteka kurusha ibindi. None Yesu abivugako iki?

> Yakobo na Yohana bene Zebedayo, begera Yesu baramubwira bati: "Mwigisha, turagomba ko uduha ico tugusaba cose."
>
> Arababaza ati: "Mugomba ko ndabaha iki?" Baramwishura bati: "Uduhe tuzokwicare umwe i buryo bwawe, uwundi i bubamfu mu bwiza bwawe," …
>
> Bamwe icumi bavyumvise batangura kwitonganiriza ivya Yakobo na Yohana. Yesu arabahamagara, arababwira ati: "Murazi yuko abavurwa ko baganza amahanga bayatwaza amanyama[15], kandi n'abakuru bayo bayagirako ububasha. Ariko muri mwebwe si ko biri. Yamara uwugomba kuba mukuru muri mwebwe, azobe umukozi wanyu. Kandi uwugomba kuba uwo imbere, azobe umushumba wa mwese. Kuko nanone Umwana w'umuntu, ntiyazanywe no gukorerwa, atari ugukorera abandi, no gutanga ubugingo bwiwe kw'incungu ya benshi." (Mariko 10:35-45)

Kugira ngo yishure ico cipfuzo, Yesu asiguye ko niba koko abigishwa biwe bashaka kumugendanira. Bategerezwa kwiga gukorera abandi.

Ukugeramirwa n'ukwiyumva ko uri hejuru kuranibonekeza muri wa mugani w'Umwana w'icangazi (Luka 15:11-32). Wa muhungu "mwiza" yiyumvisemwo ko yari hejuru, ko atashobora kwifadikanya n'abandi mu musi mukuru se wiwe yagiriye wa mwana wundi yari yarazimiye , igihe yagaruka. Kubera iyo ngendo, wa muhungu yaravugurujwe na se wiwe. Mu maso y'Imana, inzira ituma

---

[15] Yesu avuze amahanga, ashaka kuvuga ibihugu vyose: gushaka kwumva yuko uri uhambaye, usanga biri muri kamere y'umuntu.

dushobora gushika ku co turondera, ni ukurondera gukorera abandi, si ukubasuzugura canke kubaja hejuru ukabaganza.

Muri aka gace keza ko muri Filipi 2, ni igiki gishikana ku kubohorwa ku mukandamizo wo kubona isi wisunga yuko haba abantu bamwe bategerezwa kuba hejuru y'abandi?

Nuko namba hari ukuremeshwa muri Kristo, namba hari uguhozwa kuva mu rukundo, namba hari ugusangira Mpwemu, namba hari imbabazi n'ikigongwe, mwuzuze umunezero wanje muhuje umutima, musangiye urukundo rumwe, muhuje umutima n'Imana. Ntimugire ico mukora kubwo gukebana canke ukwifata uko mutari, ariko mwicishije bugufi, umuntu wese yiyumvire yuko uwundi amuruta, kandi umuntu wese ntiyiyumvire ivyiwe gusa, ariko yiyumvire n'ivyo abandi.

Mugire wa mutima muri mwebwe wari muri Kristo Yesu: Uwo naho yari asanganywe ishusho y'Imana, ntiyiyumviriye yuko kuringanira n'Imana ari ikintu co kwumirako; ariko yisiga ubusa, yakira ishusho y'umushumba, acika uwusa n'abantu.

Kandi abonetse afise ishusho nk'iyo umuntu, yicisha bugufi, aragamburuka no gushitsa ku rupfu—kandi urupfu rwo ku musaraba!

Nico catumye Imana imushira hejuru cane, ikamuha rya zina rirengeye ayandi mazina yose, kugira ngo amavi yose azopfukame mw'izina rya Yesu. Ay'ivyo mw'ijuru, ay'ivyo kw'isi, n'ayo ivyo i kuzimu, kandi indimi zose zize zature yuko Yesu Kristo ari Uhoraho, ngo biheshe Imana Data wa twese icubahiro. (Filipi 2:1-11)

Ikidushikana ku kubohorwa ku vyiyumviro birangwa n'agakandamizo vyo kwumva ko hari abari hejuru y'abandi, ni akarorero ka Yesu Kristo.

Umutima wa Yesu ntaho uhuriye n'ivyo vyo kurondera kuja hejuru y'abandi. Ntiyahisemwo kuganza abandi, ah'ubwo yahisemwo kubakorera. Ntiyishe, ah'ubwo yatangiye ubugingo bwiwe abandi. Mu buryo bwose bushoboka, Yesu yarerekanye ico ari co kwicisha bugufi: "yigize ubusa" (Filipi 2:7), no gushika ku rupfu rwo ku musaraba, urupfu rwari rugayitse kurusha ubundi buryo bwose bwo kwicwa bwakurikizwa mu gihe ciwe.

Umugendanyi w'ukuri wa Kristo, agira nkuko nyene. Ntanezerwa n'intete n'ukwiyumva ko ari hejuru y'abandi. Abagendanyi b'ukuri ba Kristo ntibatinya guterwa isoni, canke ico abandi biyumvira, kuko bama bizeye yuko Imana ariyo ibavugira ikabakingira.

Iki gisabisho co gusaba kuvavanura n'agatima ko **kwishira hejuru y'abandi ataho bifatiye** gitegerezwa gusomwa n'abitavye inyigisho bose, bahagaze hamwe.

Icemezo n'igisabisho vyo gusaba kuvavanura n'ukwishira hejuru

Ndagukengurukiye Data, ko naremwe mu buryo bw'agatangaza, kuko ari Wewe wandemye. Ndakengurutse urukundo umfitiye, n'iteka untera ryo kunyita uwawe bwite. Ndagukengurukiye kw'iteka untera ryo kuba umugendanyi wa Yesu Kristo.

Ndasavye imbabazi ku kubona naremeye ukwifuza kwumva ndi hejuru y'abandi. Ndahakanye nivuye inyuma ivyo vyifuzo, kandi ndavavanuye na vyo. Ndanse ukunezererwa ukwumva ndengeye abandi. Ndemeje yuko ndi umunyavyaha, nk'abandi bantu bose, kandi ntakintu na kimwe nshobora gushikako tutari kumwe nawe.

Ndigaye kandi ku caha co kwumva ko ndi uwo mu murwi uri hejuru y'iyindi, canke mw'ihanga riri hejuru y'ayandi mahanga. Ndemeje icese yuko abantu bose bangana mu maso yawe,.

Ndigaye kandi kuba naravuze amajambo arimwo agasuzuguro ku bandi no kuba narakumiriye abandi, nkaba nituye ku mbabazi zawe kuri ayo majambo.

Ndahakanye ukwiyumvira ko abantu agaciro kabo kari hasi kubera ubwoko bwabo, igitsina cabo, amatungo yabo, canke amashule bize.

Ndemejeko kubona nshobora guhagarara imbere yawe ndabikesha ubwiza bw'Imana. Ndavavanuye n'ugucirwa urubanza n'abantu, nkaba mpanze amaso urukiza rwawe rwo rusa.

Kumwihariko, ndahakanye inyigisho y'idini rya isilamu ivuga ko abayoboke baryo bari hejuru y'abandi bantu, ko isilamu ishikana abantu ku migisha no ku ntsinzi, nuko aba isilamu bari hejuru y'abatari abayisilmau.

Ndahakanye ivyemezwa ko abagabo bari hejuru y'abagore, kandi ndavavanuye navyo.

Data wo mw'ijuru, ndakwituye nsaba imbabazi kuri aho hose niyumvisemwo ukuba hejuru y'abandi, kandi ahubwo mpisemwo kugukorera.

Mwami, mpisemwo kandi kunezererwa imigisha n'intsinzi vy'abandi. Ndahakanye ukwipfuza ivy'abandi no kubagirira ishari, kandi ndavavanuye navyo.

Mwami, ndagutakambiye umpezagize ukwimenya no kwiyumva ukwo ndi mu buryo bubereye muri Wewe, buzira indenzarugero. Nyiza ukuri ku buryo Wewe nyene ubwawe umbona. Mfasha kunezererwa kubona ndi uko washatse ko mba mu kundema.

Amina.

⁂

Umwidegemvyo ku bijanye no kuvuma

Muri tuno duce, twihweza ibihora bikorwa mw'idini rya isilamu vyo kuvuma abandi, duhitemwo guheba n'ivyo bikorwa vyo kuvuma, twongere dusambure imivumo yose twagiriwe idufata.

Ukuvuma mw'idini rya isilamu

Bakoresheje inzandiko zo mu cirwa ca 2, abizera barashobora gutegura uburyo bwo kwisunga mugusenga bushobora gufasha abantu kubohorwa ku bwoko bwinshi bunyuranye bw'ingoyi, ari izituruka kw'idini rya isilamu canke ari n'izamuka ahandi. Hariho uturorero tw'ivyo bisabisho mu gace karimwo "Urwandiko rwo kwisunga ku mboneza" (Guide pour les leaders).

Muri kano gace k'icirwa, turihweza imigirwa (imitongero) y'iki isilamu ijanye n'uburyo bumwe bwo kuvuma, hanyuma duce dutanga igisabisho co kubwihakana no kuvavanura na bwo. Iki gisabisho categuwe kuko hari umukristo yahora ari u, yambwiye ko uyo mutongero wabaye kimwe mu bintu bikomeye bijanye n'idini

241

yaciyemwo, kandi akaba yarumvise ko wari umwe muyifise ububasha ku buzima bw'impwemu (bw'umutima).

Korowani isaba ishimitse yuko abizera yuko Kristo ari Imana bovumwa: "Dusabe twicishije bugufi kugira ngo imivumo ya Allah icuncubukire ku babeshi" (K3:61). Ariko rero ama *hadisi* avuga ibintu bivuguruzanya kubijanye no kuvuma. Ku ruhande rumwe, ama *hadisi* menshi avuga ko Muhamadi yavumye imirwi inyuranye y'abantu, harimwo abayuda canke abakristo, hamwe n'abagabo n'abagore bigana igitsina kitari iciwabo. Ku rundi ruhande, hariho *amahadisi* aburira abantu ku ngaruka mbi z'imivumo, zikavuga ko ata ykwigera avuma uwundi nkawe.

Kubera izo ntumbero zibiri zivuguruzanya, abahinga b'aba isilamu (incabwenge) usanga bafise ivyiyumviro bidasa kuvyerekeye ivyo gufata ko birekuwe ko u avuma uwundi , abo bashobora kuvuma, n'uburyo bwo kubigira burekuwe n'idini rya isilamu. Ariko rero, ukuvuma abantu batari aba isilamu biba kenshi mu turere twose twiganjemwo imico n'imigenzo ishingiye kw'idini rya isilamu. Mu mwaka wa 1836, Edouard Lane yanditse ko abana b'abanyeshule bo mu gihugu ca Egiputa muvyo bigishwa harimwo imivumo yo kuvuga (gutongera) ku bakristo, abayuda, n'abandi batari abayoboke ba isilamu.[16]

Ukuvuma guciye mu mitongero (mu migirwa)

Twarayaze n'abahora ari aba isilamu baturuka mu bihugu binyuranye, bakaba bambwiye yuko kari karabaye akamenyero kurorera aho abantu bavumwa ikivunga mu musigiti.

Umugenzi umwe yaratonze uko ivyo bintu vyagenda mu mahuriro nkayo yo kuvuma, yaba arongowe n'umukuru (Imam) w'umusigiti, akaba ari we mutegetsi ashinzwe kurongora amasengesho yama aba ku musi wa gatanu. Abagabo, barabashira ku mirongo, begeranye "ibitugu bikoranako" . Baca bagenda barakurikira imam, kandi bavugira rimwe bose: baravuma abo babona nk'abansi b'idini rya isilamu. Imivumo yakurikiza imigirwa (ugutongera), kandi igasubirwamwo kenshi. Uyu mugenzi yambwiye ko bene kuvuma wabona ko biyumvamwo ibishobisho bikomeye cane, vyo ku rugero

---

[16] Edward W. Lane, *An Account of the Manners and Customs of the Modern Egyptians (Imico n'imigenzo y'abanye Egiputa ba none)*, p. 276.

rwo hejuuru, vy'urwanko n'ugukaburwa n'inkomezi zijanye n'ubuzima bw'impwemu (kwiyumvamwo ububasha bw'impwemu busa n'ubucuncubuka buva mu mibiri yabo). Nkuko yabibonye, uyu mugirwa waraherererekanwa, se akawandukiza umuhungu wiwe, maze ugaca ubafata bose hamwe. Yaca yumva umufatanya na se wiwe, hanyuma aciye kuri we ukongera ukamufatanya na sekuru, n'abandi yamukako babayeho imbere yabo: nabo bari baragize uyo mutongero wo guhagarara begeranye, "ibitugu bikoranako" kugira ngo bavume abandi kw'izina ry'idini rya isilamu.

Uwundi mugenzi akomoka muri Arabiya Sawudite , ubu asigaye ari umukristo, yama arindiranye igishika umusi umwe wo u mapfungo ya Ramadani (Ukwezi kwo kwisonzesha), igihe ibihumbi n'ibihumbi vy'abantu b'abagabo bahurira ku Musigiti Mukuru w'i Maka kugira ngo basengere hamwe. Siwe yabona harashitse igihe abantu batari aba isilamu bategerezwa kuvumwa n'iryo sinzi ry'aba isilamu. N'umwete ntangere, na we nyene yariyumvamwo ububasha bwo mu mpwemu igihe yifadikanya n'abandi mu gutanga iyo mivumo. Umukuru w'umusigiti (Imam) yaraheba akarira igihe yaba ariko arahamagarira imivumo kubatari abayoboke (ku bahakanyi ba Allah), hanyuma abari ngaho bagaca bahuriza inguvu zabo n'urwanko rwabo muri ako kanya, bashimangira amajambo y'imivumo (imitongero) ya Imam.

Ibintu nkivyo biteye kubiri n'inyigisho za Yesu zivuga ko kizira kuvuma abandi (Luka 6:28): abakristo bigishwa kutavuma abandi bantu, bagasabwa ahubwo guhezagira ababavuma. Umugirwa nkuyo w'imitongero ushiraho ubwifatanye bwo mu mpwemu (bw'imitima) buteye kubiri n'Imana hagati y'abo bayoboke bari mu gisabisho n'uwo mu imam, ariko rero no hagati y'umuvyeyi (se) n'umuhungu wiwe igihe babigiriye hamwe. Ivyo uwo mugenzi wanje yaciyemwo vyo kuvuma vyaramugizeko ingaruka mbi zikomeye akiri muto, atarashobora kumenya Yesu.

Amajambo ""ubwifatanye bw'imitima" asigura iki? Asigura ko umutima w'umuntu uhura n'uw'uwundi: umwe wose usigara ugengwa n'uw'uwundi, ntuba ucidegemvya. Ubufatane bw'imitima, ni nk'umwango wuguruye , canke ca "cibare", naho tutabicishijemwo mu cirwa ca 2. Uko biteye, ubufatane bw'imitima, ni isezerano rihuriza hamwe abantu babiri, hamwe ukubwiririkanya mu mpwemu gushobora kuva kuri umwe kugatembera mu wundi. Ubufatane bw'imitima bumwe bumwe burashobora kuba bwiza, kandi bukaba isoko ry'imihezagiro, nk'ubufatane bw'imitima ndoramana hagati

243

y'umuvyeyi n'umwana, ariko ubundi bushobora kuba inyanduruko y'ikibi.

Iyo umuntu afise ubufatane buteye kubiri n'Imana, harakenerwa cane ukugira imbabazi, kugira ngo umucisho wari ufashe ubwo bufatane ucike. Igihe umuntu yicaye atagiriye imbabazi uwundi, uwo mucisho uteye kubiri n'Imana ugumaho—aribwo bufatane bw'imitima— hagati yabo.

Ubufatane bw'imitima bushobora kuba buteye kubiri n'Imana. Iciza co kumenya, abakristo barashobora guhimbura canke gusambura ubufatane bw'imitima, bakabukuraho bisunze intambwe zitanu dusanga mu cirwa ca 2: *gutura (kwirega) ivyaha, guhakana canke guheba ikintu, gusambura, kwirukana (bikenewe), hanyuma kukaba uguhereza ku guhezagira.*

Uburyo bwo gusambura umuvumo

Nariko ndigisha mw'ikoraniro, hanyuma nja mbona umusore umwe aje angana, ansaba ko nomufasha. Be n'umuryango wiwe bari barimukiye mu gihugu kimwe co mu Buseruko bwo hagati (Moyen Orient), aho yariko arahabwa inyigisho zamutegurira kuba umukozi w'Imana (umumisiyonari). Ariko rero, umuryango wari uhanzwe n'ingorane nyinshi, harimwo impanuka n'ingwara. Bari mu ngorane z'amananiza, gushika aho bariko biyumvira guheba ivyari vyabajanye ngo bisubirire imuhira. Wa musore yaribajije yuko inzu babamwo y'igice c'igorofa yashobora kuba yaravumwe, ariko ntiyabona ico yoshobora gukora. Ndamubwira uburyo bwo gusambura umuvumo. Iyo mpanuro ayifata nka nkama arayitahana, hanyuma yishinga gusengera muri ya nzu, asambura imivumo yose. Hanyuma y'ivyo, ingorane umuryango wari ufise zirazimangana, basanga bashobora kwigumira muri ya nzu mu mahoro yuzuye.

Benshi mu bakora ubutumwa mu ba isilamu, harimwo mbere n'abizera Imana bahora ari aba isilamu, basanze bakiboshwe n'imivumo y'aba isilamu. Yashobora kuba ari imivumo yatongerewe mw'izina rya Allah, canke ikoresha ibintazi vy'amangetengete.

Niba wiyumvira yuko umuntu ukunda ashobora kuba yaratongerejweko umuvumo, ngizi intambwe icenda zo kwisunga kugira ngo wirukane uyo muvumo umuveko:

- Ubwa mbere, tura (irege) ibigabitanyo vyose ubigaye (usabe imbabazi), wemeze ko ubugingo bwawe butwikiriwe n'amaraso ya Yesu.

- Hanyuma, fata ibikoresho vyose biteye kubiri n'Imana, canke vyoba bijanye na rya dini rya kera canke n'imitongero yaryo, ubisohore ubikure mu nzu yawe.

- Hanyuma, ha imbabazi uwo ari we wese yatumye haba uyo muvumo, na wewe wishiremwo, ari uwabigize kubera ibigabitanyo, canke akoresheje umuvumo yakugiriye n'ibigirankana.

- Emera kandi wemeze ubukuru ufise muri Kristo (bwo kwirukana imivumo).

- Ihakane uwo muvumo, uwusambure, uvuga uti *"Ndahakanye uyu muvumo kandi ndawusambuye mw'izina rya Yesu,"* wemeza icese ububasha n'ubukuru ntangere bwa Yesu Kristo ku gikorwa ico ari co cose c'umuzimagiza, bukomoka ku musaraba wiwe.

- Emeza umwidegemvyo wawe ku kibi cose, muri Kristo, ukesha igikorwa Kristo yaranguye agatoza ku musaraba.

- Tegeka idayimoni iyo ariyo yose canke abadayimoni abo aribo bose, ijanye/bajanye n'uwo muvumo kukuvako, kuva ku muryango wawe no mu nzu yawe (mu rugo rwawe).

- Hanyuma wature imihezagiro kuri wewe nyene, ku muryango wawe no ku nzu yawe (canke ku rugo rwawe), muri iyo mihezagiro mbere hakabamwo n'igihushane c'ivyo wari wakwegewe n'umuvumo wose woba wari usanzwe ugufata/ubafata, ukoresha uturongo twa Bibiliya tubereye, nka aka gakurikira: "Sinzopfa, ariko nzobaho namamaze ibikorwa vy'Uhoraho." (Zaburi 118:17)

- Shemeza Imana ku rukundo rwayo, hamwe n'ububasha n'ubuntu bwayo.

Guhura n'ukuri

Aka karongo kavuga iki ku buryo tubohorwa tukaba abidegemvya ku mivumo?

Muri we niho duherwa gucungurwa n'amaraso yiwe, niko guharirwa ibicumuro vyacu, nkuko itunga ry'ubuntu bwayo riri … (Efeso 1:7)

Tubohorwa imivumo kuko twacunguwe n'amaraso ya Kristo.

Ni ubuhe bukuru umukristo afise ku bubasha bw'ikibi (bwa Sekibi)?

"Ehe ndabahaye ububasha bwo gukandagira inzoka nasikorupiyo (utumina) nubwo kunesha ubushobozi bw'umwansi bwose, kandi ntakintu kizogira ico kibagira na gatoya." (Luka 10:19)

Dutegerezwa kwemera ko Kristo ashobora kugira ubukuru ku bubasha bwose bw'umwansi, harimwo mbere no ku mivumo yose.

Turavye ivyanditse mu karongo gakurikira, ni kuki Yesu yaje mw'isi?

Icatumye umwana w'Imana ahishurwa ngiki: ni ukugira ngo asangangure ibikorwa vya Satani. (1 Yohana 3:8)

Yesu yaje gusambura ("gusangangura}) ububasha bwa Satani, harimwo n'imivumo y'ikibi.

Ni mubuhe buryo ukubambwa kwa Yesu kurangura itegeko ryo mu Gitabu co Gusubira mu vyagezwe (amategeko) 21:23?

Kristo yaducunguye umuvumo w'ivyagezwe, yacitse ikivume kubwacu; kuko handitswe ngo: "Azoba avumwe umuntu wese amanitswe ku giti." (Yaraducunguye) kugira ngo umugisha wa Aburahamu ushike ku banyamahanga bawuheshejwe na Yesu Kristo, kugira ngo ukwizera kuturonkeshe Mpwemu twasezeraniwe. (Galatiya 3:13-14)

Mu Gusubira mu vyagezwe 21:23, havurwa ko uwo wese amanitswe ku giti aba avumwe. Yesu Kristo yaravumwe muri ubwo buryo, kuko yishwe abambwe ku musaraba, kugira ngo dushobore gukira imivumo. Yakiriye umuvumo kubwacu, kugira ngo dushobore kuronka imihezagiro.

Aka karongo kavuga iki ku bijanye n'umuvumo w'ubusa (umuvumo umuntu atongerwako ataco yacumuye)?

Nkuko akanyoni kayerera, n'intamba iguruka , niko n'umuvumo w'ubusa atawe wokora. (Imigani 26:2)

Aka karongo katwibutsa ko dukingirwa kandi tubohorwa *(turonka umwidegemvyo) ku mivumo iyo twemeje icese ugukingirwa n'amaraso n'umwidegemvyo uva ku musaraba, hanyuma tukaca tubiroresha ku vyo tubayemwo (imivumo iri kuri twebwe).*

Akarongo gakurikira kavuga iki ku bubasha bw'amaraso ku mivumo?

Ariko mwegereye umusozi Siyoni ... mwegereye na ...Yesu, umuhuza w'Isezerano rishasha, mwegereye n'amaraso amijagirwa, avuga ivyiza kurusha aya Abeli. (Heburayo 12:24)

Amaraso ya Yesu avuga amajambo meza kurusha umuvumo wa Kayini, uva ku maraso yasesetse ya mwene wabo Abeli. Amaraso nayo rero avuga ivyiza kurusha imivumo twagiriwe.

Ni irihe bwirizwa ryiza n'akarorero keza vyahawe abakristo muri Luka 6, no mu makete ya Paulo?

Ndababwire: "Nimukunde abansi banyu, mugirire neza ababanka, muhezagire ababavuma, musabire ababagirira nabi." (Luka 6:27-28)

Ababahama mubahezagire; mubahezagire, ntimubavume. (Roma12:14)

Dukoresha amaboko yacu tukaruha. Iyo badutuka turabahezagira; iyo baduhama turihangana ... (1 Korinto 4:12)

Abakristo bahamagarirwa kuba abantu batanga imihezagiro, ku bagenzi babo no ku bansi babo.

Iki ni igisabisho kivurwa mu gusaba kubohorwa ku nkurikizi zo kugira uruhara mu mitongero (mu migirwa) yo kuvuma, no kubohorwa ku mivumo yarungitswe n'abandi. Cisunga uburyo bwasiguwe mu cirwa ca 2.

Icemezo n'igisabisho vyo kwihakana imivumo no kuyivamwo

Ndatuye ivyaha vy'abo namukako, ivy'abavyeyi banje n'ivyanje nyene bijanye no kuvuma abandi mw'izina rya isilamu.

Mpisemwo guha imbabazi, kurekurira no kubohora abo namukako, data, aba imamu babakwegeye hamwe nanje nyene muri iyo mivumo

247

, *n'abandi bose bambereye inyosha mbi ngo nkore ico caha, no ku ngaruka mbi ku bugingo bwanje.*

Mpisemwo guharira abo bose bamvumye n'abavumye umuryango wanje.

Ndituye ku kigongwe cawe, Mwami, kubona naragiye mu bikorwa vyo kuvuma abandi kandi nkabigiramwo uruhare.

Ubu, ndaronse kandi ndakiriye imbabazi zawe.

Nishimikije imbabazi zawe, Mwami, mpisemwo kwiharira jewe nyene kuri aho hose navumye abandi.

Ndahakanye ikigabitanyo co kuvuma abandi, hamwe n'imivumo yose yoba yaturutse kuri ico caha.

Ndahakanye ukwanka abandi, kandi ndavavanuye na vyo.

Ndahakanye ibishobisho vy'ikirenga bijanye no kugira uruhara mu mitongero yo kuvuma abandi.

Ndasambuye ubwo bubasha ku bugingo bwanje (no ku bugingo bw'abanyamukako / abazonyamukako) nciye ku gikorwa c'urukiza ca Kristo ku musaraba.

Ndagutakambiye, Mwami, usambure imivumo yose nagizemwo uruhara, wongere uhezagire abo navumye, ubahunde imihezagiro yose y'Ubwami bw'Imana.

Mw'izina rya Yesu, ndahakanye kandi ndasambuye imivumo yose nagiriwe.

Ndanse kandi ndahakanye abadayimoni bose b'urwanko n'imicumo, kandi ndabategetse kumvamwo ubu nyene, mw'izina rya Yesu.

Ndaronse kandi ndakiriye umwidegemvyo w'Imana ku mivumo yose yagiriwe jewe n'umuryango wanje. Ndakiriye amahoro, ubwiza n'ubukuru vyo guhezagira abandi.

Umunwa wanje ndaweguriye ukuvuga amajambo y'amashemezo n'imihezagiro imisi yose y'ubugingo bwanje.

Mw'izina rya Yesu, ndatuye imihezagiro itagabanije y'Ubwami bw'Imana kuri jewe no ku muryango wanje, irimwo ubuzima, amagara meza n'umunezero.

248

Ndatuye (ndigaye) kandi ndahakanye imigenderanire n'ubufatane bw'imitima vyose biteye kubiri n'Imana, hamwe n'ukuyoboka aba imamu n'abandi bakuru b'aba isilamu banjanye mu mitongero y'imigirwa y'idini rya isilamu.

Ndahariye abo bakuru ku ruhara bagize mu gushiraho no kuvomera ubufatane bwanje bw'imitima buteye kubiri n'Imana.

Ndihariye ku ruhara nagize mu kuvomera ubwo bwifatanye bw'imitima buteye kubiri n'Imana n'aba isilamu bose nemeye nkabayoboka.

Ndagusavye, Mwami, umparire ku caha cose nakoze kijanye no gushiraho no kuvomera ubu bufatanye bw'imitima, na cane cane ivyaha vyo kuvuma abandi no kwanka abandi.

Ubu ndasambuye ubufatanye bw'imitima n'ubuyoboke bwose ku bakuru b'aba isilamu [na cane cane ni ukuvuga amazina abo woba ushoboye kwibuka] kandi ndigobotoye kuri bo (canke muvuge izina] na [canke muvuge izina], ndabavuyeko.

Mwami, ndagutakambiye urtyorore umutima wanje ivyo noba nibuka vyose bijanye n'imigenderanire iteye kubiri n'Imana, kugira ngo ngire umwidegemvyo wo kukwiyegurira.

Ndahakanye kandi ndafuse ibikorwa vy'abadayimoni bose barondera kugumizaho ubu bwifatanye bw'imitima buteye kubiri n'Imana, kandi ndabategetse kumvako ubu nyene, mw'izina rya Yesu.

Ndiyegetse kuri Kristo Yesu kandi ni We wenyene musa mpisemwo gukurikira.

Amina.

Urwandiko ndongoranyigisho

Icirwa ca 7

Amajambo mashasha

taqiyya   *imamu*   ubufatanye bw'imitima

Amazina mashasha

- Rinaldy Damanik: Umukozi w'Imana (umupasitori) wo mu gihugu ca Endoneziya (yavutse muri 1957)

Bibiliya muri kino cirwa

Matayo 10:32-33	Yohana 4:24
Matayo 5:37	Yohana 14:6
Itanguriro 17:7-8	1 Timoteyo 1:9-11
Zaburi 89:3-4	Itanguriro 3:2-5
Guharura 23:19	Mariko 10:35-45
Zaburi 136:1	Luka 15:11-32
Roma 11:28-29	Filipi 2:1-11
Tito 1:1-2	Luka 6:28
Heburayo 6:17-19	Zaburi 118:17
2 Korinto 1:18-20	Efeso 1:7
Abalewi 19:1-2	1 Yohana 3:8
Zaburi 26:3	Gusubira mu vyagezwe 21:23
Zaburi 31:5	Galatiya 3:13-14
Zaburi 40:11	Imigani 26:2
Zaburi 51:5-7	Luka 6:27-28
Yohana 1:14	Roma 12:14

Korowani muri kino cirwa

K14:4   K16:106   K3:110   K48:28   K3:61

Ibibazo kubijanye n'icirwa ca 7

- Hanahana ivyiyumviro ku karorero ntanganyigisho.

⁂

Umwidegemvyo ku bubeshi

Ukuri ni intabonwa

1. **Pasitori Damanik** yemeye gupfungwa ku kudakekeranya ku bintu ibihe bibiri biri mu vyanditswe vyera?

2. Ni kuki Imana yinjira kandi ikaguma mu migenderanire n'abantu?

Imico yubakiye kuri *sharia*

3. Ni igiki Durie avuga yuko kirekuwe muri Korowani?

4. Mu gace ka surati K14:4, bivurwa yuko Allah arongoora abantu gute?

5. Ni ubuhe bwoko bw'ibinyoma burekuwe mu mategeko ya *sharia*?

6. Ni igiki kirekuriwe aba isilamu mu gace ka surati K16:106. Ariko kitarekuriwe abakristo (dukurikije ibiri muri Matayo 10:28-33)?

Uguhura n'ukuri

Uturongo twerekeye "Uguhura n'ukuri" turasomerwa abitavye inyigisho bose.

Igisabisho

Umurwi wose umaze gusomerwa uturongo tujanye n'*Uguhura n'ukuri*, abitavye inyigisho bose barahaguruka bakavugira hamwe "Icemezo n'igisabisho vyo guhakana ububeshi".

Umwidegemvyo ku kwishira hejuru y'abandi ataho bifatiye

Ukwiyemeza kwa isilamu ko iri hejuru y'ayandi madini

7. Ni igiki cemerewe aba isilamu muri Korowani turavye ibivurwa mu duce twa surati K3:110 na K48:28?

8. Ni nde yemeje yuko ari we muntu wa mbere, arengeye abandi bose bamaze kubaho?

9. Ni izihe ngengagaciro usanga zihambaye cane mu mico n'imibereho y'abarabu?

10. Ni ikihe kindi gitegerezwa guhebwa igihe umuntu avuye mw'idini rya isilamu?

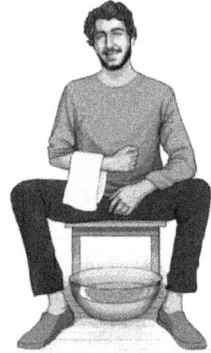

Uguhura n'ukuri

Uturongo twerekeye "Uguhura n'ukuri" turasomerwa abitavye inyigisho bose.

Igisabisho

Umurwi wose umaze gusomerwa uturongo tujanye n'*Uguhura n'ukuri*, abitavye inyigisho bose barahaguruka bakavugira hamwe "Icemezo n'igisabisho vyo guhakana ukwishira hejuru y'abandi ataho bifatiye".

Umwidegemvyo ku bijanye no kuvuma

Ukuvuma mw'idini rya isilamu

11. Ni kuki abahinga (incabwenge) b'aba isilamu bafise ivyiyumviro bidasa ku bijanye no kuvuma (batabibona kumwe) mw'idini rya isilamu?

12. Edward Lane avuga yuko abana b'abanyeshule b'aba isilamu mu gihugu ca Egiputa bigishwa gukora iki mu mwaka wa 1836?

253

Ukuvuma guciye mu mitongero (mu migirwa)

13. Durie aravuga umugirwa w'imitongero umukristo yahora mw'idini rya isilamu yahora ajamwo. Ukugira uruhara muri iyi mitongero vyatuma yiyumva gute?

14. Durie asigura gute **ubufatane bw'imitima**?

15. Ni mu buhe buryo ukugira imbabazi buhambaye mu gutorera inyishu ingorane y'**ubufatane bw'imitima**?

16. Ihweze "Icemezo n'igisabisho co guhakana ukuvuma". Urashobora gutora aho izo ntambwe zitanu zikoreshwa: gu*tura (kwirega) ibigabitanyo, guhakana canke guheba ikintu, gusambura, kwirukana, no guhezagira*? (Raba mu cirwa ca 2.)

17. Ni ibiki bihebwa, ni ibihe bisamburwa muri iki gisabisho?

18. Hasabwa hakemezwa iyihe mihezagiro mu kibanza c'imivumo? Kubera iki hasabwa iyo mihezagiro?

19. Ni ba nde baharirwa muri kino gisabisho?

Uburyo bwo gusambura umuvumo

20. Umusore yayaze na Mariko Durie yibaza yuko ingorane z'umuryango wiwe zashobora kuba ziterwa n'iki?

21. Ni kuki atashobora gutorera inyishu iyi ngorane (iki kibazo) we nyene ubwiwe?

22. Uwo musore yari akeneye gukoraiki kugira ngo ashobore kubaho mu mahoro?

23. Ni igiki gitera ingorane ku bantu bakora igikorwa c'ubutumwa mu ba isilamu?

24. Ni izihe ntambwe icenda Durie avuga zo kwisunga mu gusambura umuvumo?

Uguhura n'ukuri

Uturongo twerekeye "Uguhura n'ukuri" turasomerwa abitavye inyigisho bose.

Igisabisho

Umurwi wose umaze gusomerwa uturongo tujanye n'*Uguhura n'ukuri*, abitavye inyigisho bose barahaguruka bakavugira hamwe "Icemezo n'igisabisho vyo guhakana ukuvuma".

8

Ishengero ryidegemvya

"Uwuguma muri jewe nanje nkaguma muri we, uwo ni we
yama cane."
Yohana 15:5

Ibigize ihangiro ry'icirwa

a. Kuraba ubwoko bunyuranye bw'ingorane zihanze abizera bahora ari aba isilamu mu gikorwa co guhinduka abagendanyi babushitse barangwa n'ukwizera kuremye kutajogajoga.

b. Gutegera ko kujana umuntu kuri Kristo vyonyene bidakwiye: uwo muntu aba akeneye no gufashwa gushikira ubukristo bwuzuye.

c. Kwihweza uruhara ruhambaye rw'ishengero riremye mu gutegura abagendanyi babushitse.

d. Kwihweza ingene kugira ngo uwizera agume arangwa n'umwidegemvyo, ategerezwa kwugara imyango yose umwansi ashobora kumeneramwo, no kwuzuzwa ivyiza vya Yesu Kristo.

e. Kwihweza uruhara rw'ishengero mu gufasha abayoboke (abakristo) kubikora.

f. Gutegera uruhara ruhambaye rw'ubutumwa kubijanye n'umwidegemvyo, kandi atari mub'idini rya isilamu gusa.

g. Kwiga uburyo bwo gukorana umwihariko mu "gutanga inyigisho zizibira ibihengeri" ku mvo zo gukomeza abagendanyi (ba Kristo) cane cane muvyo idini rya isilamu ryatumye bisigara bigoyagoya.

h. Guha agaciro intango iremye mu buzima rukristo, harimwo ukuguhakana amasezerano n'idini rya isilamu, no kwimurira koko ubuyoboke bwuzuye kuri Kristo, nk'Umwami.

i. Kwihweza agaciro k'amasengesho y'umuyoboke wa Kristo yuzuye.

j. Kuraba ingene ari ngombwa kuba hafi no gufasha imboneza zahindutse ziva mw'idini rya isilamu.

k. Kwihweza bimwe mu bikuru bikuru bikenewe mu kwigisha imboneza.

258

Akarorero ntanganyigisho: Wokora iki?

Uri umukozi w'Imana (umupasitori) w'inzobere amaze kurongora neza no gukomeza amashengero menshi, kandi uzwi hose nk'umuntu ugira inama kirumara abandi bapasitori. Wagiye kuramutsa umuntu w'incuti yawe mu kindi gisagara, kandi hari uwagusavye kurondera no kuvugana n'umugenzi wiwe wo ku mutima yitwa Reza, umuyobozi w'ishengero, yamuka mu gihugu ca Irani. Reza, arongoye ishengero ry'abantu bashika nk'ijana b'abanya Irani bahindutse bava mw'idini rya isilamu, ariko bakubwiye yuko ishengero ryiwe rifise ingorane: hariyo amatati menshi, kandi abayoboke benshi bakomeye baheruka gusokora barava mw'ishengero, bamwagirije ngo atwaza umukazo; amaturo yaragabanutse, none ishengero ntirikironka n'ayo guhemba pasitori. Wagiye kuraba Pasitori Reza, uramushikiriza indamutso y'uwamukurangiye, hanyuma mumaze akanya muyaga musangira n'agakawa, uramubaza ingene vyifashe mw'ishengero ryiwe. Yishura ngo: "Neza cane rwose! Vyose bigenda neza cane, ni ntamakemwa, Imana ishimwe cane".

Wokwishura iki?

Iki cirwa kiratanga ivyiyumviro kuvyokorwa ku mvo zo gushigikira inzira nyayo y'ubutumwa   no gukomeza icuka kibereye ishengero riremye ku bayoboke bahindutse bava mw'idini rya isilamu: abantu bahisemwo guheba idini rya isilamu kugira ngo bakurikire Kristo. Ni vyiza ku mugendanyi wese kurondera kwitegurira no gushobora koko gukorera ivyo Imana irondera (intumbero zayo) (2 Timoteyo 2:20-21); ariko ivyo kugira ngo bishoboke, bose bakeneye ishengero rikorera mu cuka kibereye gishobora kubafasha gutera imbere mu buyobokamana. Imbere yuko twihweza uburyo bwo gushika kuri ivyo, tubanza kuraba intambamyi zitatu zihanga abahindutse bava mw'idini rya isilamu: guhuna bagasubira mw'idini rya isilamu, ubutumwa ataco buvamwo, n'amashengero ataremye (ajogajoga).

Guhuna bagasubira mw'idini bahoramwo

Abantu bamwe bamwe bava mw'idini rya isilamu bagakurikira Yesu Kristo baruhira gusubira muri isilamu. Ibi bituruka ku mvo nyinshi. Imwe yo, ni umubabaro umuntu yiyumvamwo wo gutakaza abo mwari musanganywe mumenyeranye, igihe umuryango n'abagenzi bo mw'idini yahoramwo rya isilamu bakumiriye uyo nyene guhinduka umukristo bakamuha akato. Iyindi mvo, ni intambamyi nyinshi n'ibigogero usanga idini rya isilamu ryateze abo bose boshaka kurivamwo. Iyindi mvo, ni uguhamwa bimwe vyenyuje.

Hari mbere n'iyindi mvo ishobora guturuka ku guteshwa agatima n'inyifato nyene guhinduka asanganye abakristo n'ishengero. Igihe abantu bariko bageragoza kuva muri isilamu, begereye abakristo babazeyeko ukubarongora no kubafasha, barashobora kwumva ko hariho akantu ko gukumirwa n'inzitizi batari biteze mukwakirwa n'ihanga ry'abakristo; hariho mbere na benshi bahevye bagasubira iyo bahora kubera amashengero. .Ibi biva ku bwoba, buturuka kw'itegeko rya isilamu risaba ko ata mu *dhimmi* yogira uwo afasha kuva mw'idini rya isilamu. Gufasha umuntu kuva muri isilamu bituma ihanga ry'abakristo rigeramirwa, kuko bifuta "ugukingirwa" kugirirwa abatari aba isilamu.

Kugira ngo ishobore guhindura ubu buryo abakristo usanga bakumiriye abahindutse bushobore guhinduka, ni ngombwa ko ishengero ritegera kandi rigahakana isezerano rya *dhimma* n'umutwaro iryo sezerano rishira ku bantu. Mu gihe amashengero n'abakristo bazoguma baziritswe mu bw'impwemu n'impengamiro za *dhimma*, bazoguma bumva ku mutima ikibafata gikomeye kibabuza gufasha abava mw'idini rya isilamu. Kugira ngo haboneke umuti w'iyo ngorane, ni ngombwa ko ishengero rirwanya, rigahakana indinganizo ya *dhimma*, kandi rikavavanura nayo.

Iyindi mvo ituma abantu bahuna bagasubira ibuti, ni uko ivyo bamenyereye muri isilamu bibandanya gukwegakwega no kwosha imitima yabo, bikaremaza uburyo biyumvira n'imigenderanire bagiriranira n'abandi. Ibi bishobora gutuma kuri bo vyoroha gusubira mw'idini rya isilamu kurusha ukubandanya bakaguma ari abakristo. Ni nka kurya bigenda umuntu aguze ibirato bishasha: rimwe na rimwe, ibirato vya kera (wahorana) bisa n'ibigukwiye neza wambara bitakugoye kandi ukumva bituma umererwa neza mu birenge kurusha iyo wambaye ivyo bishasha.

Ubutumwa ataco bushikako

Ingorane ya kabiri, ishobora guturuka ku butumwa ataco bushikako. Abantu bahora mu kiyisilamu bakimenyereye bashobora kwiyumvamwo intambamyi n'ugufunikwa bikomeye mubijanye n'ibishobisho, bigaca bituma badatera imbere ngo bisununure bakure mu bijanye n'ubuzima bw'umutima (bw'impwemu). Ingorane zikunda kwibonekeza, ni nk'ubwoba, kwiyumvamwo yuko utagira umutekano, no gukunda amahera, kwumva ko bakumiriwe, kwumva ko bahahazwa, ukubakirwa ugashavuzwa n'ibintu bidahambaye namba, ukudashobora kwizigira abandi, ububabare bwo mu bishobisho (bwo ku mutima), icaha c'ubusambanyi, ubujambo bw'insaku, n'ububeshi. Ivyo vyose bishobora kubuza abantu gutera imbere ngo ukwizera kwabo gukomere gushinge imizi.

Ariko rero ico izo ngorane zose zubakiyeko kizituma, ni uburyo idini rya isilamu rimera nkuko ari ryo ritanga urugero n'uburenganzira muri vyose. Nk'akarorero, mw'idini rya isilamu, hariho ugushira imbere iciyumviro cuko iryo dini ari ryo riri hejuru y'ayandi madini yose, kandi aba isilamu biyumvira yuko bari hejuru y'abatari aba isilamu. Ahantu harangwa ako gatima ko kwiyumvira yuko abaho bari hejuru y'abandi, abantu barahimbarwa no kwumva ari beza kurusha abandi. Mw'ishengero, ibi bishobora gutuma haba ukurushanywa. Akarorero, hari umuntu umwe agenywe kuba umuyobozi, abandi bumva babakiwe, bakagira ishari kuko atari bo bagenywe. Ugukenera kwumva ko uri hejuru, biranatsa n'agacanwa k'utujambojambo n'insaku, navyo bigatanga inzira ku gucuvya abandi, babasubiza hasi. Abantu bashobora kuvuga ubujambojambo bw'insaku kuko bashobora kwiyumvira ko ari beza canke bashoboye kurusha abariko baravurwa. Iyindi ngorane ishobora kuba agatima ko gushavura ata mvo ifadika iriho, gashobora kwunyurwa n'uburyo Muhamadi yatoreye inyishu ugukumirwa.

Hari umusore aturuka mu gihugu ca Iraki yahindutse akaba umukristo, hanyuma akaronka ubuhungiro muri Kanada. Yaragerageje kuja mu mashengero, ariko rero igihe cose yaja gusenga mw'ishengero rishasha rimwe, yasanga hatabuze akantu kamushavuza, agasanga ariko aranebagura abandi bakristo baje mu masengesho, avuga ko ari abiyorobetsi. Uyu muntu yahavuye asigaye abaho yikumiriye rwose, yibana ari nyamwigendako atagira uwo bavugana; yagumye ari umukristo, ariko ata hanga ry'abakristo na

261

rimwe yegukira. Ibi bisigura ko ugutera imbere mu butumwa kwayongobeye kugahava guhagarara: ntiyashoboye gutera imbere mu butumwa ngo ashikire urugero rushemeye rw'ukwizera no kuja mu butumwa.

Amashengero ataremye (ajogajoga, atari mazima)

Imwe mu ngorane nkuru nkuru zihanga abayoboke bashasha, ni ugushobora kuronka ishengero rizima. Ishengero, si ingoro y'abera, ahubwo ni ibitaro vy'abanyavyaha—canke nico yotegerejwe kuba. Abanyavyaha, ni ab'ishengero, ariko nkakurya abarwayi bashobora kurwarira mu bitaro (kuvyanduriramwo), igihe abayoboke b'ishengero batariko baratera baja imbere mu gukomeza ubukristo, ivyaha n'ingorane vyabo bishobora kwunyuka bigakura kurusha, maze bikononera ihanga ryose. Ivyo bishobora gutatura amashengero akarangwa n'ukutumvikana, biagca bituma atarangura ubutumwa mu buryo bubereye, ahubwo bikananka rwose bigahagarara. Nka kurya abakristo bagoyagoya usanga batuma ishengero ryabo rigoyagoya, maze amashengero agoyagoya nayo agatuma bigorana kubayagize gutera imbere ngo bashikire urugero ruzima rubereye rw'ubutumwa.

Igihe abayoboke bariko bavuga utujambojambo tw'insabu ku mupasitori wabo, impera n'imperuka bazosanga bafise umupasitori yononekaye, canke basange ata n'uwo basigaranye. Bose bazobabara. Ibi navyo bizozana amacakubiri mu bayoboke b'ishengero, kandi uzosanga ari bake bemera kuba abarongozi mw'ishengero nkiryo. Akandi karorero, igihe abayoboke b'ishengero bafise imforo yo kwiyumvira gufatiye ku kurusharushanya, birangwa no kurondera kuja hejuru y'abandi, bshobora gutuma amashengero yo mu gisagara kimwe ariko aranegurana akuranako agashambara, aho kwuzuzanya, rimwe ryose rivuga ko ari ryo ryiza kurusha ayandi mashengero. Aho ayo mashengero yorangwa n'umuhezagiro ntangere wo gukorera hamwe, rimwe ryose ribona irindi (ayandi) nk'intambamyi irigeramiye, aho yoyabonye nk'abavukanyi mu Butumwa Bwiza basenyera ku mugozi umwe.

Ingene ari nkenerwa kuguma dufise umwidegemvyo

Twibuke ibiri mu cirwa ca 2, yuko Satani ari umwagiriji, kandi yuko umukenyuro wiwe mukuru ari ukwagiriza abayoboke ba Kristo. Mukubagiriza, akoresha "uburenganzira bwose butangwa n'ivyagezwe (n'amategeko" afise ashobora gukoresha mu kubarega no kubagiriza, nk'ivyaha bitatuwe ntibisabirwe imbabazi, ukutagirira imbabazi abandi, amajambo adufata (nk'indahiro, indagano n'amasezerano), ibikomere vyo ku mutima, n'imivumo ihererekanwa hagati y'imvaro (ituruka ku bo dukomokako). Kugira ngo baronke umwidegemvyo, abagendanyi ba Kristo ni ngombwa ko bafuta ubwo "burenganzira bukomoka ku mategeko (ku vyagezwe)", bakikuramwo vya vyibare vy'uburuhukiro bwa Satani, kandi bakugara imyango irangaye.

Muri Matayo 12:43-45, Yesu araca umugani uvuga uburyo n'igihe impwemu ihumanye yirukanywe mu muntu, ishobora kugaruka igasubira muri uyo muntu, izanye izindi mpwemu indwi ziyirusha ububi, maze ivya nyuma vyuyo muntu bikarushirizaho kuba bibi kurusha ca gihe idayimoni yirukanwa ubwa mbere. Imvugo y'ingereranyo Yesu akoresha muri uyu mugani, ni inzu ikubuye, igaragara, iteguritse, ibereye gusubira kugererwamwo. Mbega izo mpwemu zisubira kugerera iyo nzu gute? Ubwa mbere ho, hategerezwa kuba hari umwango wagumye wuguruye, ica kabiri naco inzu "iragaragara" (Matayo 12:44).

Ni uko rero, hariho ingorane zibiri:

1. Hari umwango batugaye.

2. Inzu bayiretse igaragara.

Kugira ngo dushobore kwubaka ishengero rizima, dukeneye abakristo bazima. Kandi kugira ngo abe muzima koko mu kwizera, umukristo akenera umwidegemvyo. Ibi bisigura ko ategerezwa kwugara imyango yose yuguruye Satani ashobora gucamwo, kandi umutima wiwe utegerezwa kuba wuzuye ivyiza vyo gusubirira ibibi vyirukanywe muri we.

Ni ngombwa ko imyango <u>*yose*</u> *iba yugaye. Yose ata numwe uvuyemwo. Ikintu gihambaye ku bijanye n'umwidegemvyo w'umutima (w'Impwemu), ni uko bidakwiye kwugara umwango umwe gusa*

263

wuguruye.. Ni ngombwa yuko yose yugarwa. Ntaco bimaze kugira ingufure ikomeye kurusha izindi zose zo kw'isi ukayishira ku mwango w'inyuma w'inzu (ukugara agasimbaryango) ukawuhindira neza, igihe umwango w'imbere wawuretse utaburuye. Duhakanye uburenganzira burekuwe n'amategeko bumwe Satani yahora yikorako mu kwagiriza umuntu, ariko ntidutorere inyishu ubundi busigaye, uwo muntu ntaba araba uwidegemvya.

Kubohoka ukaba uwidegemvya, ni ikintu kimwe. Kuguma widegemvya, naco ni ikindi kintu. Nkuko kwugara imyango, ari ukuba mu nzu (ukayigumamwo) ntuyisige igaragara. Ibi birimwo gusengera umuntu ngo yuzure Mpwemu Yera. Bisigura kandi gukomeza uburyo ndoramana bwo kubaho, hamwe usanga umutima w'umuntu wuzuye ivyiza biwusaga.

Dufate yuko ingoyi ziboshe umuntu zifatiye ku binyoma bemeye nivyo bavuze bo nyene. Birakenerwa guhakana no guheba ivyo binyoma akavavanura na vyo, kandi, vyongeye, uwo muntu ni ngombwa yuko yakira ukuri, akiyumvira neza ico ari co, kandi kukamuryohera akakwinovora. "Ikinyoma ni kimvireho ndagisezeye, mpaye ikaze ukuri!"

Dufate ibindi bidasa nivyo: umuntu yashegeshwe n'idayimoni y'urwanko, ryatumye akora ibikorwa bibi, harimwo n'imivumo yuzuye urwanko yavuze ku bandi bantu. Igihe iyi dayimoni y'urwanko yirukanywe, uyu muntu ntakenera gusa guhakana no guheba urwanko, ariko ni ngombwa yuko akomeza n'ingendo n'inyifato birangwa n'ugukunda no guhezagira abandi, kwubaka umutima wiwe aho kuwusambura. Akenera guhindura utumenyero twiwe n'uburyo bwiwe bwose bwo kwiyumvira. Ihanga ry'ishengero riragira uruhara ntasubirizwa mu gufasha umuntu kuguma mu mwidegemvyo. Abagize ishengero barashobora gufasha umuntu gusubira kugira umutima mushasha no kuwubaka, guhinduka umuntu mushasha.

Uru rugendo rwo guhinduka, Paulo yararwanditseko kenshi mu makete yiwe. Yama ariko arasengera kandi akorera abayoboke ba Kristo, abasabira kwubakwa no gukomera mu kuri no mu rukundo. Yama ariko aribuka abizera ico bari kera, kandi rimwe na rimwe arabibutsa, kugira ngo abatere intege zo kwama bariko baratera imbere mu bukristo:

Kuko natwe nyene kera twari ibipfu, turi intabarirwa, tuzimizwa, tujakariye ukwipfuza n'ukwinezereza vy'uburyo bwinshi, twama mu kugira nabi n'ishari, turi abo kwankwa natwe twankana. (Tito 3:3)

Ariko abagendanyi ba Kristo ntibategerezwa gusubira kubaho nkuko. Twarahinduwe, kandi tugenewe kubandanya guhindurwa kugira ngo duhinduke buhoro buhoro gushika aho dushusha na Yesu, wewe atagira icaha, atigeze arekera Satani uburenganzira na bumwe burekuwe n'amategeko. Ngibi ivyo Paulo yandikiye Ab'i Filipi:

… kandi ico nsengera, ni ukugira ngo urukundo rwanyu rurwire rwongerekane mu bwenge no mu kumenya kwose. Murobanure ibidahwana, kugira ngo mugire imitima y'ukuri, kandi ntimubeko umugayo gushitsa ku musi wa Kristo, mwuzuye ivyamwa vyo kugororoka biheshwa na Yesu Kristo— ngo muheshe Imana icubahiro n'ishimwe. (Filipi 1:9-11)

Ngiyo ishusho nziza y'umugendanyi muzima, yama agenda atera imbere mu rukundo, ubumenyi, no mu bwitonzi, artyoroye kandi atagira icaha, kandi yuzuye ivyamwa bihesha Imana icubahiro n'ishimwe! Uyo muntu ntiyabohowe gusa ngo aronke umwidegemvyo, ariko inzu y'umutima wiwe, aho kuguma "igaragara", iriko yuzuzwa ivyiza vya Yesu Kristo.

Uruhara rukuru rw'ishengero, n'iry'umupasitori ni urwo gufasha abayoboke kubaho nkuku gukurikira: kwugara imyango yose yuguruye Satani ntaronke aho aca, no gufasha abizera kwuzuzwa ivyiza vyose vya Kristo.

Kwigisha abagendanyi, ni umuhamagaro munini, kandi hari vyinshi vyo kwiga bijanye nuyo muhamagaro. Ngaha turaja kwihweza uburyo bwo gushigikira ugutera imbere no gukomera mu kwizera abagendanyi babohowe bakaronka umwidegemvyo ku ngoyi z'idini rya isilamu.

☘

Ugukira n'ukubohorwa

Twagarutse cane ku buryo ari ngombwa kwugara imyango yose no gukuraho ivyibare vyose (ubwugamo bwose) vya Sekibi. Mu buzima bw'uwo ari we wese mu mu bagendanyi, bimwe muri ivyo

265

birashobora guterwa n'impengamiro ya isilamu, kandi ibisabisho vyatanzwe ngaha bishobora gukoreshwa mu kwugarana inzugi idini rya isilamu.

Ariko rero, abagendanyi ba Kristo barafise izindi ngoyi mu bugingo bwabo, zidashunguruka ziva kw'idini rya isilamu. Zishobora guturuka ku co arico cose mu bintu vyashikirijwe mu cirwa ca 2: ivyaha bitatuwe, ukutatanga imbabazi, ibikomere vyo ku mutima, amajambo n'ibikorwa vy'imigirwa y'imitongero, ibinyoma, n'imivumo ihererekanywa hagati y'imvyaro (ituruka ku bo twamukako). Mu bugingo bw'abahora ari aba isilamu, umuntu arashobora kubona inkurikizi mbi z'ibi bikurikira:

- Ukudaharira abandi
- Ba se b'abana barangwa n'uguhohotera abana
- Ugusambuka kw'imiryango (ukwahukana, uguharika)
- Ukwiganzirwa n'ibiyayuramutwe
- Ukwemera ibintazi n'amangetengete
- Uguhahamuka bifatiye ku bitsina (guturuka ku guhohoterwa, ugusambanywa ku nguvu, imibonano mpuzabitsina hagati y'abo kizira)
- Ugukoreshako inguvu no guhohoterwa
- Imivumo ituruka ku bo umuntu yamukako (ihererekanywa n'imvyaro uko ziza zirakurikirana)
- Ishavu (ukurakara)
- Ugukumirwa no kwikumira (kutiha agaciro)
- Abagore batizigira abagabo bagasigara babanka
- Abagabo basuzugura abagore.

Vyinshi muri ivyo birashobora guturuka ku nkurikizi z'idini rya isilamu ku mico n'imigenzo, no ku buzima bw'imiryango, ariko rero n'abantu barifitiye imitwaro yabo bagiye bararundarunda muri bo uko bagiye barabaho. Kugira ngo dushobore gutera imbere ngo dushikire urugero ruzima rw'ubukristo, ni ngombwa ko tubohorwa kuri ivyo bintu vyose, atari kw'idini rya isilamu gusa.

Umusore umwe, yari afise ingorane zo mu muryango zatuma arwara umushishito: mu ncuti ziwe, benshi ni abari bahitanywe n'ingwara ya kanseri y'umushishito. Abaganga bo muri Irani na Ositraliya, bari bamubwiye yuko yari afise ibimenyetso vyerekana ko ari mu nzira zo kurwara na we kanseri y'umushishito, bikaba vyari ngombwa ko yama afata imiti. Haraje igihe, yiyumvira yuko ivyo bintu bishobora kuba vyava ku muvumo wagiriwe umuryango wiwe. Yahavuye ahakana uyu muvumo waturuka kubo yamukako, aravavanura na wo, hanyuma asubira kwitura Imana. Yasanze yakize rwose, aca arahagarika na ya miti yahora yamako. Ikindi kintu gikomeye, ni uko muri ico gihe nyene, hamwe nukwo gukira ivyo mu nda, yasanze yakize n'iyindi ngorane yari asanganywe yo kuza arumva umutima uri mu mutwe, abuze amahoro muri we, ata mvo ziboneka zibimutuma. Yaciye yumva asigaye ari umuntu yama atekanye kurusha, kandi yizigiye Imana ku bijanye n'ubuzima yari abayemwo. Uku gukira no kubohorwa yabaye intambwe ikomeye cane mu kumutegura kurinda imitwaro yo gukorera abandi nk'umupasitori (Umukozi w'Imana).

Kugira ngo hashobore kuboneka ishengero rizima, ubutumwa burafasha kwugara ubwoko bwose bw'imyango yuguruye n'ivyibare vy'uburuhukiro bwa Sekibi butegerezwa kuba mu bikorwa bisanzwe vya misi yose vy'uwushinzwe ihanga ry'abizera Imana. Gumiza ku muzirikanyi yuko uriko uratekanya inzu, bidakwiye kwugara umwango umwe gusa, canke umwango w'amasezerano ya isilamu gusa: imyango *yose* yuguruye ni ukuyugara, co kimwe n'ahandi *hose* harangaye hashobora gushika mu nzu.

Gutanga inyigisho zizibira ibihengeri (kugira ngo ntikube "ukuvomera mu biva")

Iyumvire inzu ishaje, iri mugusenyuka. Irava, uri muri yo uravye hejuru n'ijuru uraribona ucishije mu rushwi. Amadirisha yahora agizwe n'ibiyo, ariko vyose vyaramenaguritse, umuyaga uhinze ucamwo ukabasanga mu nzu. Imyango yaravunjutse, ntigifashe mu mapata, yarakorotse isigaye iri hasi. Mu nzu imbere, impome zararaze ziriyatira imigaga, zuzuyeko n'ibitoboro. Hasi ku musezero haraboze. Umushinge waratataguritse urasambuka. Ubu hasigaye habayo ba maribobo batari beneyo. Ntibotegerejwe kuba ngaho, kandi muvy'ukuri, ahubwo bariko barayiheraheza kuyisambura.

Ugusanura iyo nzu, hakenewe gukorwa ibintu vyinshi. Ica mbere, ni uguteknya iyo nzu: gusanura urushwi no guha iyo nzu amadirisha mashasha n'imyango ikomeye, yugara n'urupfunguruzo, gurtyo nta ba maribobo (abadayimoni) bazosubira kugaruka guca muri umwe muri ya myango yuguruye.

Inzu imaze gutekanywa gurtyo, ibindi bikorwa birashobora gutangura: gusanura umushinge, gusanura impome, no kuryohora inzu kigasubira kuba ikibanza co kubamwo kibereye.

Igihe abahora ari aba isilamu batumbereye Kristo, bashobora kuza bazanye "ingoroji" ku mutima, zituruka kw'idini rya isilamu n'imico y'iryo dini, zikeneye gusanurwa.

Umutima w'uwizera, umeze nk'indobo. Dutegerezwa kugumiza amazi ari meza, umusarara, aryoshe kunywa: ni amazi y'ubugingo, ava kuri Yesu Kristo. Uku niko ubuzima bwacu butegerezwa gusa.. Ariko rero igihe iyo ndobo ifise ibitoboro ku ruhande—nka kurya kw'ingeso mbi muri kamere kacu—muri ico gihe, iyo ndobo ntishobora kugumya amazi yose. Ayo ishobora kugumya, ni ayo gushika ku gitoboro ca mbere co ku ruhande. Kugira ngo iyo ndobo ishobore kugumya amazi menshi kurusha, dutegerezwa kuzibira ca gitoboro.

Mw'isi yose, uko kwononekara ku mutima kwama gukurikira inzira imwe aho hose idini rya isilamu ryashinze imizi. Nkuko Don Little yavyanditse, "Ingaruka za isilamu mu bibanza binyuranye zizana intambamyi zisa ku bizera bahora ari aba isilamu barondera kubaho muri Kristo".[17][17]

Ubundi buryo bwo kuvyiyumvira, ni ukuraba ibishika iyo umuntu agize impanuka ikomeye, hanyuma kugira ngo akire bigatwara umwanya mure mure. Mubisanzwe, imwe mu mitsi yiwe azosanga isigaye igoyagoya (itagikomeye) canke mbere yanyunyutse, kubera ukudakoreshwa. Kugira ngo ashobore gukira rwose, uyo muntu ashobora gufashwa n'imyimenyerezo ibigenewe yo gusubira gukomeza ya mitsi (physiothérapie). Iyo myimenyerezo ishobora gufata umwanya muremure, kandi akanasanga ibabaza, ariko rero irakenewe cane (ni ntasubirizwa) kugira ngo umubiri uzobashe

---

[17] Don Little, *Effective Discipling in Muslim Communities (Uburyo kirumara bwo kurangura ubutumwa mu ba isilamu)*, p. 170.

gusubira gukora nkuko bisanzwe. Ushobora kugera kuri vyinshi gushika ku rugero imitsi yawe yazingamye kurusha iyindi igushoboje.

Insiguro y'ibi, ni uko urutonde rw'inyigisho kw'ishengero ry'abakristo bahora ari aba isilamu rutegerezwa kuba urutorera inyishu urutonde ku rundi kandi mu mwanya ukwiye izo ngorane bakuye mw'idini bahoramwo. Ibi tuvyita "gutanga inyigisho zizibira ibihengeri": kuvuga ukuri kwo mu vyandvitse vyera mu bice vyahora vyiganziwe n'ibinyoma. Hari ibice vyinshi bikeneye gutorerwa inyishu.

Kimwe muvyo Muhamadi yashimikirako, kwari ukuvuga yuko usanga hari umuntu ari hejuru y'uwundi, nk'akarorero ko aba isilamu bari hejuru y'abatari aba isilamu. Yabona yuko biteye isoni kurutwa n'uwundi canke kuba musi y'uwundi muntu. Mu turere tw'aba isilamu, mu bisanzwe ni kimwe mu vyiyumviro bifatiye ku bishobisho bituma umuntu ashaka kuba mwiza kurusha abandi bantu. Umukristo umwe yavuze yuko mu mico n'imigenzo yo muri Irani, abantu barahimbarwa babonye uwundi muntu atemvye mw'ibarabara, canke bumwise ko umuntu yayobewe ikibazo. Banezerwa, kuko atari bo batemvye canke bayobewe, maze uwo vyashikiye bagaca bumva bamuruta.

Uburyo bwo kuraba agaciro k'umuntu burashobora gutera ingorane nyinshi mu mashengero. Nk'akarorero, mw'ishengero rimwe abantu baho urashobora gusanga bemeza yuko ishengero ryabo riri hejuru y'ayandi mashengero. Iyi nyifato iratera ishavu, gushika hamwe amashengero yo mu karere kamwe usanga asigaye yanka gukorana, gusenyera ku mugozi umwe. Kubera iyo ngendo nyene, hagize umuntu agenwa mu kibanza c'uburongozi, ushobora gusanga uwundi muntu aca yumva ko yakumiriwe, maze agaca agira ishari, abaza ngo: "Ni kuki atari jewe bagenye (bahisemwo)? Biyumvira yuko ntari mwiza, ntobishobora?" Iyi ngorane ishobora kuba mbi ikunyuka gushika aho abantu banka kwemera amabanga y'ubuyobozi, kuko batinya kuzonegurwa no kuzovurwa nabo n'abandi bantu bo mw'ishengero.

Kubera iyo nyifato, kenshi usanga abantu batazi uburyo bwo gutanga ivyiyumviro vyubaka baciye bugufi vyofasha kuryohora no guteza imbere ubuzima bw'ishengero. Ahubwo, usanga bavuga nkuko umengo ni abahinga, bavugana ukwiyemera, bakosora abandi bantu n'imvugo itabereye, isesereza.

Inyifato nkiyo, ituma haba ubujambojambo n'insaku, kuko usanga abantu banezerwa no gusambura abandi.

Kugira ngo iyi ngorane ikomeye cane itorerwe umuti, ni ngombwa rwose kwigisha ibijanye no gukomeza umutima wo gukorera abandi: abantu barakeneye kumenya igituma Yesu yogeje ibirenge vy'abagendanyi biwe, no kwumva ibwirizwa yatanze ko nabo ari ukugira nkukwo nyene. Abantu usanga kandi bakeneye kwigishwa kwishushanya na Kristo, aho kwibona muvyo bakora canke ivyo abandi bantu babavugako canke babiyumvirako. Bakeneye kwigishwa "kwirata" no "kunezerererwa" intege nke zabo (2 Korinto 12:9-10). Barakeneye kwigishwa yuko gukunda abandi bisigura kunezeranwa nabo iyo banezerewe no gushika ku co barondera, no kubabarana na bo igihe bari mu mubabaro canke mu gahinda (Roma 12:15; 1 Korinto 12:26). Abantu baranakeneye kwigishwa ku bijanye n'ukuvuga ukuri mu rukundo. Abizera barakeneye kandi kwigishwa uburyo ubujambojambo n'insaku bisambura, n'uburyo bwo kwishura neza hari uwitwariye canke yidogeye umuvukanyi (musazawe canke mushikiwe).

Iyindi ngorane ku bantu bavuye mw'idini rya isilamu bagatumbera Kristo, bashobora kwiga, ni ukuvuga ukuri. Mu mico n'imigenzo y'aba isilamu, abantu bashobora kwigishwa kudakora ibintu ku mugaragaro canke kutuguruka bikwiye muvyo bavuga (raba mu cirwa ca 7 ibivurwa ku bubeshi), kenshi na kenshi kugira bikingire guterwa isoni.

Akarorero, dufate yuko ubonye umukristo nkawe ari mw'ishengero, hanyuma ukiyumvamwo asa nuwuriko ararwanya ikintu muri we, hanyuma urabaza uti: "Ni amaki? Wumva umeze gute?" Muvy'ukuri, hariho ingorane, kandi uyo muntu ntamerewe neza, ariko yishura ati "Ni amahoro. Nta ngorane. Vyose ni amarame". Gurtyo, aguma ameze nkuwambaye ikimuhisha mu maso (isogisi), akenyereyeko. Ingendo nkiyo yo guhisha ingorane umuntu afise (gukenyereako) iribonekeza kenshi mu bantu bahindutse bava mw'idini rya isilamu. Satani irabikoresha mu gufunika abagendanyi ngo ntibatere imbere mu kwizera, mukubabuza gusaba gufatwa mu mugongo.

Kugira ngo iyi ngorane itorerwe inyishu, abagendanyi bakenera kwama baja barahabwa inyigisho ku kamaro ntangere ko kuvugana ukuri, no ku gituma ari ngirakamaro kandi bihambaye kugira ngo umuntu atere imbere mu kwizera kandi aronke umwidegemvyo.

Hariho ibindi bice vyinshi vy'imico n'imigenzo ya kiyisilamu usanga hakenewe "gutanga inyigisho zizibira ibihengeri", nko mu bikurikira:

- Ingene ari ngombwa guharira abandi (gutanga imbabazi) n'uburyo bwo kubishira mu bikorwa

- kurengera inyifato n'ingendo yo kwumva ukumiriwe ata mvo zibigutuma, no gushavurira abandi ku bintu bidafashe

- kwiga kurangura ubutumwa mu buryo bwubaka ukwizerana hagati y'abantu

- guheba no kwihakana imigirwa y'ibintazi n'amangetengete

- abagore n'abagabo biga kwubahana, bakongera bakiga kuvuga ukuri mu migenderanire yabo, mu buryo burangwa n'urukundo n'ukwicisha bugufi, ata kwiyemeza

- abavyeyi biga guhezagira abana babo aho kubavuma.

(Raba urutonde rw'ingorane ziterwa n'idini rya isilamu no gukurikiza akarorero ka Muhamadi, mu mpera z'icirwa ca 4.)

Ni ngombwa kwerekana cane ko "gutanga inyigisho zizibira ibihengeri" bitegerezwa gukorwa mu buryo bwáteguwe neza, kandi ido n'ido, mu gushikira koko intimatima y'ibibazo, kugira ngo abantu bashobore gusanura ivyiyumviro vyabo vyose ku bijanye n'ibishobisho n'ubuzima ndoramana.

☙

Mu duce dukurikira, turihweza uburyo bwo kwigisha abizera n'indongozi.

Tangura neza

Don Little agereranya abakozi b'Imana b'abamisiyonari babiri bakora mu ba isilamu muri Afrika yo mu buraruko. Bose nyene bari barakozeyo igihe c'imyaka myinshi.[18]

Steve (Stefano) yarashoboye adatevye namba gushikana aba isilamu ku kwiyegurira Kristo, amaze imisi bayaze ubwa mbere. Ariko rero, nka bose muri abo bakristo bashasha barahuna bakisubirira iyo

---

[18] Don Little, *Effective Discipling in Muslim Communities (Uburyo kirumara bwo kurangura ubutumwa mu ba isilamu)*, pp. 26-27.

bahora , kenshi hanyuma y'indwi nkeyi baba bamaze bafashe ingingo yo gukurikira Kristo. Ni bake bamara ikiringo c'umwaka batarasubira i buti. Steve uburyo yakoresja, kwari ugushikana abantu ku kwizera Kristo vuba na vuba, ahandi ibisigaye akabihebera Mpwemu Yera, ngo abafashe kumenya vyinshi kurusha no gukomera ("gutsimbatara") mubijanye n'ukwizera kw'abakristo.

Umukenyuro wa Cheri n'ibiboneka bishimishije yashitseko vyabaye igihushanye n'ivyo vya Steve. Imbere yo gushikana abantu kuri Kristo, yakoresha umwanya muremure, rimwe na rimwe imyaka. Kugira ngo ashikire intambwe yo guhamagarira abakenyezi bakorana guhinduka abagendanyi ba Kristo, yabanza kuraba yuko bamaze gutegera neza rwose ico guhinduka ukaba umukristo bizoba bisigura, harimwo nuko vyashobora gutuma bahamwa kandi bahukana n'abagabo babo. Umwe wese mu bakenyezi yashikanye kuri Kristo yahindutse umuyoboke atajogajoga, wawundi ukwizera kwiwe kwabandanya no hanyuma yaho Cheri yirukaniwe muri Afrika y'uburaruko.

Igihe co kujana aba isilamu kuri Kristo no kubigisha ngo babe abagendanyi koko, ni ngombwa gukora ibikenewe vyose kugira ngo ubategure. Ibutsa za ntambwe zitanu zo gucako mu gukurikira Krsito, zashikirijwe mu cirwa ca 5:

1. Gutura: ivyirego bibiri:

    - Ndi umunyavyaha, kandi sinshobora kwicungura jewe nyene ubwanje.

    - Hari Imana imwe rudende, Umuremyi, yarungitse Umwana wiwe gupfa ngo ankize ivyaha vyanje.

2. *Guheba* (kugaya) ivyaha vyanje n'ibibi vyose.

3. *Ugusaba imbabazi,* umwidegemvyo, ubugingo bwamaho, na Mpwemu Yera.

4. *Ukwishikana no kwiyegurira* Kristo ngo abe Umwami w'ubugingo bwanje.

5. *Gusezerana no kwegurira ubugingo bwanje ukuyoboka no gukorera Kristo.*

6. *Ukwemeza yuko ushaka gushusha na Kristo.*

Ni nkuko Steve yoba yafashe abayoboke bashasha akabacisha kuntambwe ya 1 n'iya 2, kumbure no kuya 3, ariko akabasimbisha iya 4 gushika kuya 6. *Ukwishikana no kwiyegurira rwose kuri Kristo (Intambwe ya 4) bisaba gucagagura imicisho yose yari igufatanije n'idini rya isilamu, ukayisubiriza ukwiyegurira Yesu kwuzuye, ni ukuvuga kutagabanije. Gusezerana no kwegurira ubugingo bwanje ukuyoboka no gukorera Kristo* (Intambwe ya 5) bitegerezwa kubamwo ukwemera uruhamo, navyo bigasaba ugutegera ivyo ingendo n'inyifato vyubakiyeko muri Bibiliya: kugira ngo ugire ukwo "kwiyegurira", ni ngombwa ko ubanza kumenya ubwo buzima wishinze kubamwo. *Ukwemeza yuko ufashe ishusho n'indondoro nshasha* (Intambwe ya 6) bisaba ugutegera neza y'ishusho y'umukristo, nico bisigura kuba umwana w'Imana muri Yesu Kristo, aho kuba "uwuganzwa" na Allah (umuja wa Allah). Ibi bisigura kandi gutegera ico ari co gutakaza ishusho n'indondoro yawe ya kera mu gufutwa mw'ihanga ry'aba isilamu (*Umma*), harimwo mbere no gushobora gutana n'abagenzi n'umuryango.

Vyongeye, intambwe ya 3 isaba ugutegera bihagije ico bisigura ukwidegemvya muri Kristo, ico ari co guharira abandi, na kamere k'ubugingo muri Mpwemu.

Kugira ngo umuntu afate icemezo kitanyiganyiga co gukurikiza izo ntambwe abanje kuzitegera bihagije, harakeneye igikorwa ubutumwa bwo kuzimwigisha zikamunyura koko. Muri urwo rugendo rwo kunyurwa n'izo ntambwe, uyo muntu ashobora kwiga ido n'ido kuvavanura rwose n'ivyiyumviro ngenderwako vya kiyisilamu, akabisubiriza ibishingiye kuri Bibiliya Yera.

Iyo umuntu ahindukiriye Kristo akishinga kumukurikira, muvy'ukuri aba asose igitero kuri Satani, yinjiye mu ngwano nayo. Aba yishinze gutabatanga uburenganzira bwa Satani no gushira uburenganzira bwose ku bugingo bwiwe mu minwe ya Yesu Kristo. Iyi, si ingingo isanzwe canke yo gufata mu buryo bwo kujandajanda. Itegerezwa gushigikirwa n'ugutegera neza n'ishaka vyuzuye vya nya muntu.

Kuri izo mvo, abigisha b'Ubutumwa Bwiza bahabwa impanuro yo kwitondera igikorwa co kujana abantu gushika ku gisabisho co kwiyemeza gukurikira Yesu, ntibabikore biruka. Ivyo bobikora gusa igihe uwo muntu ategera bihagije ico bisigura kuri bo, no kubo bakunda.

Birasabwa kandi kudaha ibatisimu uwo ari we wese ataravuga *"Icemezo n'igisabisho co kwihakana Shahada no gusambura ububasha bwayo"* (raba mu cirwa ca 5), agitegera rwose kandi yemeza akishinga koko ibiri muri co. Imbere yuko haba iki gikorwa, hobanza kuba inyigisho zo gusigura ibiri muri ico cemezo n'igisabisho, n'imvo n'imvano yaco. Ibi vyokorwa mu bihe biri imbere y'ibatisimu. Igisabisho co guhakana gishobora no gushirwa mu biri mu mugirwa wo gutanga ibatisimu. Ukwo kwihakana (*shahada*) gufasha ukwishinga bikwiye ibiri mu ntambwe ya 4: *Ukwishikana no kwiyegurira* Kristo ngo abe Umwami w'ubugingo bwanje, nako kukaba ari ukwihakana uburenganzira bwose idini rya isilamu ryitwa ko rifise ku bugingo bw'uyo muntu.

Ugufata mu mugongo indongozi nshasha

Kimwe muvyo abizera bahindutse bava mw'idini rya isilamu bakenera kurusha ibindi muri ibi bihe tugezemwo, ni abapasitori babushitse, nabo nyene bo mu bahindutse bava mw'idini rya isilamu. Abayobozi batari bazima, usanga bavyara amashengero atari mazima. Kugira ngo haboneke ishengero rizima, rituma abantu bakura bagakomera mu kwizera no mu mwidegemvyo, iryo shengero rikenera abayobozi bazima. Ni ngirakamaro cane rwose kurondera gutegura indongozi zituruka mu bahindutse bahora ari aba isilamu, bashobora kurongora amashengero mazima. Ico gikorwa co kubategura neza gisaba imyaka yo kubigisha, kubakurikirana no kubafata mu mugongo.

Imbere yuko utangura igikorwa co gutegura abashobora kuzoba indongozi, ni ngombwa yuko ubanza kubatora! Kimwe mu vyiyumviro ngenderwako ni iki: fata umwanya ukwiye, witonde mugushira abantu mu bo ushaka gutegurira kurongora abandi. Ufashe umuntu ukamushiramwo igihutihuti, urashobora gusanga uriko uricuza mu bihe bikurikira, uciye ubona uwundi abikwiye kuruta. Abantu bahora ari aba isilamu ushobora gusanga babangamirwa n'ugukumirwa no kuniganira ukuja imbere canke hejuru y'abandi; ni naco gituma, imbere yuko uduza umuntu ukamugira indongozi, wobanza ukaraba neza yuko:

- yiteguriye guhamagarwa

- arangwa no guca bugufi bikwiye kugira ngo yakire igikorwa c'uburongozi

- ari umuntu yoroshe kwigisha

- arangwa n'ukwihangana mu burwaneza gukwiye kugira ngo ashobore kuzomenya ingene yitwara ata gutirimuka imbere y'amahinyu atazobura kwibonekeza y'abazomunebagura.

Niba uri umuntu yahora ari u yumva afise umuhamagaro wo kurongora ishengero, ntukarondere uburyo bwihuta cane canke bworoshe cane kurusha ubundi bwo kuvyitegurira. Ca bugufi, utegere yuko ugutegurirwa ayo mabanga bizokenera kandi bizofata umwanya. Emera kwigishwa. Itonde ugenze buhoro buhoro. Ugurukira inyigisho.

Indongozi z'abakristo bahora mw'idini ry'isilamu zirashobora kwononwa no kuduzwa igihutihuti. Badugijwe igihutihuti, bishobora gutuma batiga kwicisha bugufi: bashobora kwiyumvira yuko bazi ivyo bakeneye kumenya vyose. Ata zindi nyigisho n'ukumenyerezwa bagikeneye. Ku bashobora kuzoba indongozi, ni vyiza guhera kukubagena kenshi mu burongozi bw'ibiringo bito bito bikurikirana, ku mvo zo kubageragez a, kubihweza, no kubamenyereza, hanyuma hakazoza igihe ubemeza yuko ayo mabanga abegukiye ubutayegayezwa, bamaze kwerekana imbere y'ishengero yuko bafise koko uyo muhamagaro kandi babereye koko ayo mabanga. Abantu badugijwe igihutihuti, bataronse akaryo ko kwereka ishengero yuko ayo mabanga bayakwiye kandi bafise umuhamagaro w'ubutumwa, ushobora gusanga batangura gukumirwa bataranashobora kwitegurira ingene bobitorera inyishu, hanyuma bigaca bibononera ntibashobore kumenyera ngo bareme mu butumwa bashinzwe muri ayo mabanga.

Igikorwa co gutegura neza indongozi nzima gisaba umwanya munini, nkuko kugira ngo ushobore gushikira urugero rw'imboneza z'abakristu zibushitse, hakenerwa umugambi w'igihe kirekire. Ku wemeye gukurikira Kristo akiri mushasha, akaba ari mubashobora kuzoba indongozi, gutera imbere gushika aho baba abakristo babushistse bifata imyaka n'iyindi. Hari vyinshi vyo kwiga, kuko ku bantu bahora mw'idini ry'isilamu, uburyo bwo kwiyumvira no kwumva ubuzima n'imigenderanire mu bantu, usanga ari ivyo gusubira kwubaka canke gusanasana.

Ngibi ibintu 12 bikuru bikuru vyo kwisunga mu kwigisha indongozi no kuziherekeza gushika ku rugero rwo kwatirwa:

1. Umwigishwa ni ngombwa ko yama ahura na nyene kumwigisha n'imiburiburi rimwe ku ndwi.

2. Abariko barategurirwa uburongozi, bigishe ubereke uburyo bwo gupanga no gutanga ivyiyumviro ndoramana, kuroranya ivyo umuntu acamwo mu buzima n'ukwizera Imana. Aha, ni ukwiga kwisunga ukwemera n'ibiri muri Bibiliya Yera, mu gutorera inyishu ibishobora kuduhanga mu buzima bwa misi yose no mu butumwa. Biciye ku buryo bwo kwiyumvira ndoramana biva ku gushaka kwa muntu, uca usanga ariko atumbera ukuri, kandi agaca ashobora buhoro buhoro kuja arahinduka ikiremwa gishasha cubakiye ku karorero ka Yesu Kristo.

3. Tanga inyigisho ku mugaragaro kandi mu buryo buzira akanenge ko kubeshabesha , uvuge ibintu uko biri: abigishwa, bereke yuko nabo ariyo nyifato n'ingendo ubazeyeko. Uwo uriko urigisha niba umutwe yawurokeje mu gisogisi kimuhisha mu maso (masque), muri ico gikorwa cawe, ico kintu kimupfutse mu maso (ico gisogisi) ni co kizogenda gikura, si nyene kucambara! Umusi uri izina, wa muntu w'ukuri ashobora kuja ahabona, agakura ca gisogisi kimuhishije mu maso. Niho uzoja ubona yuko atari wa muntu wahora wiyumvira, ahubwo ari uwundi.

Ni na ngombwa cane yuko umwigisha atanga / aba akarorero k'ico bisigura gukora ku mugaragaro ata guhishahisha canke gucenkana, kugira ngo indongozi iriko irategurwa ibone yuko itegerezwa kuba umuntu yisanzuye kandi yugurutse kubijanye nivyo azoba ariko araharanira.

Igihe natangura ubwa mbere ubutumwa bwo kwigisha umugabo n'umugore wiwe bashobora kuzoba abapasitori b'ishengero ry'abantu bahora ari aba isilamu, aho twahura ubwa mbere, nababajije nti: "Hari ingorane mwoba mufise?" Banyishura ngo "Oya."

Indwi ikurikira, turasubira turahura, hanyuma ndasubira ndababaza nti: "Hari ingorane mwoba mufise?"

Inyishu yabaye yayindi nyene, ngo "Oya."

Duhuye ku ndwi igira gatatu, ndasubira kandi ndababaza ca kibazo nti: "Hari ingorane mwoba mufise?"

Naha nyene, inyishu yabaye "Oya."

Niho nababwira nti: "Biranteye amakenga kwumva iyo nyishu. Nciye nibaza nti mwoba mufise ingorane, ariko ntimumenye yuko muzifise". Aho naho ntivyoba ari vyiza. Canke murafise ingorane, ariko ntazo mushaka kumbwira, navyo nyene bikaba atari vyiza. Ni ikihe muri ivyo bibiri?

Aha rero, baciye batangura kunyugurukira: bari bafise ingorane, ariko imico kama yabo ya kiyisilamu yari yabigishije yuko vyari biteye isoni kubwira abandi aho uhobahoba canke ingorane ufise. Ariko rero guhera uyo musi, imigenderanire yacu yarahindutse, barugurutse batangura kuja baranyagira ingorane n'izindi ntambamyi zari zibabangamiye. Kuva ico gihe, vyaciye binyorohera kuza ndabafasha. Biciye muri iyo nzira, ukwizigirana kwarakomeye, maze ba bantu baboneraho gutera imbere badatevye gushika ku bukristu bwuzuye.

4. Umwigisha n'abategurwa kuba indongozi bose nyene ni ngombwa yuko buguruka kandi bakumva yuko bose nyene boja barazana ibikenewe kuyarwa no gutorerwa inyishu. Tera intege umwigishwa gushira ishaka mu gutora ibibazo bozana mu mahuriro yanyu vyofatirwako ku biyago ntanganyigisho.

5. Umwigishwa n'umwigisha bakeneye gukorera hamwe mu gutorera inyishu ibibazo no mu gufata ingingo zijanye n'ubuzima bw'ishengero. Muri ubwo buryo, ya ndongozi iriko irategurwa ishobora kwiga uburyo bwo gutorera umuti ingorane n'ibibazo bijanye n'ubutumwa bw'umupasitori mu buryo budateye kubiri n'Imana canke n'ibiri muri Bibiliya.

6. Mu gihe uriko urategura uwujejwe kuzoba indongozi, mu nyigisho umuha, mufashe kugendera mu mwidegemvyo. Hafi ya bose barafise ico bakenye kubohorwa mu nyigisho zibategurira ubutumwa. Izo ngoyi zitahavuye ngo ibikomere bivurwe bikire, uko kudakira no kubura umwidegemvyo uzosanga bizingamika uburyo uwo muntu yokwamye ivyamwa muri kazoza. Hibonekeje ikibazo cerekana yuko hoba habuze umwidegemvyo wa muntu, torera inyishu ico kibazo ukoresheje uburyo dufise, muri Kristo. Ubwo nabwo buri mu cirwa ca 2. Vyongeye, umuntu yaciye ku ntambwe

277

zose zo kubohorwa niwe azotegera neza kurusha uburyo bwo gufasha abandi kubohoka no gushikira umwidegemvyo.

7. Igisha abakristo bahora ari aba isilamu kwicungera. Ningombwa ko abarongoye abakristo bahora ari aba isilamu biga kwicungera no gucungera imiryango yabo, kandi bakabishira imbere. Muri ubwo butumwa, harimwo utugorane twinshi, hanyuma ugasanga umupasitori atashize imbere ukwicungera, no gucungera umuryango wiwe, abantu ntibazokwizigira ngo bahurumbire ubutumwa bwiwe. Abantu uzosanga babaza bati: "Ashobora gute gutunganya neza ishengero, adashoboye no gutunganya neza umuryango wiwe (n'umuryango wiwe umunaniye)"?

8. Igihe izo ndongozi ari umugabo n'umugore wiwe, bazokenera gufatwa mu mugongo kugira ngo batere imbere mu gutegera ico bisigura kwubaka rukristo no kugira urugo rwubakiye ku rukundo no kwubahana bitatswe n'umutima wo gukorera abandi, atari rumwe rwubakiye ku muntu umwe aganza akagaba uwundi.

9. Shimikira ku buryo mu gikorwa c'ubutumwa, bihambaye kwimenya neza uko uri. Igihe abantu barangwa no kurushanywa, ukudakorera ku mugaragaro, ugasanga umwe wese arondera kwumva ari hejuru y'abandi, uca usanga batiyizi uko bari. Ibi birashobora kuba kimwe mu bikomere bituruka kw'idini rya isilamu. Kugira ngo ashobore gutera aja imbere, nyene kwigishwa no gutegurwa ngo azobe indongozi ategerezwa kwiga guha agaciro ivyo abandi bamubwira ko yoryohora mu buryo akora, akabifata nk'impano n'igikoresho ngirakamaro. Ibi bisigura ko ari ukwiga kutama uriko uriregura, wumva ugeramiwe, ugizweko igitero canke ukumiriwe igihe ubwiwe ibintu bikunegura kandi vyubaka. Vyongeye, umwigisha ategerezwa gutanga akarorero ko kuba umuntu yumviriza abandi kandi abugurukiye (umutima w'uburwaneza) mu buryo bwiwe bwo gukora, agatanga akarorero ko kwimenya uko umuntu ari mu buryo basaba ivyiyumviro n'uburyo bishura ivyo bahawe. Umwigishwa abona yuko umwigisha amukurikirana ashobora kwakirana umutima mwiza ivyiyumviro bimwunganira, nawe bituma arushirizaho kwitegura kuzokora nkuko nyene.

10. Fasha umwigishwa kwakira ibitajanye n'ivyo bari biteze, maze bavyakire mu buryo budateye kubiri n'Imana, kugira ngo bashobore kuzoja barashobora guca mu ngorane no kuzirengera. Igisha abakristo bahora muri isilamu biteguriira kuba indongozi uburyo bwo kwikora ku kwizera gutegekanijwe muri Bibiliya igihe bahebwe n'abandi, canke igihe bashikiwe mu buzima n'ibintu vy'amananiza.

11. Bategurire intambara yo mu mpwemu (y'umutima). Ukurangurira ubutumwa mu bantu batumbereye Kristo vyama bijana n'igikorwa ca Sekibi co kukunaniza: ivyo ntibishobora kutaba. Abakristo bahora ari aba isilamu barakenera inyigisho ku buryo bwo kurinda no gukomera ku muheto mu bihe hari ibitero vya Satani.

12. Tanga akarorero ko kwizigirana no gukorana neza n'abandi bakristo, no gukomeza ugusenyera ku mugozi umwe kurangwa n'ubuyobokamana n'abandi bashinzwe ubutumwa. Ibi birahambaye cane kugira ngo abakristo bahora ari aba isilamu bashobore gutera imbere mu kubona umubiri wa Kristo: ibi biraha icubahiro Imana bikaba n'uburyo bwo kuronkera ishengero ryanyu imihezagiro y'Imana. Ubu, ni n'uburyo bwo kwigisha ukwicisha bugufi.

Urwandiko ndongoranyigisho

Icirwa ca 8

Bibiliya muri kino cirwa

2 Timoteyo 2:20-21
Matayo 12:43-45
Tito 3:3
Filipi 1:9-11

2 Korinto 12:9-10
Roma 12:15
1 Korinto 12:26

Ntabivurwamwo vyavuye muri Korowani, nta majambo mashasha, kandi nta mazina mashasha.

Ibibazo bijanye n'icirwa ca 8

- Hanahana ivyiyumviro ku karorero ntanganyigisho.

Guhuna bagasubira mw'idini bahoramwo

1. Imvo zine Durie atanga zituma bamwe mu ba isilamu bari bahisemwo gukurikira Yesu basubira muri Isilamu (bahuna) ni izihe?

2. Ni kuki amashengero rimwe na rimwe atuma aba isilamu baheba igihe bariko

barasaba kurushirizaho kumenya ibijanye na Yesu n'idini ry'abakristo?

3. Amashengero yokora iki kugira ngo ashobore gushigikira aba isilamu batumbereye Kristo?

Ubutumwa ataco bushikako

4. Durie avuga yuko ingorane zikundakwibonekeza zibangamira abahora ari aba isilamu bagahinduka abakristo ari izihe?

5. Ni igiki izo ngorane zose zishingiyeko, zubakiyeko?

6. Ni mu buryo ubuhe ukugena indongozi bishobora gutera ingorane mw'ishengero kanaka?

7. Ni kubera iki uwaronse ubuhungiro muri Canada yahavuye yikumira ku bandi bakristo agasigara ari nyamwigendako?

Amashengero ataremye (ajogajoga, atari mazima

8. Ni mu buhe buryo ukurondera kuba hejuru bishobora kubuza amashengero gukorera hamwe (gusenyera ku mugozi umwe)?

Ingene ari nkenerwa kuguma dufise umwidegemvyo

9. Ni izihe ngorane zibiri zibonekeza mu mugani Yesu yaciye w'inzu igaragara?

10. Hakenewe iki kugira ngo dushobore kwubaka ishengero rizima?

11. Umuntu amaze kubohoka akaba uwidegemvya, ni igiki kindi usanga gikeneye guhinduka?

12. NI kuki Paulo yibutsa Tito ico bari kera?

13. Ni mu buhe buryo ubuzima bwa kera bwa Paulo bujanye neza nivyo avuga kuvyerekeye ubuzima bw'umuntu imbere yuko akurikira Yesu?

14. Turavye ivyo Paulo yanditse muri Filipi 1:9-11, ni gute umugendanyi wa Yesu yokwuzuza "inzu" y'umutima wiwe ntayireke igaragara?

Ugukira n'ukubohorwa

15. Durie aravuga ibishobora kugira inkurikizi mbi ku bugingo bw'abahindutse abakristo bishika 12: muri zo, ni izihe umaze kubona?

16. Urya musore yakoze iki kugira ngo akire ingwara ya kanseri y'umushishito yari yatanguye kumugeramira? Ikindi yumvise ko cahindutse amaze gukira, ni igiki?

17. Ni igiki ari ngombwa ko kigirwa kugira ngo inzu itekane (irangwe n'umutekano)?

Gutanga inyigisho zizibira ibihengeri (kugira ngo ntikube "ukuvomera mu biva")

18. Intambwe ya mbere ni iyihe mu butumwa bw'umwidegemvyo, kandi, ni kuki ariyo ntambwe ya mbere?

19. Ni mu buhe buryo umutima w'umuntu ari nk'indobo y'amazi?

20. Don Little yabonye ibintu bisa ibihe ku bahora ari aba isilamu bahindutse abakristo kw'isi yose?

21. Ni kuki abantu bamwe bamwe bashobora guhimbarwa no kwumva ko abandi bagize ingorane?

22. Ni izihe ngorane zimwe zimwe ku mashengero igihe abakristo bashaka/barondera kuba hejuru y'abandi mw'ishengero?

23. Ni izihe nyigisho zitandatu Durie avuga yuko zofasha gutorera umuti ingorane y'abantu barondera kwumva yuko bari hejuru y'abandi?

24. Ni igiki Durie avuga ko gishobora kuba ingorane ikomoka ku kutavuga ukuri?

25. Ni ibihe bintu bitandatu Durie avuga bikenera "inyigisho zo kuzibira ibihengeri"?

26. Ni kuki "gutanga inyigisho zizibira ibihengeri" bitegerezwa gukorwa mu buryo bwateguwe neza, kandi ido n'ido?

Tangura neza

27. Uburyo Steve na Cheri bikozeko bwari butaniye he, kandi, ni kuki ubwo Cheri yakoresheje bwabaye kirumara kurusha?

28. Wodondagura ku muttwe za ntambwe zitandatu zigize "Icemezo n'igisabisho co kwishinga gukurikira Yesu"? Usanze utabishobora, nuzige ku mutwe hamwe n'umurwi wose, muja murazisubiramwo gushika aho umwe wese ashobora kuzivuga ku mutwe mu rutonde zatanzwemwo.

29. Turavye ibiri muri zirya ntambwe zitandatu, ni izihe Steve asa nuwasimvye igihe yariko arajana abantu kuri Kristo?

30. Uba usose ingwano kuri nde iyo uhindukiriye Kristo ukishinga kumukurikira?

31. Hotegerezwa gukorwa iki imbere yuko umuntu yavuye muri isilamu ashobora gusanga abereye kuronka ibatisimu?

Ugufata mu mugongo indongozi nshasha

32. Ni igiki Durie yiyumvira ko abakristo bahindutse bava mw'idini rya isilamu bakeneye kurusha muri ibi bihe tugezemwo? Kubwawe, nivyo?

33. Ni kuki Durie avuga ko ari vyiza kurusha kuduza indongozi buhorobuhoro, ata gihutihuti?

34. Hashobora gushika iki iyo abantu badugijwe mu mabanga y'uburongozi mu gihutihuti?

35. Igihe uriko urategura uwuzoba indongozi, Durie avuga yuko mwoja murahura kangahe?

36. Ivyiyumviro ndoramana ni iki, kandi ni mu buhe buryo bifasha abantu gutera imbere mu bukristo?

37. Ni kuki ari ngombwa ko umwigisha yugurukira umwigishwa wiwe, vyose akabikorera ku mugaragaro?

38. Muri irya nkuru Durie yatanze, ni kubera iki umwigishwa yagonanwa akanka kurondera gufashwa ku ngorane zari zimuhanze?

285

39. Ni kuki umwigisha yokwama afatira hamwe n'umwigishwa wiwe ingingo ku bibazo bikuru bikuru bijanye n'ubuzima bw'ishengero?

40. Ni kuki bihambaye gufasha umwigishwa kugendera mu mwidegemvyo mu gihe uriko umutegurira kuzoba indongozi?

41. Ni kuki ukwicungera mu buryo bwo kubaho bihambaye (ari nkenerwa cane) mu butumwa?

42. Ni ibiki ukwubakana rukristo gutegerezwa gushingirako?

43. Ni kuki ukwimenya uko uri bihambaye (ari nkenerwa cane), kandi ni mu buhe buryo ingaruka mbi z'idini rya isilamu zishobora kubibuza?

44. Ni kuki ari ngombwa cane ku mwigisha ko yugurukira ukwakira agaha agaciro ivyo abandi bamubwira ko yoryohora mu buryo akora?

45. Ni kubera iki umupasitori w'ishengero ry'abakristo bahora ari aba isilamu ategerezwa kwigishwa agategurirwa intambara yo mu mpwemu (y'umutima)?

46. Ni kuki ari nkenerwa cane ko indongozi z'amashengero y'abakristo bahora ari aba isilamu bategerezwa kwiga kwubaha ayandi mashengero no gukorana neza na yo?

Inzandiko zongeweko

Uwushaka kumenya vyinshi kurusha kubijanye n'idini rya isilamu vyigishijwe hano, yosoma igitabu citwa *The Third Choice: Islam, Dhimmitude and Freedom* (Ica gatatu muvyo umuntu arekuriwe guhitamwo: *Isilamu, Dhimmitude n'umwidegemvyo)* canditswe na Mariko Durie.

Inzandiko zo mu gitabu *Liberty to the Captives (Umwidegemvyo ku mbohe)* mu ndimi nyinshi zinyuranye, harimwo n'ibisabisho, zirangwa ku rubuga luke4-18.com.

Ku bashaka kumenya vyinshi kurusha ku ntambwe zikenewe mu kubohora abantu ku badayimoni, Mariko Durie abasaba gusoma igitabu citwa *Free in Christ (Ukwidegemvya muri Kristo)* canditswe na Pablo Bottari. Kiriho mu ndimi z'icongereza n'ikiespanyolo. Arongera agasaba gusoma inzandiko z'inyigisho ziri ku rubuga freemin.org (mu congereza no mu zindi ndimi zimwe zimwe).

Ngibi ibindi bisabisho bigenewe gufasha kubohora abantu ngo baronke umwidegemvyo.

Amasengesho yo guhariranira[19]

Data, warabivuze urabitomora ko ushaka ko mba umuntu aharira abandi. Unshakira ugukira n'umwidegemvyo bizanwa n'uguharira abandi.

Uyu musi, mpisemwo guharira abo bose batumye nja mu gicumuro, [vuga amazina yabo], n'abo bose bambabaje, [vuga amazina yabo]. Mpisemwo kubarekurira, umwe wese na bose hamwe kubera ibi bakoze: [vuga ibibi bakoze].

Ndahevye imanza nabaciriye n'ibibi nabashizeko, kandi ndahevye ibihano nabifurije mu mutima wanje. Mu minwe yawe niho nshize

---

[19] Iki gisabisho n'ibindi bibiri bikurikira bishingiye ku masengesho ari mu gitabu citwa *Restoring the Foundations (Ugufurura imishinge)* canditswe na Chester na Betsy Kylstra.

[bavuge amazina], *kuko ni Wewe musa uri umucamanza w'intungane.*

Mwami, nsavye imbabazi aho hose nagize ivyiyumviro vyatumye ngirira nabi abandi, kandi nigirira nabi na jewe nyene ubwanje.

Nihetse ku mbabazi zawe, mpisemwo kwiharira kuri aho hose natumye ubwo bububabare butuma ngira inyifato n'ingendo bitabereye.

Mpwemu Yera, ndagukengurukiye ko watumye umutima wanje ushobora kugira imbabazi, ko wampaye inema (imigisha) nkeneye yo guharira abandi, nkongera nkagukengurukira kuko nubu udahengeshanya kunshoboza guharira abandi.

Mw'izina rya Yesu,

Amina.

Igisabisho co kuvavanura n'ububeshi (Ukwizera ibiteye kubiri n'Imana)

Data, ndatuye (ndireze) igicumuro canje (n'ic'abo namukako) co kwizera ikinyoma kivuga ko [vuga ico kinyoma].

Ndahariye abatumye ngira ukwo kwizera ibiteye kubiri n'Imana, na cane cane [bavuge amazina].

Ndigaye kuri ico gicumuro, kandi ndagutakambiye, Mwami, umparire kuri ico nizeye giteye kubiri nawe, ku kubona nabayeho ari co nisunga mu bugingo bwanje, no ku buryo ubwo ari bwo bwose naciriye imanza abandi arico nisunga. Ndakiriye imbabazi zawe [rindira uronke uwo muhezagiro w'Imana].

Nishimikije imbabazi zawe, Mwami, mpisemwo kwiharira jewe nyene ku kubona narizeye ico kinyoma.

Ndahevye kandi ndasambuye amasezerano nagize niki nizeye giteye kubiri n'Imana. Ndafuse amasezerano yanje n'ubwami bw'umuzimiza. Ndasambuye amasezerano yose ajanye nabwo nagiriraniye n'abadayimoni.

Mwami, ni ukuhe kuri ushaka kumpishurira kubijanye n'iki nizeye giteye kubiri n'Imana? [Rindira hanyuma wumvirize Umwami, hanyuma ubone kuvuga icese ukuri gukosora ca kinyoma.]

Ndemeje icese uku kuri gukurikira: [Vuga ukwo kuri uko kwitwa].

Mw'izina rya Yesu,

Amina.

Igisabisho ku gicumuro gituruka ku bo twamukako

Ndatuye ivyaha vy'abo namukako, ivy'abavyeyi banje n'ivyanje nyene: [vuga ico gicumuro canke ivyo bicumuro].

Mpisemwo guha imbabazi, kurekurira no kubohora abo namukako, n'abo bose batumye nja muri ivyo vyaha n'imivumo ibikomokako, no ku ngaruka mbi vyagize ku bugingo bwanje [Na cane cane: zivuge izo ari zo].

Ndagutakambiye umparire, Mwami, kuri ivyo vyaha: kubona narabigiyemwo nkaja no muri iyo mivumo. Ndakiriye imbabazi zawe.

Nisunze izo mbabazi zawe, Mwami, mpisemwo kwiharira jewe nyene kubona naragiye mw'ivyo vyaha.

Ndahakanye kandi ndavavanuye n'ivyaha n'imivumo yo [Yivuge].

Ndasambuye ububasha bw'ivyo vyaha n'iyo mivumo mu bugingo bwanje no mubw'abanyamukako nciye mu gikorwa c'ubucunguzi ca Kristo ku musaraba.

Ndakiriye umwidegemvyo wawe kuri ivyo vyaha no ku mivumo ibikomokako. Ndakiriye [Vuga imihezagiro y'Imana uriko uraronka, biciye mu kwizera].

Mw'izina rya Yesu,

Amina.

289

Inyishu z'ibibazo

Inyishu ku bibazo bijanye n'Icirwa ca 1

1. Mpwemu yamusavye kwihakana no guheba isilamu.

2. Kimwe mu vyo abantu bakeneye mu buryo bwihutirwa kurusha ibindi vyose, ni ukwihakana no guheba isilamu.

3. Amasezerano ya *shahada* na *dhimma*.

4. Ni aba isilamu bahisemwo gukurikira Kristo.

5. Abantu batari aba isilamu.

6. Ku muyoboke ni ukwishikana kw'idini rya isilamu no kuriyoboka atagukekereza; naho kubatari abayoboke, ni ukwishikana ku buja bw'idini rya isilamu, bakemera rikabagaba rikabaganza muri vyose.

7. Ukwemeza icese ko Allah ariwe Mana imwe rudende, kandi ko Muhamadi ari intumwa yiwe.

8. Ni ibwirizwa rya isilamu ritegeka ko abakristo bategerezwa kwemera gutegekwa no kuganzwa (nabo mw'idini rya isilamu).

9. Abakristo batigeze baba abayoboke b'idini rya isilamu bategerezwa kwihakana no kwiganzura ibitegekanywa n'isezerano rya *dhimma*.

10. Yuko amategeko ya *sharia* ari yo ategerezwa kugaba akagaza izindi ngingo zose   zigenga ubutungane n'ubutegetsi (ububasha).

11. Amateka yose agenga ubuzima bw'umutima, bakayoboka aya Kristo yonyene ata kuyabangikanya.

12. Bakuwe mu muzimagiza w'imitima, bajanwa mu bwami bwa Kristo.

13. Nk'ibifatiye kuri politike n'imibano, uguharanira agateka ka zina muntu, ubushakashatsi no gukoresha ibibuvuyemwo, gukoresha ibimenyeshamakuru, mbere no mu bihe bimwe bimwe amareta y'ibihugu akaba anashobora no gukoresha umuheto.

14. Uguhinduka bakaba aba isilamu (*shahada*), ukwishikana muvyerekeye intwaro bakaganzwa muri vyose n'aba isilamu (*dhimma*), canke inkota.

15. Imyaka irenga igihumbi; hafi y'imyaka 800.

16. Yabemereye yuko batanze ubuzima bwabo bariko barwanira Ubwami bwa Kristo, ijuru rizoba ari rwabo (Bazoja mw'iparadizo).

17. Inkomezi za isilamu zishingiye ku *kwiganzira imitima* y'abantu.

18. Na wa mwami w'umujinya (w'ikimwenyi) kandi azi guhinyika wo mu mburakazoza ya Daniyeli.

19. Ibi bintu biranga isilamu:

   - Uburyo isilamu yiyumva yuko iri hejuru y'ayandi madini yose
   - Uburyo isilamu irangwa n'ipfa ryo guhahamira ukugera vyanse bikunze ku vyo ishaka vyose (ku ntsinzi)
   - Uburyo ikoresha urwenge n'ikinyoma
   - Uburyo isilamu yigarurira kandi igakoresha inguvu n'amatungo vy'abandi
   - Uburyo isilamu itera ikanesha ibihugu ataco vyinona vyashize agati mu ryinyo ngo biri mu mutekano wuzuye kandi atari vyo (ataho bifatiye)
   - Uburyo isilamu irwanya Yesu, Unwana w'Imana
   - Urukurikirane rw'ibikorwa vyo gucuvya no kugeza gutabatanga abakristo n'abayuda.

20. Atari ku bubasha bw'abantu).

21. Ububasha bwa Kristo n'ubw'umusaraba wiwe.

Inyishu ku bibazo bijanye n'Icirwa ca 2

1. Yasanze adashobora kuvuga ijambo "Muhamadi.

2. Yarakize akamenyero ko kurakarira abandi, hanyuma anahinduka kirumara mugukwiza ijambo ry'Imana no mu kwigisha abandi.

3. Umusi mukuru w'amavuka w'umukristo wese, ni umwidegemvyo ufatanye n'ubuninahazwa w'abana b'Imana.

4. I Nazareti.

5. Ku mwidegemvyo basezeraniwe.

6. Umwidegemvyo ku kwihebura, inzara, ingwara, n'abadayimoni.

7. Umunyororo ategerezwa guhitamwo guca muri wa mwango wuguruye, agasohoka akava muri iryo bohero yari yugaraniwemwo. Umwidegemvyo w'umutima ni uguhitamwo dutegerezwa kugira.

8. Igisuma. umwami w'iyi si. Imana y'iki gihe. umwami w'abaganza ikirere. Atwigisha ko Satani afise ububasha muri iyi si.

9. Satani afise ububasha n'ubwigenge vy'ukuri, ariko bitari ikirenga.

10. Uko idini rya isilamu ribona isi, n'ububasha bwaryo ku mitima.

11. Mu ngoyi z'ububasha bw'abadayimoni.

12. Mu bubasha bwa Satani no mu bwami bw'umuzimagiza.

13. Twimurirwa mu bwami bwa Yesu Kristo, kandi turaharirwa ivyaha tugahabwa umwidegemvyo.

14. Kubera ko bimuriwe mu bwami bwa Yesu Kristo.

15. Ibintu bitanu bisabwa (biranga ukwimukira mu kuyobokera Yesu Kristo): 1) Guhakana Satani n'akandi kabi kose; 2) Kuvavanura imigenderanire itabereye n'abandi bantu bakufiseko ububasha buteye kubiri n'Imana; 3) Guheba amasezerano ateye kubiri n'uburoramana; 4) Guheba ivyo

292

ufitiye ubushobozi bwo gukora vyose mu bijanye n'umutima biteye kubiri n'ingendo ndoramana; 5) Gushira ubugingo bwawe mu minwe ya Yesu Kristo, nk'Umwami wawe.

16. Urugamba hagati y'Imana na Satani; ingwano hagati y'ubwami bubiri.

17. Ishengero rirashobora kuba urubuga rw'intambara, kandi nivyayo birashobora gukoreshwa mugushigikira ikibi.

18. 18. Ico abakristo bashobora kwizigira ata nkeka, ni intsinzi iciye ku musaraba.

19. Ingereranyo n'instinzi y'Abaroma yerekana ko abadayimoni batswe ibirwanisho, basigara mu bimaramare.

20. Umureganyi, umwagiriji, canke umwansi.

21. Abakristo basabwa kwama bagavye.

22. Satani atwagiriza ku vyaha vyacu, no ku bice vyose vy'ubuzima bwacu twamuhebeye, twamweguriye.

23. Icaha, ukudahariranira, amajambo (n'ibikorwa bimwe bimwe bijanye nayo), ibikomere vyo ku mutima, ivyo twemera biteye kubiri n'inzira ndoramana (ibinyoma), ivyaha turarwa n'abo twamukako, hamwe n'imivumo ibikomokako.

24. Ugushobora kumenya neza no guhakana ivyo vyose Satani ashobora kutwagiriza.

25. Umwango wuguruye (igohengeri), ni urwinjiriro umuntu ashobora gusanga yahaye Satani. "Icibare", ni ikibanza (ubwugamo) Satani yemeza yuko umuntu yamuhebeye mu mutima wiwe.

26. Uburenganzira butangwa (bugezwe) n'amategeko; ikibanza gishobora kuba cigaruriwe na Satani mu mutima.

27. Asigura ko Satani ata karyo namba afise ko kuronka aho ica ngo atwagirize, agire ico aturonderako.

28. Satani nta caha yashobora gutora muri Yesu ngo agikoreshe mu kumwagiriza.

29. Kubona Yesu yari inzirakarengane birahambaye cane, kuko bisigura ko Satani atashobora kuvuga ngo ukubambwa kwiwe cari igihano gikurikije amategeko, giciye mu butungane.

30. Ningonbwa ko twugara imyango yuguruye, tukongera tu gakuraho vya vyibare Satani yomeneramwo.

31. Twokwigaya tukihana ku vyaha vyacu.

32. Dutegerezwa kubanza guharira abandi.

33. Ashobora gukoresha ukudahariranira kwacu nk'ikibanza tumuhaye (icibare tumukebeye muri twebwe) kugira ngo acishmikize atwagirize.

34. Guharira abandi, kuronka/kwakira ikigongwe c'Imana, kwiharira twebwe nyene.

35. Oya namba: Uguharira uwundi, ntibisigura kwibagira ico yadukoreye.

36. Satani ica ija irageragieza guca kuri ico gikomere co ku mutima kugira ngo ibatamikane umwete mwinshi ibinyoma.

37. Yakize uguhahamuka kwaturutse kw'iterabwoba no guturubikwa nabo "bari barahaye indaro". Yasanze ategerezwa guheba ubwo bwoba yagendana no kuvavanura na bwo.

38. Kwugururira Umukama umutima wawe atakwiziganya; gusenga Yesu agukize iryo hahamuka canke ubwo bubabare; guharira uwo wese yaguteye ubwo bubabare; guheba ukavavanura n'ubwoba n'ibindi bibi vyose vyaturutse kuri uko guhahamuka canke kuri ubwo bubabare; gushikana akavuga icese kandi akiyamiriza (agahakana) ibinyoma vyose.

39. Ijambo ryose twavuze.

40. Kuko bishobora kumuha akaryo ko gukoresha amajambo yacu kugira ngo atwagirize, atugirire nabi.

41. Amaraso ya Yesu.

42. Ndakamera nk'iki gikoko nkaramuka ndenze kuri iri sezerano—ni ukuvuga ngo: "Ndakicwa mpimbagurwe".

43. Ahamagara umuvumo w'urupfu ku muntu yerekeye (ayagiyemwo, ayasezeranye).

44. Ugucibwa umutwe.

45. Satani adupakira ibinyoma.

294

46. Kwiga uburyo bwo kubona no kwigobotora ibinyoma twahora twemera ko ari ukuri, ntibibe bikituganza.

47. Umugani uvuga ngo: "Umugabo nyamugabo ntiyigera arira".

48. Ikinyoma nyaco, ni kimwe abantu *badaca n'ikanda k*o ari ikinyoma.

49. Twabanje gutahura neza tukamenya ukuri, turashobora gushikana (confess), gusesa (guheba) ibinyoma twari twaremeye, no kuvavanura navyo.

50. Iragi ribi ryo kubijanye n'umutima.

51. Ivyo abana bisunga n'uturorero tubi babuye ku bavyeyi babo.

52. Indinganizo igizwe n'urukurikirane rw'imihezagiro n'imivumo.

53. Igicumuro ca Adamu na Eva cakweze imivumo yakwiye imvyaro zose z'ababakomotseko: ukubabara, ukuganzwa, urupfu, n'ugusubira mw'ivu (kubora).

54. Ni ukuvugishwa kw'imbonakazoza (ubuhanuzi) kumenyesha igihe ca Mesiya, ubwami bwa Yesu.

55. Gutura ibicumuro vy'abasekuruza bacu n'ibigabitanyo vyacu bwite; guhakana no guheba ivyo vyaha (kubivamwo); gusambura imivumo yose yatewe n'ivyo vyaha.

56. Ububasha kuri Satani.

57. Kuko Uhoraho ategeka abantu gusambagura burundu ("guherengeteza") vyose, hamwe mbere n'ibigirwamana vyo nyene ubwavyo.

58. Umusaraba ufise ububasha bwo gusambura amasezerano mabi twinjiyemwo.

59. Ingingo zitomoye (zerekana ido n'ido ico turiko turarwanya).

60. "Ntawundi muntu numwe nzosubira gukunda". Suzana yaciye amera nkuwanyegewe yama anyinyiriwe, ata muntu numwe yereka uburwaneza. Yarahevye iyo ndahiro, avavanura na yo.

61. Intambwe zitanu zishikana ku mwidegemvyo: 1. Gutura (kwirega) ibicumuro no kubigaya (gusaba imbabazi). 2. Guhakana canke guheba ikintu. 3. Gusambura. 4. Kwirukana. 5. Guhezagira no "kwuzuza".

62. Gutura ikigabitanyo no kwatura ukuri.

63. Kumuhezagira umusabira ivyiza vyose, harimwo n'igihushanye c'icahora kimuraje ishinga, icahora kimuhanamiye.

Inyishu ku bibazo bijanye n'Icirwa ca 3

1. Ni ukwishikana kuri Allah akaba ari we wenyene akugaba akakuganza.

2. Uba uhindutse umu isilamu

3. Muhamadi, intumwa yanyuma ya Allah.

4. *Korowani kirimwo* ivyahishuriwe Muhamadi, na *Sunna* kirimwo inyigisho n'ibikorwa vya Muhamadi (ivyo yakoze).

5. Akarorero ka Muhamadi kanditswe mu ma *hadisi* (ibivurwa nk'utugani vyahererekanywe) no mu ma *sira* (inzandiko zitonda ubuzima bwa Muhamadi).

6. Muhamadi.

7. Ivyo Muhamadi yakoze vyose bica biba icitegererezo, akarorero abantu bose bategerezwa gukurikira:

8. Abagamburukira Allah n'intumwa yiwe nibo bemererwa kuzoronka umugisha n'intsinzi.

9. Kuja mu muriro.

10. Uwo wese atemeta (arwanya) ubutumwa bwa Muhamadi.

11. Kwica, kuboreza abantu igufa no kubahohotera, gufata abakenyezi ku nguvu n'ubundi buryo bwo kubafata nabi, gushira abantu mu buja, ubusuma, ububeshi, no kugomorera ububisha ku bantu batari aba isilamu.

12. Utegerezwa kwemera no kuyoboka Korowani.

13. *Sunna* ni nk'umubiri, Korowani nayo ikaba uruti rw'umugongo.

14. Aba isilamu bisunga abahinga bari ku rushi.

15. Idini rya isilamu ntirishobora kubaho hatariho amategeko ya *sharia.*

16. Amabwirizwa ya *sharia* bifatwa ko yategetswe n'Imana yo nyene.

17. Umuhamagaro wa isilamu, ni umuhamagaro wo gutumbera umugisha n'intsinzi.

18. Abantu bagaburwamwo abatsinda (bene intsinzi), n'abandi basigaye, bitwa "abatsinzwe", canke abahomvye.

19. Aba isilamu bigishwa ko bari hejuru y'abatari aba isilamu, nuko aba isilamu basenga cane kurusha abandi (abayoboke b'imbere) nabo bari hejuru y'aba isilamu badasenga cane.

20. Hari *aba isilamu b'ukuri, abiyorobetsi, a*basenga ibigirwamana, n'ihanga ry'igitabu *(Abahawe igitabu).*

21. Umu *mushrik ("umunyeshirahamwe").*

22. Ivyagirizo bine: 1) Inyandiko zabo zarahumanijwe, none ntizikiri iz'ukuri. 2) Bakurikira amadini yakomotse kuri Isilamu, ariko yataye umurongo; 3) Abayoboke bayo barazimiye bava mu nzira y'ukuri; 4) Barangwa nukutamenya, bagakenera kuzorokorwa na Muhamadi.

23. Ikintu ciza Korowani ivuga ku bakristo n'abayuda, iremeza yuko abakristo n'abayuda (bamwe bamwe) ari intugane kandi bemera koko Allah.

24. Ibintu bine bavuga: 1) Aba isilamu bategerezwa kuba hejuru y'ayandi madini yose; 2) Isilamu yagenewe kuzorongora no kuzoganza amahanga yose; 3) Aba isilamu bategerezwa kurwanya abayuda n'abakristo; 4) Abakristo n'abayuda bazoja mu muriro.

25. Abayuda nibo bansi b'aba isilamu (babarwanya) kurusha abakristo.

26. Nico kigabane kizwi cane kurusha ibindi muri Korowani, kandi kitegerezwa kuvugwa ku musi ku musi. Kivurwa n'imiburiburi agashika 17 ku musi, ni ukuvuga agashika 5.000 ku mwaka.

27. Abakristo barazimiye bava mu nzira y'ukuri, abayuda nabo bagendera mw'ishavu ry'uburakari bwa Allah (bwama bubatwikiriye).

28. Ubuzima n'inyigisho vya Muhamadi.

29. Ico gikorwa mu majambo ya kera bavuga ngo ni "Ugusirimura", ni ico bita "islamisation".

30. Ingorane zitandatu: 1) Abakenyezi ni abantu bashirwa hasi cane. 2) Inyigisho za *jihad*. 3) Ibihano birenze urugero kandi vy'agahomeramunwa. 4) Amategeko ya *sharia* ntashobora guhindura abantu kugira ngo babe beza. 5) Guha abayoboke uburenganzira bwo kubesha. 6) Uguhama no gutoteza abantu batari aba isilamu, harimwo n'Abakristo.

31. Haratangujwe amasentare ya *sharia*.muri Nijeriya.

32. Umucamanza yisunze akarorero ka Muhamadi.

33. 1) Rirarenze urugero.; 2) Ni agahomeramunwa (kwicwa bunyamaswa); 3) Birononera n'abantu bashingwa kwicisha amabuye; 4) Riravangura, rigafata abagore gusa; 5) Gituma umwana acika impfuvyi; 6) Ntririraba yuko uwo mugore ashobora kuba yafashwe ku nguvu.

34. Bashobora kubesha igihe bageramiwe n'abandi bantu batari aba isilamu. Abagabo barashobora guhenda abagore babo. Igihe umuntu yakubwiye ikintu c'akabanga; no mu gihe c'ingwano, etc.

35. Ibigirwa vyo kubesha ku mvo zo gukingira aba isilamu.

36. Bisambura ukuri n'ukwizerana hagati y'abantu, bikongera bigatera igipfungu mu vyiyumviro.

37. Bategerezwa kwisunga abahinga b'idini ryabo.

38. Kwiyigisha ibijanye na isilamu twebwe nyene, naho abarongoye iryo dini bageza kudacisha no mu kanwa canke ngo bahanahane ivyiyumviro icese ku bintu vyinshi.

39. Gukurikira Yesu, canke Muhamadi.

40. Isa (Yesu).

41. Uburyo bwo kubaho (*sharia*) bw'intumwa z'imbere y'umuzo wa Muhamadi.

42. Igitabu Isa (Yesu) yahawe na Allah.

43. Isa azosambura idini ry'abakristo, maze abantu bose abategeke guhinduka aba isilamu (abagire aba isilamu).

44. Aba isilamu bigishwa yuko bakurikiye Muhamadi baba bariko bakurikira Yesu.

45. Iyi nyigisho ihisha umugambi w'urukiza w'Imana, ivyo navyo bigaca bishobora kuzitira aba isilamu ntibabashe gukurikira Yesu w'ukuri.

46. Yesu w'ukuri dushobora kumumenya duciye muri vya bitabu bine vy'Ubutumwa Bwiza.

47. Ntawundi dushobora gucako akaturonsa umwidegemvyo ku ngoyi z'umutima atari Yesu wo mu Butumwa Bwiza.

Inyishu ku bibazo bijanye n'Icirwa ca 4

1. Ibintu bitatu bibabaje: 1. Urupfu rwa se wiwe. 2. Urupfu rwa nyina wiwe. 3. Akazi kabayabaye ko kuragira ibitungwa vya se wabo. (Hakaba n'urupfu rwa sekuru.)

2. Ni agasuzuguro yeretse Muhammad.

3. Ivyo bintu bitandatu ubwo bugeni bwisangije: 1) Kadija yari umukoresha wiwe. 2) Yarasumvya imyaka Muhamadi. 3) Kadija ni we yamureheje. 4) Yari amaze kwubakana n'abagabo babiri imbere. 5) Yari atunze kandi akomeye cane, yubashwe. 6) Yabanje kuboreza se wiwe kugira ngo yemere ubugeni bwiwe na Muhamadi (amumuhe).

4. Benshi mu bana babo barapfuye, bituma Muhamadi asigara ata samurarwa w'umuhungu afise.

5. Se wabo wa Muhamadi Abu Talib, n'umugore wiwe Kadija.

6. Yari afise imyaka 40, kandi yarahahamutse gushika aho yahatswe kwiyahura.

7. Yamenyesheje ko Muhamadi atari umusazi, ahubwo yari intumwa (umuhanuzi).

8. Muhamadi yatinya kwiyamirizwa nk'umubeshi.

9. Kadija, na muvyara wa Muhamadi akurira yitwa Ali.

10. Muhamadi yaratutse imana z'abanye Maka.

11. Yarakingiye Muhamadi abanye Maka bari bamurakariye.

12. Ukwugariza no guhama aba isilamu ata n'inkomezi bari bafise zo kwivuna, no gutuka Muhamadi.

13. Abagabo b'aba isilamu 83 n'imiryango yabo bahungiye muri Abisiniya (irya Etiyopiya yo muri kino gihe).

14. Gusenga Allah n'imana zo muri Maka.

15. Ko ibisabisho ku bakobwa batatu ba Allah—al-Lat, al-Uzza, na Manat—vyari vyemewe.

16. Intumwa zose z'ukuri, birashika yuko ziyobeshwa (na Satani).

17. Yishima ko: 1) Abo yamukako bose bamuka ku bavyeyi bagize ubugeni . 2) Yari umugabo mwiza kurusha abandi. 3) Yamuka mu gisata ciza naco kurusha ibindi bisata vyose (igisata camuka kuri Hashim). 4) Yamuka mu muryango uruta iyindi yose (Aba Kurayishi). 5) Yari uwo mw'ihanga (igihugu) riruta ayandi mahanga yose (iry'abarabu).

18. Intsinzi mu ngwano.

19. Kadija na Abu Talib yari amukingiye, bapfuye. Hanyuma yaho, i Ta'if bamwiyamiririje bakamwirukana,abarabu b'i Medina baremeye kumukingira.

20. Umurwi w'**abajini** (abadayimoni) bahindutse aba isilamu.

21. Iciyumviro c'*abajini* bahindutse bakaba aba isilamu, n'inyigisho zo muri Korowani n'ama *hadisi* zivuga yuko umuntu wese afise umugenzi w'impwemu (w'umutima) yitwa "*qarin*", bagendana mu mpwemu.

22. Baremeye gutera ingwano mu buyoboke bwuzuye bw'intumwa (Muhamadi).

23. Yarashoboye kumenyesha ubutumwa atawumwagagaza, kandi abarabu b'abanyamedina nka bose baciye bahinduka abayoboke ba isilamu.

24. Abura amabi atagira izina arindiriye abarwanya idini ryiwe mu buzima buzokurikira.

25. Kwicwa (kubarwa) bunyamaswa.

26. *Fitna.*

27. Icaha ca *Fitna* kw'idini rya isilamu.

28. Igihe hariho intambamyi iyo ariyo yose ibuza abantu kwinjira mw'idini rya isilamu.

29. Ukwiye kurwanywa no kwicwa.

30. Kuko icaha co guhakana idini rya isilamu ari kibi kurusha urupfu.

31. Abapfa mu ba isilamu ni amamiriyoni n'amamiriyoni, mu batari aba isilamu hoho hapfa amacumi canke amajana atarenga.

32. Yarondera kwiyemeza no kwihora, mbere hose kuronka ijambo rya nyuma, no kubamaze gupfa.

33. Urwanko yari afitiye ukutemerwa ko afise agaciro.

34. Bahavuye barabwa nk'abazokwama na ntaryo bagendana icaha, bakwiye kuganzwa, bagafatwa nk'abantu bari hasi cane, bagayitse.

35. Inyishu zifatiye ku nguvu n'ingwano ku caha ca *fitna.*

36. Allah yaramubujije kuyakurikiza.

37. Kubica aho babasanga hose.

38. Korowani irerekana yuko abayahudi bamwe bamwe bemera, abandi ko batari abayoboke (batemera isilamu), ariko ko isilamu izoba umuhezagiro kuri bo (izobahezagira).

39. Yarashigikiye kwamizako amasengesho" no gutanga ishikanwa nk'abayahudi; yaranategetse abayoboke biwe gusenga baraba i al-*Sham* (Siriya, ni ukuvuga Yerusalemu), kandi yavuze ko ivyo yigisha cari co kimwe n'ivyigishwa n'idini ryabo.

40. Ku mvo zo kwiyemeza no kwerekana ko ari we avuga ibibereye igihe abigisha b'abayahudi bagenda barushirizaho kumunegura.

41. Yabise ababeshi, arongera avuga ko bari barahindaguye barayoberanya inyandiko zabo.

42. Ubutumwa burwanya abayahudi:

- Q4:46. Abayahudi baravumwe.
- Q7:166, etc. Abayahudi bahinduwe inkende n'ingurube.
- Q5:70. Abayahudi bari abicanyi bagandagura intumwa (abahanuzi).
- Q5:13. Allah yakomantaje imitima yabo.
- Q2:27. Abayahudi barahomvye (nta ntsinzi bazokwigera bashikira).

43. Idini ry'abayuda.

44. Yarabahigiye hanyuma arabomora.

45. Kuko yariko arabica, uguhinduka bakaba aba isilamu ari co conyene cashobora kubakingira.

46. Yarabagirije, arabatera, arabomora, utwabo twose tuba ibinyagano.

47. Yarabasagirije, hanyuma yica abagabo bose. Nayo abagore n'abana baba abanyagano bo gukoreshwa nk'abahakwa (abaja).

48. Yarabateye arabatsinda arabigarurira, ariko barumvikanye ku kindi kintu kigira gatatu bashobora guhitamwo : ukubaho nk'aba *dhimmi*.

49. Abayahudi n'abakristo.

50. Yahereye ku nyishu zijanye n'ukwikengera we nyene akabona ataco arimwo, aja ku nyishu zijanye n'ukwiyemera n'ukwiha agaciro, mu mpera aja ku nyishu ziganjemwo ugusotorana n'ingwano.

51. Ugutsinda n'ukumaramaza abatemera (abatayoboka isilamu).

52. Umugambi w'ivyiyumviro vya politike n'ivy'igisirikare.

53. Aho kuba gusa "umugabisha", Muhamadi yahavuye ahinduka umugaba w'abemera,   ashinzwe kuganza ubuzima bwabo.

54. Uwugamburukiye uhamadi aba agamburukiye Allah (niyo nzira).

55. Bishingiye ku buryo inyishu za Muhamadi ku gukumirwa n'ukutemerwa zagiye zirahinduka.

56. Ingorane ziwe zahavuye zihinduka ingorane z'isi yose, biciye kuri *sharia*.

57. Ni amajambo ya *shahada*.

58. Bemeza ko Korowani ari ijambo rya Allah, nivyo Korowani ivuga kuri Muhamadi.

59. Kuvuga igisabisho ca *shahada*, biha uburenganzira bene ububasha no kuganza imitima (ya si y'umwijima) bwo gushira ku bayoboke b'idini rya isilamu ingorane zimwe nizahanamiye Muhamadi mu bijanye n'ubuzima bw'umutima.

60. [Abitavye inyigisho bazoba baciye akazingi ku bintu bibi biboneye.]

61. Barabihakana.

62. Bavuga ko yahinduwe igartyozwa.

63. Azosambura idini ryabo.

64. Kuvavanura n'ukwemera yuko Korowani ari ijambo ry'Imana.

65. Bishobora gutuma uwo muntu ahungabana mu mutima, ashobora guterwa ubwoba, bikanamuzanira no kuba magara make no kujogajoga (mu kwizera), akumva adahagaze neza (atishigikiye) mu gukurikira Yesu.

Inyishu ku bibazo bijanye n'Icirwa ca 5

1. Ugukumirwa.

2. Uburyo bune: (1) isoni zuko yoba ari umwana w'ishushu. (2) Yavukiye mu bworo ntangere. (3) Umwami Herodi yararondeye kumwica. (4) Abavyeyi bahungiye muri Egiputa nk'impunzi.

3. Abafarisayo basagirije Kristo n'ibibazo bikurikira:

   - Mariko 3:2, etc. : ibibazo vyerekeye ukurenga amategeko y'isabato.
   - Mariko 11:28, etc. : ibibazo vyerekeye ububasha yari afise (bwo gukora ibitangaza).
   - Mariko 10:2, etc. : ibibazo vyerekeye ukwahukana (kwirukana umugore mwubakanye).

- Mariko 12:15, etc. : ibibazo vyerekeye gutanga ikori kwa Kayisari.
- Matayo 22:36: ibibazo vyerekeye ibwirizwa risumba ayandi mabwirizwa yose.
- Matayo 22:42 : ibibazo vyerekeye Mesiya.
- Yohani 8:19 : ibibazo vyerekeye Uwo akomokako (Se wa Yesu).
- Matayo 22:23-28, etc : ibibazo vyerekeye izuka.
- Mariko 8:11, etc : ibibazo vyerekeye ibimenyetso (ibitangaro).
- Mariko 3:22, etc : ibibazo vyerekeye « kubamwo Satani », no gokora ibimenyetso (ibitangaro) ku bubasha bwa Satani.
- Matayo 12:2, etc : ibibazo vyerekeye inyifato y'abigishwa biwe (batubaha imigirwa).
- Yohani 8:13 : ibibazo vyerekeye gushinga intahe itari iy'ukuri.

4. Ugukumirwa, uguhebwa n'ukwihakanwa yesu yaciyemwo:

- Matayo 2:16. Herodi yaragejeje kumwica.
- Mariko 6:3, etc: Abantu b'i Nazareti baragerageje kumwica.
- Mariko 3:21. Abo mu muryango wiwe baramututse.
- Yohani 6:66. Benshi mu bigishwa biwe baramuvuye inyuma.
- Yohani 10:31. Isinzi ry'abayuda baragerageje kumutera amabuye.
- Yohani 11:50. Abatware b'abayuda bagize inama yo kumwica.
- Mariko 14:43-45, etc : Yahemukiwe agurishwa na Yuda.
- Mariko 14:66-72, etc: Yarihakanywe na Petero.
- Mariko 15:12-15, etc: Isinzi ry'abantu ryarasavye yuko abambwa.
- Mariko 14:65, etc: Yaratwenzwe n'abakuru b'abayuda.
- Mariko 15:16-20, etc: Yaraborejwe igufa n'abasoda bamukubaguye.
- Mariko 14:53-65., etc. Yagirijwe ibinyoma acirwa urubanza rwo gupfa.
- Gusubira mu vyagezwe 21:23. Yabambwe ku musaraba, vyabonwa nk'igihano cazana imivumo.
- Mariko 15:21-32, etc: yabambwe hamwe n'ibisuma kandi aratukwa aratwengwa igihe yariko arababara agira acikane.

5. Inyishu zitandatu: Yesu ntiyaranzwe no 1) kurakara no gusotora abandi, canke 2) gukoresha inguvu; 3) kurondera kwihora; 4) kuyogora no gutongana. 5) Ntaco yishuye abamwagiriza ; hanyuma 6) ahantu hose bashaka kumwica, yaca ababisira akigira ahandi hantu.

6. Yararengera ico kigeragezo, akaboneraho kutaneshwa n'iryo kumirwa.

7. Kuko yari umuntu atekanye cane kandi yiyumva ameze neza (yiyumvamwo amahoro) muri we.

8. Gukumirwa nka wa mushumba yategerezwa kubabara wo muri Yesaya.

9. Urupfu rwiwe ku musaraba.

10. Ugukoresha inguvu kugira ngo ashikire ivyo arondera.

11. Mu mvugo y'ingereranyo, kuzana amacakubiri mu miryango, mbere hagashobora kuvamwo n'uruhamo.

12. Yahakanye iciyumviro cuko Mesiya yari gukoresha inguvu, ububasha bwa gisirikare canke buciye mu nzira za politike (amatwaragihugu)—cuko ushobora kuvuga ngo ubwami bwiwe buri ngaha canke muri iki kibanza canke kiriya muri ino si.

13. Ntibari barekuriwe kwica.

14. Kristo yigishije ibi bikurikira kubijanye nivyo twokorera abandi, uburyo twobafata:

   - Matayo 5:38-42, kuvyerekeye ikibi: ikibi gitegerezwa kwiturwa ineza.
   - Matayo 7:1-5, kuvyerekeye gucira urubanza abandi: ntucire urubanza abandi.
   - Matayo 5:43, kuvyerekeye abansi: bakunde.
   - Matayo 5:5, kuvyerekeye abitonda: ubwitonzi buzotsinda.
   - Matayo 5:9, kuvyerekeye abaremesha amahoro: bazokwitwa abana b'Imana.
   - 1 Korinto 4:11-13, etc., kuvyerekeye uruhamo: Abakristo bategerezwa kurinda uruhamo, kandi ata kugera ingere kuyindi (ata kwihora).
   - 1 Petero 2:21-25, kuvyerekeye akarorero kacu: Yesu niwe karorero kacu kuvyerekeye ugukunda abandi.

15. Yuko bazokubitwa, bazokwankwa, bazoshengezwa, n'ukwicwa bazokwicwa.

16. Ni ukwirenganira bakaja ahandi, ata shavu, ata kazikira.

17. Aho imihana imwe y'abasamariya yanka kumwakira.

18. Babahamye: 1) Nimuhave muhungire mu kindi gisagara. 2) Ntimuhagarike umutima, kuko Mpwemu Yera azobafasha kumenya ivyo muvuga. 3) Ntimutinye.

19. Bohimbarwa bishitse bagahamwa.

20. Kwizigira yuko bazohabwa ingabirano y'ubugingo budashira.

21. Ingaruka mbi zitatu: 1) Igicumuro cabigije kure y'Imana, kirongera no hagati yabo kirabateranya ntibaba bacuzura. 2) Imana yarabakumiriye, ibakura mu maso yayo ntibaba bakiri kumwe. 3) Baciye bagirwa n'imivumo yo gucibwa kubera icaha.

22. Ukwigira umuntu n'umusaraba vya Yesu Kristo.

23. Ukwitanga kwa Yesu ku musaraba.

24. Yesu yararengeye urwanko rw'abamurwanya atanga ubuzima bwiwe buba iciru c'ivyaha vy'isi.

25. Ku kimenyetso co gusesa amaraso y'igikoko catanzweko iciru (ikimazi) kwatuma ivyaha birekurwa, no ku rururimbo rwa Yesaya 53 rubura umusuku ababazwa.

26. Ugusubiza hamwe no kwuzura n'Imana.

27. Ibirego no gushengezwa n'abantu, abamarayika canke abadayimoni.

28. Ubutumwa bwo kwuzuriza abandi (gusubiza hamwe abantu).

29. Kwiyemeza ku nguvu.

30. Vyaciye mu kuzuka kwiwe n'ukwurira mw'ijuru kwiwe.

31. Ukuninahazwa (Imana yaramushize hejuru y'ibindi vyose).

32. Babona ukubabara nk'uburyo bwo kubabara hamwe na Kristo, bwo kumukurikira.

33. Muhamadi we nyene ubwiwe yarasambuye imisaraba, arongera yigisha ko Isa nawe azobigenza nkuko nyene niyagaruka mw'isi.

34. "*Ico guhitamwo kigira gatatu*", arikwo kuba *umudhimmi*, birekera abatari aba isilamu uburenganzira bwo kugumana ukwemera kwo mw'idini ryabo ritari isilamu.

35. Yategetswe gukura ibimenyetso vyose vy'idini ryiwe ku vyambarwa yari yambaye.

Inyishu ku bibazo bijanye n'Icirwa ca 6

1. Yavuga "itegeko rya Muhamadi ryo gukwiza hose idini yigisha hakoreshejwe inkota."

2. Hanyuma yo guhinduka canke kwigarurirwa n'ingwano, hariho ica gatatu co guhitamwo kuri abo baneshejwe mu ntambara "ukwemera kuganzwa no kubaho bakingiwe n'aba isilamu".

3. Guhinduka ukaba u; kwicwa; canke kwemera kuganzwa n'inguvu za isilamu (no kubaho nk'abantu bagayitse batagira agaciro).

4. Kurwanya abantu gushika bemeze ko ata n'umwe afise uburenganzira bwo gusengwa atari Allah, nuko Muhamadi ari intumwa ya Allah (ni ukuvuga ibiri muri *shahada*).

5. Kwemera isilamu, canke kubatangisha kw'itegeko ikori rya *jizya*, canke kurwanya abatemera Allah.

6. Gutanga ikori (*jizya*) kandi bicisha bugufi ("bagizwe bato bagayitse").

7. Isezerano rya *dhimma*.

8. Aba d*himmi*.

9. Ivyiyumviro bibiri: 1) Isilamu itegerezwa gutsinda no kuganza ayandi madini yose. 2) Aba isilamu ni ngombwa ko baba ari bo batwara kugira ngo bashobore gutuma inyigisho za isilamu zikurikizwa.

10. Ni ikori ry'umutwe ryerekana ko bemeye ko agatwe kabo bagakesha aba isilamu bene intsinzi: ni iryo kuriha kubera ko batishwe.

11. Rihabwa aba isilamu.

12. Ni ukuriha kugira ngo baronke uburenganzira bwo kugumana agatwe kabo (ntigacibwe) mu kiringo kingana n'uyo mwaka yarihiwe.

13. Ingwano nyeranda (*jihad*) yaca isubira kwaduka kuri bo: intambara, amatungo yabo agasagatwa bakayasabana, abagore babo bagasambanywa ku nguvu, nabo bikicwa.

14. Igihano kubagize akankanze bakagumuka, ari yo *jihad* (ingwano nyeranda).

15. Ni ukuvuga ko we nyene ubwiwe atacaba kikibujije yuko yicwa canke afatwa mpiri.

16. Ubwicanyi bufatiye ku kwagirizwa kurenga isezerano rya *dhimma*.

17. Umukuru w'aba isilamu (Sultan) yari yagenye abayuda mu mabanga y'Umushikiranganji wa mbere (Grand Vizir).

18. Abakristo bagirizwa ko batari bagikora mu bugamburutsi bw'abaganzwa bwategerezwa kuranga aba *dhimmis*, none ko ugukingirwa bahorana kwari kwahebwe, kwafuswe. Bamwe barahindutse baba aba isilamu kugira ngo bacungure agatwe.

19. Uwo mugirwa wakorwa mu gihe co gutanga ikori rya jizya. Harimwo ugukubitwa (kugerwa) imbugita rimwe canke kabiri kw'izosi, rimwe na rimwe hakaba hariho n'umugirwa wo kwerekana ukuniga nyene gutanga ikori (kumugera ikiziriko).

20. Wari uwo kwerekana ko aba *dhimmi* basanzwe bagabwa bakaganzwa, bemeye ingwano ya *jihad* baramutse bagize ico barengako mu bitegekanijwe mw'isezerano rya *dhimma*, harimwo n'ugucibwa umutwe ku bagabo.

21. Umuvumo wo gucibwa umutwe.

22. Isezerano ry'amaraso canke indahiro ifatiye ku maraso, nkuko bigirwa mu turwi tw'ibintazi n'amangetengete (groupes occultes).

23. Ni ukwivuma no gutanga uburenganzira bw'igihano co gupfa (kwicwa).

24. Ubukengurutsi n'ukuba hasi cane bigereranije n'aba isilamu (guca bugufi).

25. Uturorero:

- Intahe y'aba *dhimmi* nk'ivyabona ntiyari yemewe muri za sentare za *sharia*.
- *Inzu z'aba dhimmi* zategerezwa kuba ngufi kurusha iz'aba isilamu.
- *Aba dhimmi* ntibari barekuriwe kugira ku mafarasi.
- *Aba dhimmi* bategerezwa kubisira aba isilamu mu nzira icamwo bose.
- *Aba dhimmi* nta burenganzira bari bwo kwirwanira canke kwivuna.
- *Aba dhimmi* ntibarekuriwe kwerekana ahabona ibimenyetso vy'amadini yabo.
- *Aba dhimmi* ntibarekuriwe kwubaka amashengero (ingoro z'Imana) mashasha no gusanura ayabikeneye.
- *Aba dhimmi* ntibarekuriwe kunegura idini rya isilamu.
- *Aba dhimmi* ntibarekuriwe kwambara nk'aba isilamu.
- Ivyereke ubugeni bw'aba *dhimmi (ukwubaka)* : Umugabo w'umu *dhimmi* ntiyashobora kurongora ukazi; bishitse u akarongora umugore w'umu *dhimmi,* abana baca bategerezwa kuba aba isilamu.

26. Ko bategerezwa kuriha ikori rya *jizya* no gucinyizwa bakaguma bari hasi (guca bugufi).

27. Yavuze ko ari ukwica umutima.

28. *Dimmitude* ryerekana ivyo vyose bigize ibiranga ubuzima bizanwa n'isezerano rya *dhimma*.

29. Kwakira no kumenyera ugucinyizwa no kuba abantu bagayitse.

30. Kwicisha bugufi, guhinduka intavuga n'agatinyashengero, kuba abanyarwenge (amayeri yo kwikingira); inyifato igayitse yo kwiyorobeka no kwitonesha (kugira ngo baramuke), hamwe n'ubwoba.

31. Isilamu ni idini ry'abakama, abakuru b'abategetsi, nayo iry'abakristo rikaba iry'abaja.

32. Ukwiyumvamwo ku buryo ataho buhagaze ko bari hejuru no gukingirwa mu bijanye n'idini kwabasubije inyuma mu

kwonona ubushobozi bwabo bwo gutegera neza no kwemera ibintu uko biri koko.

33. N'igihe c'ubuja (esclavage): ubuja bwarafuswe n'ingwano yabaye hagati y'abanyagihugu muri Amerika, ariko ntibibuza yuko amacakubiri afatiye ku moko abandanya kandi ubu haciye igihe kirenga ikinjana.

34. Ukwemeza yuko ibihugu vyo mu Burengerazuba bifitiye umwenda idini rya isilamu kubera imico n'akaranga vyaryo.

35. Ibihugu vy'i Buraya.

36. Ukuvyuka kwa *sharia*.

37. Inkurikizi mbi zitanu: 1) Ibikomere ku mutima. 2) Agatima ko kwikeka no gushavuzwa n'ubusa. 3) Ukwishira mu mutwe yuko yama ahamwa. 4) Agatima ko gukoresha inguvu. 5) Ishaka ryo kuganza abandi.

38. Agatima ka Muhamadi yari afise ko kwumva yaracinyijwe, kamutuma arondera kwiganzura abicishije ku gucuvya no gutesha agaciro abanda.

39. Kristo yarakumiriwe, ariko yaranse gushavura, yanka gukoresha inguvu, yanka kuganza abandi, kandi arongera yanka kugira ibikomere vyo ku mutima.

40. Nta numwe muri abo bakristo yari yarategereye imbere y'ico gihe yuko bari mu ngoyi mu bijanye n'ubuzima bw'impwemu; bose basaba kuva mu ngoyi, kuboborwa; bose bari buzuye agahimbare igihe vyakorwa (babohorwa).

41. Ubwoba bw'ibitero vya jihad, uguhahamuka baciyemwo kera kwaterwa n'abarwanyi ba jihad, ukubangamirwa umuryango wiwe waciyemwo.

42. Ica mbere agenewe, ni ugufuta isezerano rya *dhimma*, gusambura uburenganzira bwaryo ku bugingo bwacu; ubwa kabiri naho ni guhakana no gusambura imivumo ituruka kuri **dhimmitude**.

43. Azofasha abantu kubohorwa kuri izo nkurikizi mbi.

Inyishu ku bibazo bijanye n'Icirwa ca 7

1. Ukudakekeranya kwiwe kubijanye no gukunda ukuri no kuvuga ukuri.

2. Kuko Imana irangwa n'uburwaneza (imigenderanire myiza n'abayo).

3. Ububeshi.

4. Arazimiza (arayovya) abantu.

5. Ubwoko bw'ibinyoma birekuwe: mu gihe c'ingwano, abagabo bahenda abagore babo, Kubesha kugira ngo wikingire, no mukwikingira abonye ari mu kaga (*taqiyya*).

6. Kwihakana idini ryiwe (gusa n'uwuhakanye idini ryiwe igihe agoberewe).

7. Kuba hejuru y'abandi no kuba beza kurusha abatari aba isilamu.

8. Muhamadi.

9. Ivyiyumviro vy'icubahiro n'isoni (uguteterezwa).

10. Uburyo bwo kubona ibintu gufatiye ku bishobisho gutuma umuntu ategerezwa kwiyumva ko ari hejuru y'abandi.

11. Kuko mu ma *hadisi* harimwo imvugo zivuguruzanya ku bijanye n'ukuvuma.

12. Kuvuma abatari aba isilamu.

13. Urwanko, ukubagatwa (ugukaburwa) mu mubiri, n'ugukaburwa n'inkomezi zijanye n'ubuzima bw'impwemu."

14. Isezerano rifatanya abantu babiri rikabashira hamwe.

15. Ukutarekurira abandi canke ukutagira imbabazi bigumizaho ubufatane hagati y'abantu babiri.

16. [Abari mu nyigisho barihweza igisabisho, hanyuma bakitorera bo nyene aho izo ntambwe zisunzwe (zakoreshejwe).]

17. **Ivyahebwe**: icaha co kuvuma abandi, imivumo iguturukako, ukwanka abandi, ibishobisho bijana no kuvuma, abadayimoni

311

b'urwanko n'ukuvuma, ubwifatanye n'aba imamu n'abandi (canke ukubayoboka) biteye kubiri n'Imana, ivyo vyose woshwa/utumwa canke usunikirwamwo n'abo badayimoni bikaba ari vyo bivomera bikagumizaho binakomeza bwa bufatane bw'imitima. **Ivyasambuwe**: ububasha bwo mu mpwemu buteye kubiri n'Imana, imivumo, ubufatane bw'imitima buteye kubiri n'Imana.

18. Umwidegemvyo ku mivumo, amahoro, uburwaneza, ububasha n'ubukuru bwo guhezagira. Iyi mihezagiro, ni ibihushanye vy'imivumo n'urwanko vyari vyabikuyeho.

19. Abo namukako, data, aba imamu, abarongozi ba isilamu, n'abandi bose batumye nivuma.

20. Yibajije yuko inzu babamwo yashobora kuba yaravumwe.

21. Ntiyari azi ingene ashobora gusambura umuvumo.

22. Yari akeneye kwakira ububasha bwo gusambura imivumo yose yari ihanamiye inzu yiwe, mw'izina rya Yesu.

23. Usanga baremerewe n'imivumo.

24. Intambwe icenda: 1) gu*tura (kwirega) ibigabitanyo no kubigaya (ugusaba imbabazi);* 2) Gukuraho ibikoresho vyose biteye kubiri n'Imana; 3 Guha imbabazi abandi, na wewe ukiharira; 4) Kwemeza ubukuru (ububasha) ufise muri Kristo (bwo kwirukana imivumo); 5) Kwihakana uwo muvumo no kuwusambura; 6) Kwemeza umwidegemvyo wawe muri Kristo; 7) Tegeka abadayimoni kukuvako (kubirukana, kubatuza); 8) Kwatura imihezagiro; 9) Gushemeza Imana.

Inyishu ku bibazo bijanye n'Icirwa ca 8

1. Imvo zine: 1) Umubabaro umuntu yiyumvamwo wo gutakaza abo bari basanganywe, mubamenyeranye. 2) intambamyi nyinshi n'inzitizi usanga idini rya isilamu ryateze abo bose boshaka kurivamwo. 3) uguhamwa bimwe vyenyuje. 4) guteshwa agatima n'inyifato nyene guhinduka asanganye abakristo n'ishengero.

2. Amashengero aratuma aba isilamu bahindutse basubira mw'idini bahoramwo kubera ubwoba n'amategeko ya *dhimma*.

3. Gutegera no guhakana isezerano rya *dhimma*.

4. Ni ubwoba, kwiyumvamwo yuko batagira umutekano, ugukunda amahera, kwumva ko bakumiriwe, kwumva ko bahahazwa, ukubakirwa bagashavuzwa n'ibintu bidahambaye namba, ukudashobora kwizigira abandi, ububabare bwo mu bishobisho (bwo ku mutima), icaha c'ubusambanyi, ubujambojambo bw'insaku, n'ububeshi.

5. Inkurikizi y'uburyo idini rya isilamu usanga ari ryo ritanga urugero n'uburenganzira muri vyose.

6. Abandi bagira ishari.

7. Yasanga yama yashavujwe n'abandi bakristo ku bintu bidafashe (bitoshavuza umuntu mu bisanzwe).

8. Amashengero aca atangura kurushanywa, ugasanga rimwe ryose rivuga ko ari ryo ryiza kurusha ayandi mashengero.

9. Umwango bagumije wuguruye (umwango batugaye), n'inzu baretse igaragara.

10. Abakristo bazima.

11. Uwabohotse yaronse umwidegemvyo, akenera guhindura utumenyero twiwe n'uburyo bwiwe bwo kwiyumvira.

12. Paulo ashaka gutera intege Tito ngo agume atera imbere mu bukristo.

13. Paulo yahora yanka abakristo.

14. Mu kwama agenda atera imbere mu rukundo, ubumenyi, no mu bwitonzi, kandi yuzuye ivyamwa vyiza.

15. [Abitavye inyigisho baravuga inkurikizi mbi babonye.]

16. Yarahakanye umuvumo waturuka kubo yamukako, aravavanura na wo. Yarakize n'iyindi ngorane yari asanganywe yo kuza arumva umutima uri mu mutwe, abuze amahoro muri we.

17. Kwugara imyango *yose*.

18. Kwugara imyango yuguruye Satani ashobora gucamwo ngo yagirize umugendanyi, amugirire nabi.

19. Umutima utegekanijwe kujamwo amazi y'ubugingo, ariko rero hariko ibitoboro, iyo ndobo ntishobora kugumya amazi yose nk'igihe itari kuba ifise ibitoboro.

20. Intambamyi no kwononekara ku mutima birasa ku bizera Kristo bahora ari aba isilamu barondera kubaho muri Kristo.

21. Bibafasha kwumva yuko bari hejuru (baruta abo bagize ingorane).

22. Amashengero bica biyagora gukorana. Abantu bashobora kugira ishari hari umwe agenywe mu kibanza c'uburongozi mu butumwa. Abantu banka kwemera amabanga y'ubuyobozi, kuko batinya kuzonegurwa no kuzovurwa nabi n'abandi bantu bo mw'ishengero.

23. Inyigisho zitandatu: 1) kwiga gukomeza umutima wo gukorera abandi. 2) kwiga kwishushanya na Kristo, aho kwibona muvyo ukora canke ivyo abandi bantu bakuvugako canke bakwiyumvirako. 3) kwiga kwirata" no "kunezererwa" intege nke zawe. 4) kwiga kunezeranwa n'abandi iyo banezerewe no gushika ku co barondera, no kubabarana na bo igihe bari mu mubabaro canke mu gahinda. 5) kwiga ukuvuga ukuri mu rukundo. 6) kwiga uburyo ubujambojambo n'insaku bisambura.

24. Abantu ntibatera imbere mu kwizera kubera ko bahisha ingorane bafise, hanyuma gurtyo ntibashake uwobafata mu mugongo (ngo bazivemwo).

25. Ibintu bitandatu: 1) Uguharira abandi. 2) Guheba Inyifato n'ingendo yo kwumva ukumiriwe ata mvo ziboneka no gushavurira abandi ku bintu bidafashe. 3) Gukomeza ukwizerana hagati y'abantu. 4) Guheba no kwihakana imigirwa y'ibintazi n'amangetengete. 5) Abagore n'abagabo bubahana kandi bavugana ukuri. 6) Abavyeyi bahezagira abana babo aho kubavuma.

26. Kugira ngo abantu bashobore gusanura ivyiyumviro vyabo vyose.

27. Steve yashoboye guhindura vuba na vuba abantu baba abakristo, ariko ntiyashoboye kubagumya, bahavuye basubira mu kiyisilamu. Cheri nawe muguhindura abantu, yabikoze buhorobuhoro yitonze arabiha umwanya ukwiye, kandi

bahindutse bagumye ari abagendanyi ba Kristo (ntibahunye).Uburyo Cheri yakoresheje bwarabaye kirumara kurusha, kuko igihe babantu bafata ingingo yo gukurikira Kristo, barategera neza ico bishinze.

28. Intambwe zitandatu: 1) Gutura: ivyirego bibiri. 2) *Guheba* (kugaya) ivyaha. 3) *Gusaba (imbabazi,* umwidegemvyo, ubugingo bwamaho, na Mpwemu Yera). 4) *Kwishikana no kwiyegurira* Kristo. 5) *Gusezerana no kwegurira ubugingo bwanje ukuyoboka no gukorera Kristo.* 6) *Ukwemeza.*

29. Kuva ku ntambwe ya 4 gushika kuya 6.

30. Satani.

31. Guheba isilamu (kuvavanura nayo) mu kuvuga "*Icemezo n'igisabisho co kwihakana Shahada no gusambura ububasha bwayo*".

32. Abapasitori babushitse, bazima benshi kurusha, nabo nyene bo mu bahindutse bava mw'idini rya isilamu.

33. Kwiha umwanya wo kuraba neza yuko waronse umuntu abibereye kurusha abandi, hanyuma ukamutegurira neza kurangura ayo mabanga y'uburorongozi.

34. Ntibiga guca bugufi, kandi bashobora gusanga bakumirwa n'abandi.

35. Ni ukwamizako: n'imiburiburi rimwe ku ndwi.

36. Ukwisunga ibiri muri Bibiliya Yera, mu gutorera inyishu ibishobora kuduhanga mu buzima bwa misi yose no mu butumwa. Ibi bibafasha kuja barahinduka ibiremwa bishasha vyubakiye ku karorero ka Kristo

37. Guha umwigishwa akarorero ko gukorera ku mugaragaro.

38. Kugira bikingire guterwa isoni.

39. Kugira ngo ashobore kwiga uburyo bwo gutorera umuti ingorane n'ibibazo.

40. Ingoyi zitahavuye ngo ibikomere bivurwe bikire, ivyo bizozingamika uburyo uwo muntu yokwamye ivyamwa. Vyongeye, umuntu yarabohowe, nawe azotegera neza kurusha uburyo bwo gufasha abandi gushikira umwidegemvyo.

41. Kugira ngo indongozi ishobore kuza irarengera ingorane zibonekeza mu butumwa, kandi abakristo babone kuyizigira.

42. Urukundo no kwubahana bitatswe n'umutima wo gukorera abandi.

43. Kugira ngo dushobore guha agaciro ivyo abandi batubwira ko tworyohora mu buryo dukora bikadutuma turushirizaho gukomera no kuba kirumara mu butumwa dushinzwe.

44. Guha umwigishwa akarorero ko kwimenya uko umuntu ari

45. Kuko ntishobora kutaba.

46. Guha icubahiro Imana, kuronkera ishengero ryanyu imihezagiro y'Imana, no kwiga kwicisha bugufi.

www.ingramcontent.com/pod-product-compliance
Lightning Source LLC
Chambersburg PA
CBHW072134090426

42739CB00013B/3187